D1753097

Mémoires du restaurant

Histoire illustrée d'une invention française

Connectez-vous sur : **www.lamartiniere.fr**

© 2006 Aubanel, une marque des éditions Minerva, Genève, Suisse.
ISBN : 2-7006-0440-7

François-Régis Gaudry

Mémoires du restaurant

Histoire illustrée d'une invention française

Aubanel

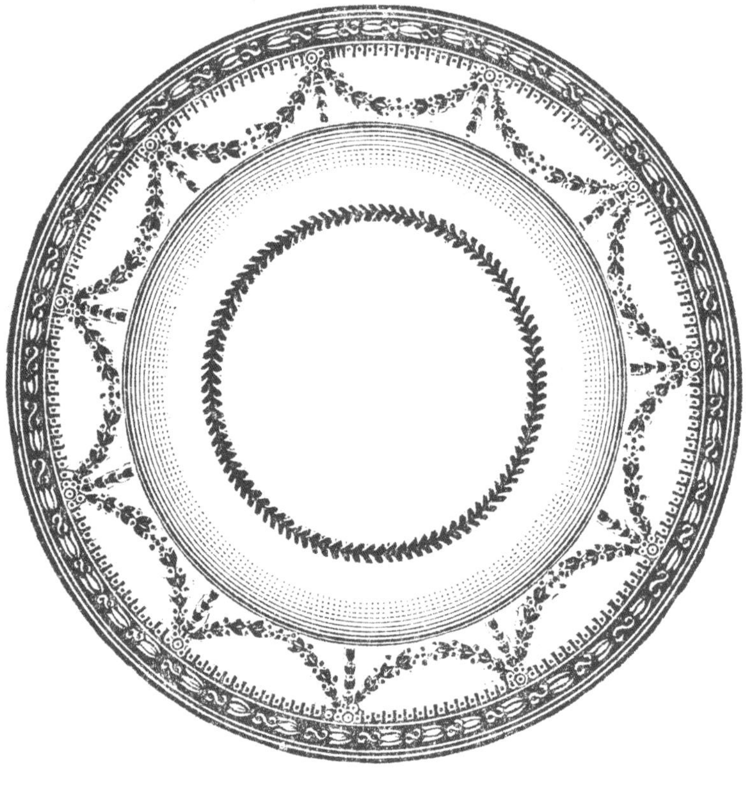

Sommaire

Introduction p. 9

Chapître 1 **Aux sources du restaurant** p. 10
La recette du bouillon restaurant p. 17

Chapître 2 **Les premiers restaurateurs** p. 18

Chapître 3 **Le mythe révolutionnaire** p. 26

Chapître 4 **Les fines bouches du Palais-Royal** p. 36
Le Grand Véfour p. 46

Chapître 5 **Vers les grands boulevards** p. 50
Les « lions » du Café de Paris p. 63

Chapître 6 **L'Amour à table** p. 66
Bel-Ami et les « polissonneries distinguées » du Riche p. 74
La Tour d'Argent p. 78

Chapître 7 Le restaurant populaire p. 82
Les mystères du Bistrot p. 96
L'aventure du Ticket Restaurant® p. 102

Chapître 8 À la table des écrivains p. 104

Chapître 9 Au temps des brasseries p. 120
La Brasserie Lipp p. 136

Chapître 10 De la Belle Époque aux années trente p. 140
Escoffier et la cuisine de palace p. 154
Maxim's p. 156

Chapître 11 Les années Montparnasse p. 160
Pendant ce temps-là, à la Closerie des Lilas… p. 170

Chapître 12 Les restaurants du voyage p. 172

Chapître 13 La critique gastronomique p. 190

Chapître 14 Les routes de France p. 202

Conclusion p. 215
Bibliographie p. 217
Crédits photographiques p. 218
Table des illustrations p. 220

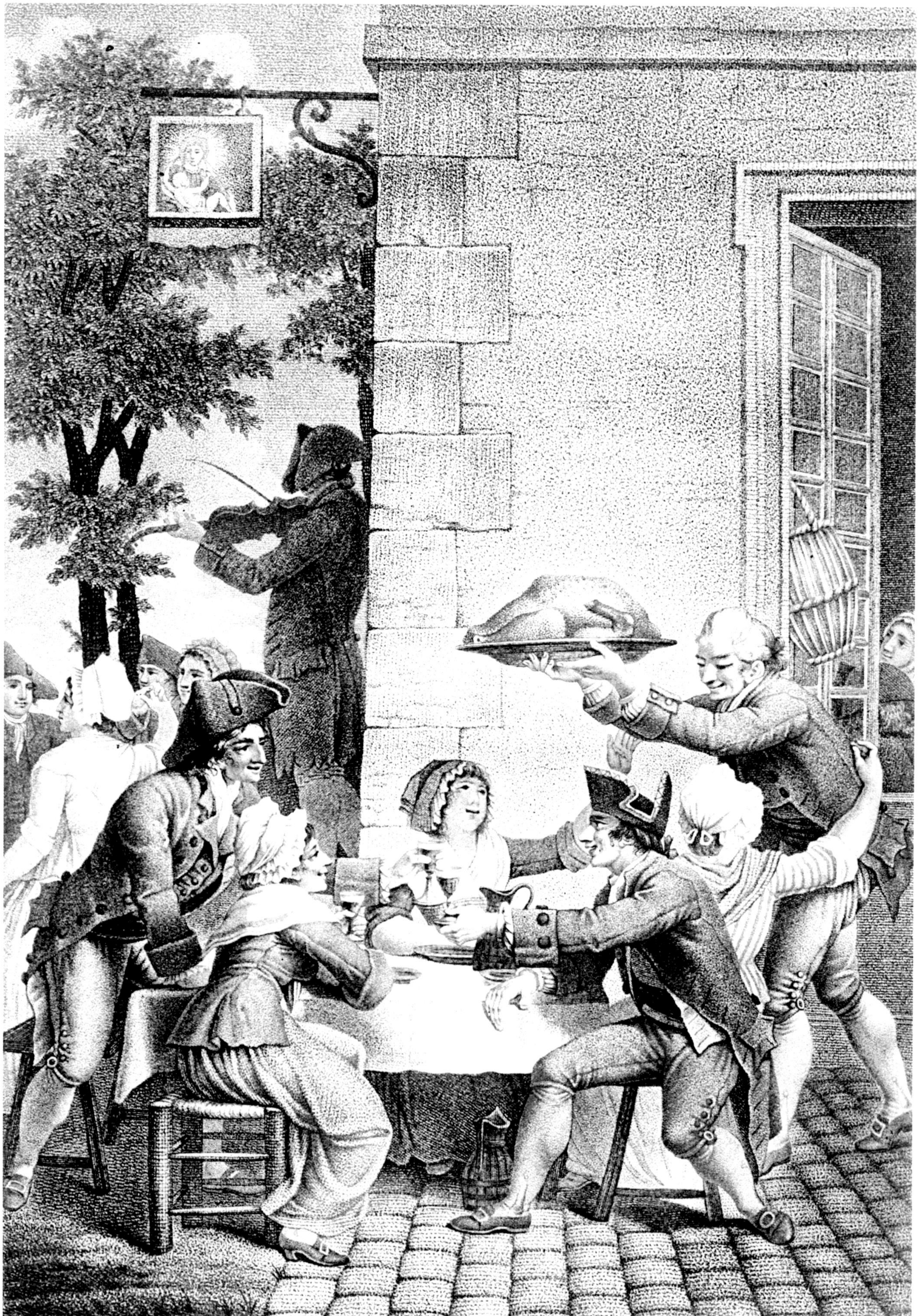

Scène dans une auberge.
Dans la seconde motié du XVIIIe siècle, l'auberge s'apprête à tirer sa révérence au profit du restaurant, une invention à la destinée exceptionnnelle.

Introduction

« Restaurateurs, vous ne savez pas ce que vous valez. Apprenez à connaître toute votre importance dans la société. Avec vos déjeuners, vous êtes les régulateurs de l'opinion, des finances, des intérêts des familles, des votes de l'institut, et quelquefois peut-être de ceux de la chambre élective. Vous assurez les triomphes des auteurs, et augmentez, par votre influence sur l'art dramatique, les plaisirs de la scène. Dans notre belle France, tout roule sur vos tables et autour de vos bouteilles. »

Antoine Caillot, l'auteur des *Mémoires pour servir l'histoire des mœurs et usages des Français* avait raison en 1827. Et n'aurait pas à changer une seule virgule s'il écrivait ces lignes aujourd'hui. Le restaurant est bien ce centre du monde où se joue une part non dérisoire de notre identité. Mieux, l'affaire et le mot ont traversé les frontières.

On en oublierait presque que le restaurant ait pu être inventé un jour. Ce fut à Paris, dans les années 1760. Une poignée d'entrepreneurs visionnaires eurent l'idée de servir des « bouillons restaurants » dans un nouveau lieu moderne qui devait bientôt porter leur nom. Injustement écartée de notre mémoire collective, considérée trop souvent comme quantité négligeable par l'historien ou instrumentalisée à l'excès par une certaine historiographie révolutionnaire, cette institution majeure méritait d'être réhabilitée. Et appréciée à sa juste place de microcosme social, d'ambassade gastronomique, de laboratoire artistique et d'antichambre de l'histoire.

N'est-ce pas au restaurant que l'imagerie populaire situa l'arrestation de Louis XVI ? Que le Montagnard Lepeletier de Saint-Fargeau se fit assassiner ? Que Courbet théorisa le « réalisme » pictural ? Que les Goncourt firent et défirent les destins littéraires ? Que Zola rédigea son « J'accuse » ? Que Bocuse, Troisgros et quelques autres inventèrent la Nouvelle Cuisine ? Que Ben Barka se fit kidnapper ? Autant de fragments d'histoire, d'anecdotes furtives, de bruits de casseroles, de témoignages et de souvenirs qu'il a fallut puiser dans les livres d'histoire, les guides gastronomiques, les articles de presse, les romans, les livres d'or, les marmites, les menus, les albums photos, les collections particulières puis rassembler en un puzzle cohérent pour gagner le pari d'une histoire inédite et transversale du restaurant français, de sa genèse aux années 1980.

Du Palais-Royal à Montparnasse, du boulevard des Italiens à la Nationale 7, des restaurants révolutionnaires aux dîners littéraires, du bistrot à la brasserie et des gargotes aux premières tables étoilées, voici conté le destin exceptionnel d'un patrimoine vivant et multiple, singulier et universel.

Page de droite. **Le premier bouillon,** Jean Jalabert, 1847.
Le restaurant tient son origine du « bouillon restaurant »,
un consommé à base de viande, de légumes et d'épices
réputé fortifiant.

✳ *Chapitre 1*

Aux sources du restaurant

« Parmi ceux qui accourent en foule chez les restaurateurs, il en est peu qui se doutent qu'il est impossible que celui qui créa le restaurant ne fût pas un homme de génie et un observateur profond. »

Anthelme Brillat-Savarin, *Physiologie du goût,* 1825

Imaginons un voyageur étranger s'aventurant au Royaume de France au milieu du XVIIIe siècle. Il arrivait avec un appétit de seigneur, car il n'ignorait pas que dans notre beau pays les beaux esprits se mêlaient de bonne chère. On soupait avec faste à la cour de Louis XV et les Françaises, inspirées par *La Cuisinière bourgeoise*, le vade-mecum de Menon publié avec succès en 1746, entraient en cuisine comme on entre en religion, et il était aussi très « alamode », dans l'aristocratie anglaise, de louer les services de cuisiniers parisiens. Et pourtant ! Si l'étranger s'entichait à coup sûr du bouillonnement des Lumières, il y a fort à parier que celui des marmites le laissait sur sa faim. Combien de repas en effet devaient-ils se conclure par une grimace : les auberges et les tavernes de nos villes et de nos campagnes où il se sustentait avaient l'indécrottable habitude de servir une nourriture piteuse et le plus souvent chère.

Avant de gagner la capitale, peut-être avait-il ingurgité, en guise de précaution salutaire, *Séjour de Paris pour les voyageurs de condition* de Joachim Christophe Nemeitz. Ce conseiller du prince de Waldeck, Allemand érudit, qui accompagna à plusieurs reprises de jeunes seigneurs à Paris, publia en 1718 les notes qu'il avait prises sur place. Son recueil de recommandations – une sorte de *Guide du routard* avant l'heure – montre à quel point se nourrir dans la capitale relevait du parcours du combattant. « Presque tout le monde croit que l'on fait bonne chère en France, et surtout à Paris : c'est une erreur. » Si les conversations dans les cafés étaient passionnantes, s'il se trouvait bien quelques tables d'hôte cossues alliant décor somptueux et cuisine de qualité, dans les établissements populaires la bombance virait le plus souvent au fiasco : soupes grossières, viandes mal préparées, maigre choix de desserts, pain blanc insipide... Aux solides monotones

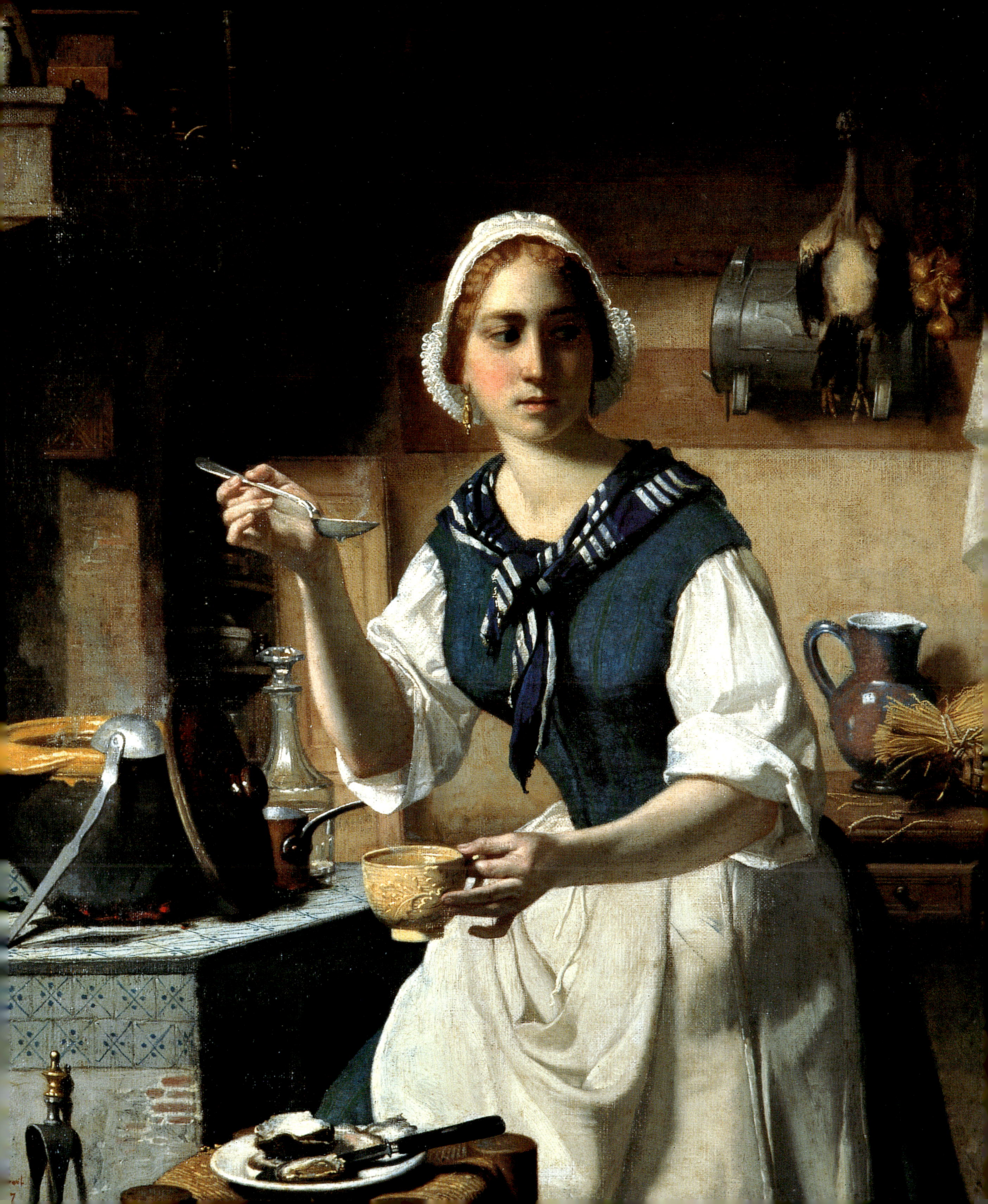

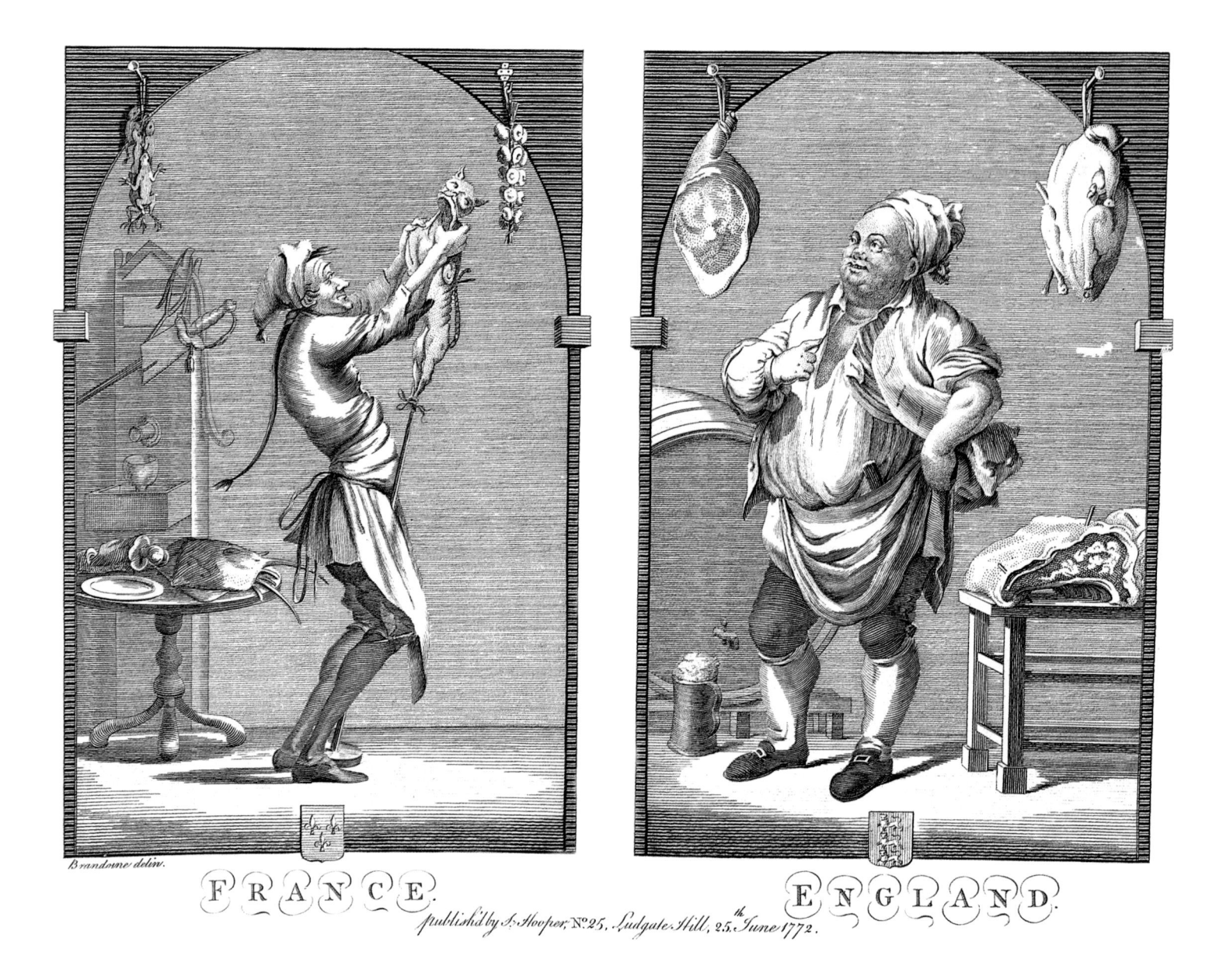

À gauche. **Un cuisinier français qui embroche un chat.**
À droite. **Un cuisinier anglais bien fourni en pièces de boucherie.**
Dans les années 1760-1770, la querelle franco-anglaise à propos de la gastronomie fait rage, comme l'atteste cette caricature d'outre-Manche datant de 1772.

s'ajoutaient les liquides suspects. À quelques exceptions près, la bière était un breuvage corrosif où le houblon était remplacé par des herbes amères, voire du fiel de bœuf, et le vin était frelaté, pour ne pas dire coupé au vinaigre. Quant à l'eau, facilement trouble dans la carafe, il n'était pas rare qu'elle provînt de la Seine et qu'elle indisposât les estomacs délicats. Pire, le visiteur devait affronter bien d'autres périls, entre les pratiques frauduleuses – le lapin remplacé en douce par du chat dans les ragoûts épais ! – et les patrons véreux, les clients voleurs de bourses et les filles de joie vénales… « Ces petites garces possèdent merveilleusement le secret de demander aux amoureux novices les montres, bagues et autres objets », relate Nemeitz… Les voyageurs anglais trouvèrent dans ces pièges à répétition autant de motifs de railler leurs voisins d'outre-Manche.

Tandis que le romancier Tobias Smollet raconte avoir failli ruiner sa santé en 1763 dans les auberges françaises, Helen Maria Williams, pourtant fervente francophile, explique que les conditions misérables de ces établissements conduiraient la plupart des Anglais au suicide[1] ! À la décharge de ces écrivains téméraires, plusieurs historiens ont montré qu'en matière d'alimentation hors du domicile, l'Angleterre avait, à cette époque, une longueur d'avance. Les tavernes, où l'on servait du vin, par opposition aux brasseries, avaient souvent belle réputation, à l'instar de cette adresse londonienne du XVIIe siècle tenue par un fils d'un président au parlement de Bordeaux, M. de Pontac, où les clients savouraient des crus de Haut-Brion élevés sur le domaine familial, dans le Bordelais.

Le règne de la table d'hôte et du traiteur

Brillat-Savarin eut aussi la dent dure à propos des établissements parisiens : « Vers 1770, après les jours glorieux de Louis XIV, les roueries de la Régence et la longue tranquillité du ministère du cardinal de Fleury, les étrangers n'avaient encore à Paris que bien peu de ressources sous le rapport de la bonne chère[2]. » Et d'énumérer les trois possibilités qu'a le visiteur, à l'époque, pour se sustenter : les auberges, les tables des hôtels et les traiteurs. Dans les deux premiers types d'institutions, les repas avaient la particularité d'être servis à heures fixes et sur une table d'hôte. Tous les plats arrivaient simultanément, les clients devaient faire avec, et il ne s'agissait donc pas de manquer le début du repas ! Louis Sébastien Mercier n'apprécie guère ce mode d'alimentation : « Les tables d'hôte sont insupportables aux étrangers : mais ils n'en ont d'autres. Il faut manger au milieu de douze inconnus, après avoir pris un couvert. Celui qui est doué d'une politesse timide ne peut venir à bout de dîner pour son argent. Le centre de la table, vers ce qu'on appelle les pièces de résistance est occupé par des habitués qui s'emparent de ces places importantes et ne s'amusent pas à débiter les anecdotes du jour. Armés de mâchoires infatigables, ils dévorent au premier signal. Malheur à l'homme lent à mâcher ses morceaux. Placé entre ces avides et lestes cormorans, il jeûnera pendant le repas[3]. » On notera que bien des décennies plus tard, au milieu du XIXe siècle, les tables d'hôte des hôtels, fidèles à leur réputation peu reluisante, seront toujours la cible des chroniqueurs. Un petit guide à succès[4] met en garde les voyageurs étrangers : « Pauvres étrangers comme on vous exploite ! Et ensuite, ils retourneront chez eux, en Angleterre, en Prusse, en Suisse ou dans l'Asie Mineure. Ils diront que la cuisine française est un vieux mythe, qu'elle n'existe pas, qu'elle n'est qu'un long fricandeau continu, une salade perpétuelle, que nos vins de France si vantés ne sont qu'une atroce mystification, composée de bois de Campêche et d'eau de javelle. Ce n'est pas la faute de la France, c'est celle de la fausse route qu'ils ont suivie. Pourquoi sont-ils tombés tête baissée dans la table d'hôte de leur hôtel ? »

Mais revenons à la seconde moitié du XVIIIe siècle. Le dernier recours du visiteur pour se nourrir reste les traiteurs et les rôtisseurs. La capitale ne manquait pas d'adresses méritantes, à l'image du traiteur Deschamps, rue des Orties, près du Louvre, dont s'est entiché Grimod de la Reynière, et qui nourrit toute la bourgeoisie. Ces artisans présentent toutefois d'autres inconvénients : ils livrent le plus souvent à domicile, et uniquement des pièces entières commandées à l'avance. Autrement dit, le voyageur qui n'avait pas la chance d'entretenir des relations suffisamment étroites pour être invité au domicile de quelques privilégiés, n'avait nulle occasion de profiter de ces bonnes adresses parisiennes. Aussi, dans ce

Anthelme Brillat-Savarin

« Vers 1770, après les jours glorieux de Louis XIV, les roueries de la Régence et la longue tranquillité du ministère du cardinal de Fleury, les étrangers n'avaient encore à Paris que bien peu de ressources sous le rapport de la bonne chère. »

Jean-Jacques Rousseau

« Il n'y a que les Français qui ne savent pas manger, puisqu'il leur faut un art si particulier pour rendre les mets mangeables. »

Page de droite. **Gravure de La Varenne**, 1673.
Elle montre le « Jardinier François qui enseigne à cultiver les arbres et les herbes potagères, avec la manière de conserver les fruits et faire toutes sortes de confitures, conserves et massepains ».

paysage alimentaire où culmine le diktat de la table d'hôte, avec pour seule alternative des traiteurs peu accessibles, sent-on déjà poindre la nécessité d'un nouveau type d'établissement, plus moderne et plus flexible, en un mot adapté aux aspirations et aux besoins quotidiens des mangeurs de tout poil. C'est sur ces nouvelles revendications liées à la modernité que le restaurant préparait sa révolution…

De « ce qui restaure » au « lieu où l'on se restaure »

Le concept du restaurant a germé sur un autre terrain, celui des évolutions fondamentales que l'alimentation et la cuisine ont connues à l'époque des Lumières. Jamais en France le débat philosophique ne s'était emparé avec un tel enthousiasme des nourritures terrestres. Voltaire et Rousseau incarnèrent le dilemme sur la question. Gourmet impénitent, le premier invitait ses complices épistoliers à lui rendre visite pour goûter « un dindon aux truffes de Ferney tendre comme un pigeonneau et gros comme l'évêque de Genève », du pâté de perdrix, des truites à la crème et du vin fin[5] et comptait parmi les gobeurs d'huîtres les plus endurants, à l'heure où ce coquillage, oublié depuis la décadence romaine, revenait à la mode. Ces agapes généreuses étaient autant de prétextes pour disserter sur le goût culinaire, dont il fait l'égal du goût littéraire et artistique. « Le gourmet sent et reconnaît promptement le mélange de deux liqueurs ; l'homme de goût, le connaisseur verra d'un coup d'œil prompt le mélange de deux styles. » À l'inverse, Jean-Jacques Rousseau s'impose comme la figure du renoncement gastronomique, quand il écrit qu'« il n'y a que les Français qui ne savent pas manger, puisqu'il leur faut un art si particulier pour rendre les mets mangeables[6] ». Aussi tient-il la gastronomie pour une science du superflu, de l'inutile et du luxe, une perversion du goût, une atteinte de la civilisation à la nourriture des origines. En matière d'alimentation, le citoyen de Genève prônait le strict nécessaire : « Je ne connais pas […] de meilleure chère que celle d'un repas rustique. Avec du laitage, des œufs, des herbes, du fromage, du pain bis et du vin passable on est toujours sûr de bien me régaler[7]. » Des produits frais et des laitages, donc, mais jamais de viande car « le goût de la viande n'est pas naturel à l'homme[8] » et

161.

Nature morte, par Abraham Van Merlen, XVIIe siècle.

« les grands scélérats s'endurcissent au meurtre en buvant du sang[9] ». Père des végétariens et diététicien averti, Rousseau inaugure un mouvement d'assainissement des mœurs alimentaires. De nombreux médecins insufflent une dimension hygiéniste à la cuisine, estimant que bonne santé et bonne digestion vont de pair et que la meilleure façon de prévenir les maladies de poitrine et de nerfs est de revenir à une alimentation légère et équilibrée. Les traités médicaux à connotation diététique se multiplient et les cuisiniers s'emparent de ces arguments pour engager une querelle gastronomique entre Anciens et Modernes. Vincent La Chapelle ouvre les hostilités en inventant, en 1735, une « nouvelle cuisine » qui entend rompre avec les codes rassis de la cuisine « Grand Siècle » jugée lourde et compliquée. Il propose des plats plus simples et débarrassés de leur excès de graisse et de sucre. Quelques années plus tard, en 1739, paraît un livre fondateur de cette révolution culinaire, *Les Dons de Comus* de François Marin. Dans la préface de l'édition de 1742[10], deux jésuites s'interrogent : « Quelle est la fonction du Cuisinier ? Si ce n'est de dégager ces sucs de leur viscosité naturelle ou des particules qui les enveloppent, par la cuisson, les bains, les extraits, pour les faire passer dans le sang avec moins d'embarras ? Si ce n'est d'aider par le mélange de sucs plus doux et plus actifs, selon le besoin, les facultés digestives de l'estomac ? » Dans ce recueil, on trouve une bien étrange recette de bouillon de viandes et de légumes préparée dans une casserole luttée, intitulée « Quintessence ou restaurant » (voir recette en encadré). Car le restaurant fut d'abord une chose à manger. Littéralement, une chose qui « restaure ». Au Moyen Âge, le « restaurant » désignait déjà du bœuf ou de la volaille bouillis avec diverses racines, des épices, de l'orge et des ingrédients aussi exotiques que des roses séchées ou des raisins de Damas. Dans son *Dictionnaire universel* (1708), Antoine Furetière le définit comme un « aliment ou remède qui a la vertu de réparer les forces perdues d'un malade ou d'un homme fatigué ». Il cite en exemples le consommé et le pressé de perdrix et préconise notamment le vin, l'eau-de-vie et les potions cordiales (qui fortifient le cœur) pour « ceux dont les esprits sont épuisés ». Quelques décennies plus tard, *L'Encyclopédie* de Diderot et d'Alembert (1751) place des aliments aussi variés que la roquette, les pois chiches, l'iris, le houblon ou encore le chocolat au rang de ces « restaurants », appelés aussi « restauratifs » sortes d'« alicaments » avant l'heure.

Des « restaurants » que l'on sert au « restaurant » où on les sert, il n'y a qu'un pas, que franchirent, dans les années 1760, une poignée de traiteurs parisiens au sens des affaires aiguisé. Ils ne se doutaient certainement pas de l'incroyable destin que leur invention allait connaître.

1. Réactions rassemblées par Rebecca L. Spang dans *The Invention of the Restaurant*, Harvard Historical Studies, 2000.
2. Anthelme Brillat-Savarin, *Physiologie du goût*, 1825.
3. Louis Sébastien Mercier, *Tableau de Paris*, 1781-1788.
4. Taxile Delord, *Paris-Étranger*, coll. « Petits-Paris », 1855.
5. Voltaire, *Correspondance*.
6. J.-J. Rousseau, *Émile*, 1762.
7. J.-J. Rousseau, *Les Confessions*, 1782-1789.
8. J.-J. Rousseau, *Émile*.
9. *Ibid*.
10. Les trois tomes de l'édition de 1742 des *Dons de Comus* ont été réédités en 2001 par les éditions Manuaires.

La recette du bouillon restaurant

François Marin a mis au point cette recette de restaurant et l'a publiée dans son ouvrage *Les Dons de Comus* (édition de 1739) ; elle devait connaître un grand succès.

« Prenez une casserole bien étamée et très propre, mettez dans le fond quelques tranches d'oignon, avec un peu de moelle de bœuf ; garnissez votre casserole de tranches de rouelle de veau qui soit fait et bien blanc ; mettez sur les tranches de veau quelques zestes de jambon bien sain et bien dégraissé, et ensuite quelques zestes de panais et de carottes. Ayez une poule bien saine tuée sur le champ, et bien nettoyée en dehors comme en dedans ; coupez-la par membres et concassez-les ; mettez-les tout chauds dans votre casserole, et remettez par-dessus quelques bardes de veau et de petits zestes de jambon. Observez que pour tirer deux pintes de cette quintessence, il ne faut que quatre livres de veau, et quatre onces de jambon avec la poule. Le tout étant bien arrangé de [dans ?] votre casserole, jetez-y un verre de votre bouillon ; luttez bien la casserole, et mettez-la d'abord sur un bon feu, pour éviter l'inconvénient qui arrive quand on la fait d'abord aller à petit feu, qui est que la viande rend son jus sans être refaite, et que le jus s'attache et se caillebotte sur la viande, en sorte que dans la suite ce jus se durcit en cuisant, ce qui l'empêche de tomber dans le fond de la casserole pour former le restaurant que nous demandons. Lorsque votre viande est refaite, mettez votre casserole sur un feu modéré l'espace de trois quarts d'heure, et que cela sue continuellement. Prenez garde que rien n'attache à la casserole, et mouillez à blanc avec votre bouillon, dont la quantité doit être proportionnée de manière que le restaurant ne soit ni âcre ni trop fort, mais doux, onctueux, et enfin de la façon à pouvoir diversifier vos sauces, qui ordinairement sont faites avec plusieurs sortes d'ingrédients qui portent avec eux leurs goût et leur saveur. Bien des officiers pourraient mettre dans cette quintessence plusieurs choses de goût fort, comme de l'ail, du clou [de girofle], du basilic, des champignons etc. mais je suis pour la façon la plus simple et je crois que c'est la meilleure pour le goût et pour la santé. »

Cum Priv. Maj.

Mart: Engelbrecht excud. A.V.

Page de gauche. **Le Cuisinier.**
Gravure de 1735, par Martin Engelbrecht.

✷ Chapitre 2
Les premiers restaurateurs

« *Tous les hommes vont à présent chez le restaurateur et l'on regarderait de mauvais œil celui qui dirait qu'il a très bien dîné chez le traiteur…* »

Mayeur de Saint-Paul, *Tableau du nouveau Palais Royal,* 1788

Où, quand et par qui fut ouvert le premier restaurant ? Voilà une épineuse énigme sur laquelle nombre d'historiens, d'écrivains et de chroniqueurs se sont cassé les dents. Il existe à peu près autant de réponses que de livres sur le sujet. L'hypothèse la plus partagée attribue toutefois la paternité du restaurant à un certain Boulanger. On ne sait rien de ce personnage, si ce n'est qu'il inaugura, vers 1765, probablement rue des Poulies à Paris (aujourd'hui rue des Halles, entre les rues de Rivoli et Saint-Honoré), un commerce d'un nouveau genre. Au-dessus de la porte, une pancarte indiquait : « Boulanger débite des restaurants divins ». L'homme servait en effet des « bouillons restaurants », c'est-à-dire des consommés à base de viande, prompts à requinquer les clients à la santé chancelante. Mais ce restaurateur, loin de se contenter de ses bouillons, confectionnait également des ragoûts comme les pieds de mouton sauce blanche. Or, les traiteurs jouissaient en France du monopole des viandes cuites – avec les charcutiers, littéralement vendeurs de chair cuite –, à l'exception des pâtés (viande hachée en croûte) dont se chargeaient les pâtissiers. Boulanger provoqua ainsi un tollé au sein de cette corporation, qui lui intenta un procès pour un motif que l'on nommerait aujourd'hui concurrence déloyale. Certains historiens relatent que, contre toute attente, un juge du parlement de Paris donna raison à Boulanger. Et c'est précisément ce verdict en faveur du premier restaurateur, datant probablement de 1765 ou 1766, qui devait être interprété rétrospectivement comme l'acte fondateur du restaurant et le début de son expansion dans la capitale. Seulement voilà : d'autres historiens affirment exactement l'inverse. Cette bataille juridique entre les traiteurs et le restaurateur Boulanger se serait au contraire soldée par une victoire des premiers, ce qui aurait eu pour conséquence de cantonner l'activité des restaurateurs à la seule fabrication des bouillons restaurants et de les empêcher de se développer jusqu'à la Révolution, où ils furent enfin libérés des contraintes corporatistes. *Ubi est veritas ?*

Il fallait peut-être une historienne anglaise pour remettre un peu d'ordre dans ces querelles d'historiens franco-françaises. À travers ses recherches[1], Rebecca L. Spang propose une généalogie du restaurant toute différente. Elle évoque, non sans une certaine ironie, ce fameux « procès Boulanger », imaginant « des juges en robes et perruques au parlement de Paris, la plus haute de cour de justice de France, débattant avec érudition du statut du pied de mouton sauce blanche ».

Elle a scruté toutes les archives judiciaires et policières de l'époque sans trouver la moindre trace de cette affaire rocambolesque, et est parvenue à la conclusion que celle-ci relevait davantage du mythe que de la réalité. Pire, elle affirme même que ce procès fut en fait fantasmé ou idéalisé dans des thèses d'orientation marxiste ou libérales qui visaient à dénoncer l'excès de réglementation du secteur alimentaire sous l'Ancien Régime et à montrer les bienfaits de l'anti-corporatisme révolutionnaire. Selon Rebecca L. Spang, les commerces de bouche furent beaucoup moins rigides et compartimentés au XVIIIe siècle que l'on a voulu le faire croire, et cette relative flexibilité fut une chance pour un certain Mathurin Roze de Chantoiseau. Notre historienne est catégorique : voilà le véritable créateur du restaurant, un personnage au destin extraordinaire…

Le Nouveau Cuisinier Royal et Bourgeois.
Un recueil de cuisine datant de 1734.

Page de gauche. « Le dîner des Encyclopédistes ».
Gravure du XVIIIe siècle par Jean Huber. L'*Encyclopédie* de Diderot et d'Alembert (1751) a placé des aliments aussi variés que la roquette, le pois chiche, le houblon ou le chocolat au rang des « restaurants » ou « restauratifs ».

Roze de Chantoiseau, le premier restaurateur

Le fameux Boulanger renvoyé aux oubliettes de l'Histoire et Mathurin Roze de Chantoiseau érigé soudain en inventeur incontesté du restaurant ? Pas si sûr, car il se pourrait que les deux personnages n'en soient en réalité qu'un seul. En effet, dans plusieurs écrits de l'époque, Boulanger est aussi nommé « Champ d'Oiseau », un sobriquet étrangement proche de « Chantoiseau ». Les recherches de Rebecca L. Spang n'en ont pas moins l'immense mérite de livrer des détails inédits sur l'aventure des premiers restaurants.

Mathurin Roze de Chantoiseau était un idéaliste un peu fou, assoiffé de reconnaissance, fréquentant assidûment les cercles de l'aristocratie et de l'administration et jamais en retard d'une idée novatrice. L'Histoire le retient avant tout comme le père d'un projet de réforme fiscale destiné à réduire la dette publique abyssale du royaume et qu'il eut l'audace de venir présenter à Versailles, en avril 1789, à Louis XVI en personne. Au lieu de lui apporter la gloire, ce projet, jugé dangereux et incendiaire, lui valut de passer quelques années derrière les barreaux de la prison de Fort-l'Évêque. On sait moins que cet utopiste malheureux fut, trente ans plus tôt, un entrepreneur génial qui connut de brillants succès. Comme tout bel esprit de son temps, Chantoiseau s'intéressa à la cuisine et prit conscience du changement de mentalité qui s'opérait dans la société. Nouvelle cuisine et diététique faisaient bon ménage tandis que l'édition d'ouvrages culinaires et médicaux connaissait une croissance sans précédent. De plus, sa situation familiale – la belle-famille de son frère, les Henneveu, possédait le Cadran Bleu, l'un des plus fameux cabarets de la capitale – le plaçait en position de force pour comprendre le marché de l'alimentation hors domicile et les nouvelles attentes des clients.

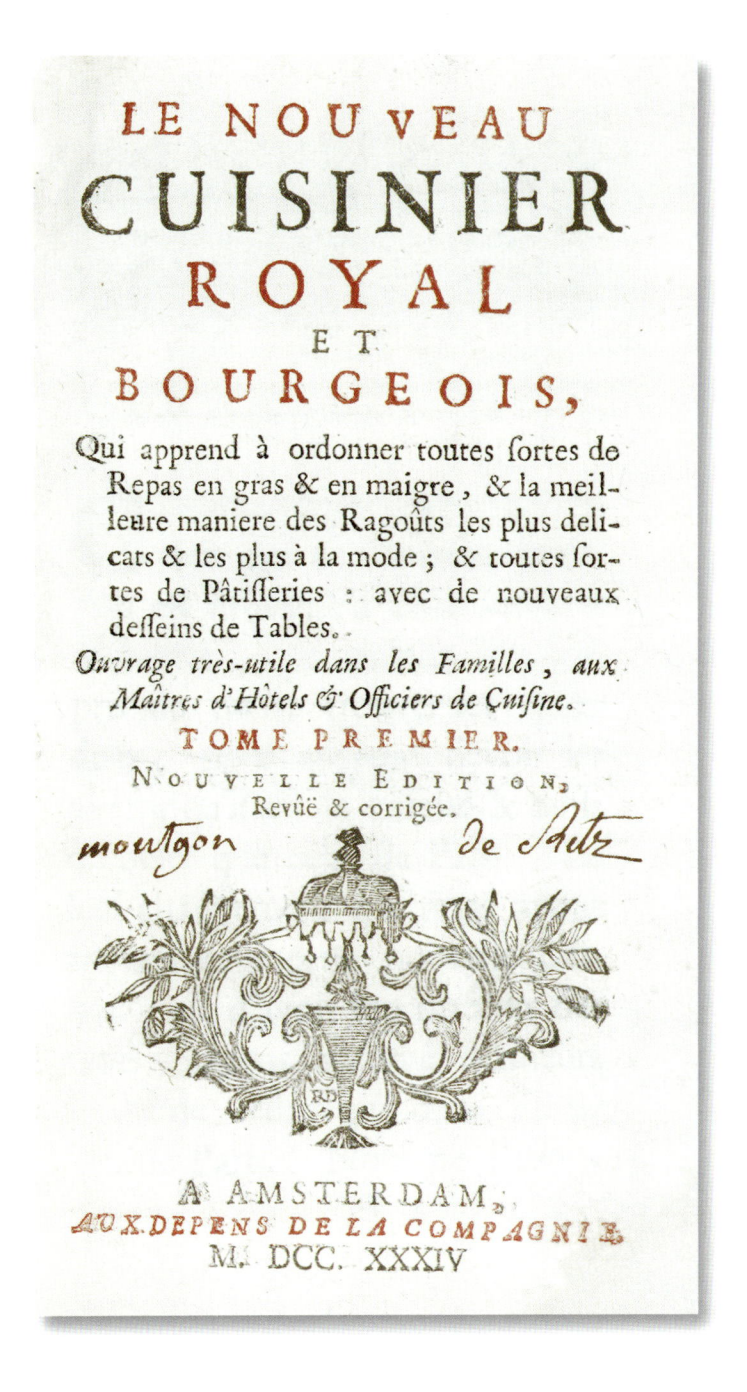

« L'ami de tout le monde », comme il aimait à s'autoproclamer, eut l'idée de publier, en 1769, un *Almanach général d'indication d'adresse personnelle et domicile fixe de Six Corps, Arts et Métiers*. Cet annuaire répertoriait, par ordre alphabétique, plusieurs milliers de marchands, de commerçants, d'artisans et d'entrepreneurs qui faisaient preuve, chacun dans son domaine, de talent et d'initiative. Ce furent en quelque sorte des *Pages jaunes* avant l'heure, la dimension méritocratique en plus. On y trouvait, pêle-mêle, des graveurs, des menuisiers, des horlogers, des porcelainiers, des serruriers, des bouchers dont on vantait le savoir-faire. La première édition – car l'almanach fut réédité à maintes reprises dans les années 1770 et 1780 – mentionnait, à la lettre « L », « Le Restaurateur », recommandé pour les bouillons délicats et bienfaisants que préparait « l'auteur sans nom de cet almanach ». De même, un supplément à l'almanach recensant les nouveaux traiteurs indiquait « Roze, le Premier Restaurateur ». Malin et intuitif, Mathurin Roze de Chantoiseau eut en fait l'intelligence de jouer sur deux tableaux pour soutenir ses affaires : il était Chantoiseau l'auteur-éditeur d'un côté, et Roze le restaurateur, de l'autre. Le restaurant était d'ailleurs installé depuis 1766 en l'hôtel d'Aligre, rue Saint-Honoré, à la même adresse que sa maison d'édition. Il nomma d'abord son établissement « maison de santé ». Cette appellation, qui disparaîtra quelques années plus tard, trahit la mission médicale des premiers restaurants. Roze préparait, à l'attention de l'élite urbaine qui souffrait de vapeurs, de miasmes ou de faiblesse des bronches, des « bouillons reconstituants » qu'il servait dans de petites tasses. Ces consommés puisèrent leur succès dans leurs vertus à la fois nutritives et digestes car ils savaient capter la richesse roborative des viandes et des légumes tout en les présentant sous une forme liquide.

Si la démarche « autopromotionnelle » de Chantoiseau semble contestable sur le plan déontologique, son almanach eut le mérite de mettre en avant de nombreuses autres adresses qui ouvrirent dans le sillage de Roze, et où l'on servit non seulement des bouillons mais aussi quelques autres mets « salubres » tels que crèmes, potages au riz ou au vermicelle, œufs frais, macaroni, chapons au gros sel, confitures et compotes. Jean-François Vacossin comptait parmi ces maisons nouvelles. Le « Second Restaurateur », comme il est surnommé dans l'almanach, inscrivit au-dessus de la porte d'entrée de son établissement, situé rue de Grenelle, ce slogan emprunté à l'évangile : « *Venite ad me omnes qui stomacho laboratis et ego vos restaurabo* » (« Venez à moi, vous tous qui avez faim, et je vous restaurerai »).

Des bouillons de santé à la révolution du service

À l'origine, le restaurant s'apparentait donc davantage à une « pharmacie » ou à « une station thermale » qu'au temple de la bonne chère que l'on connaît aujourd'hui. Comment cette invention a-t-elle pu survivre à la disparition des bouillons et autres mets frugaux ? C'est que d'autres innovations de taille, tenant essentiellement au service, caractérisèrent le restaurant. Dans une des éditions suivantes de l'*Almanach*, Roze de Chantoiseau précise, à propos des restaurateurs Roze et Pontallié : « L'usage de ces maisons qui sont très bien composées, n'est point d'y donner à manger à table d'hôte, mais à toute heure du jour, par plats et à prix fixe[2]. » Ainsi le client fatigué qui ressent le besoin de se restaurer doit-il pouvoir se faire servir,

Une soupière et divers objets de la table.
Gravure tirée du *Nouveau Cuisinier Royal et Bourgeois*, 1734.

Page de droite. Planche de l'*Encyclopédie* de Diderot et d'Alembert, 1785.
Figurent cuisinier, pâtissier, traiteur, rôtisseur, tour à pâte, bassines, mortier, etc.

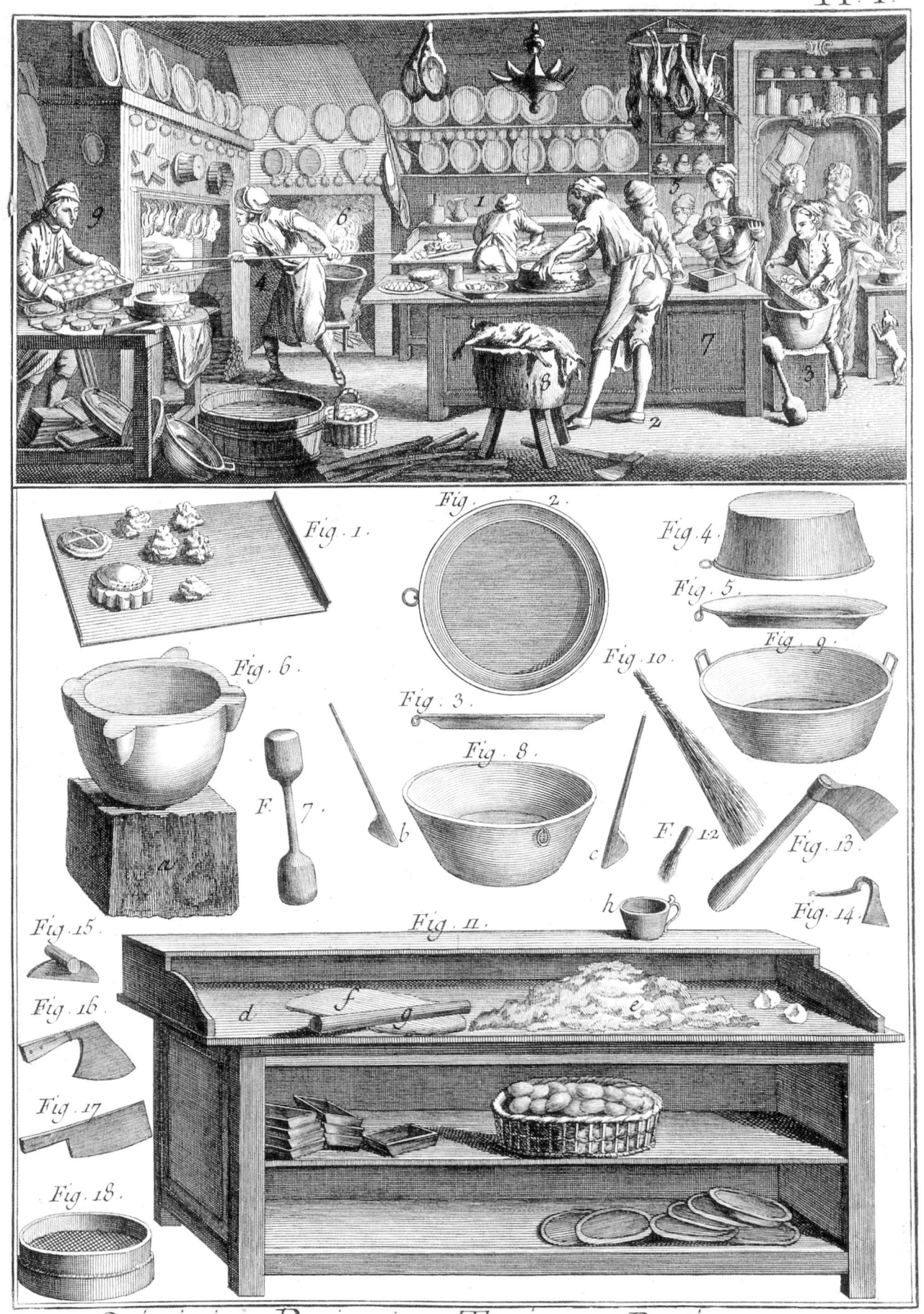

Cuisinier-Patissier-Traiteur-Rotisseur
Tour à Pâte, Bassines, Mortier &c.

à tout moment de la journée. Techniquement, les restaurants sont organisés pour assurer cette flexibilité des horaires. Les bouillons, maintenus au chaud au bain-marie, étaient prêts sitôt commandés, les fruits et autres produits frais demandaient peu d'apprêts, les œufs durs étaient cuits en quelques minutes.

De plus, le client est en droit de se voir proposer un bouillon ou un mets adaptés à son problème de santé. L'idée d'avoir le choix tranche sur le principe du menu imposé dans les tables d'hôte. De surcroît, celle-ci sera à l'origine de la carte imprimée. Jusqu'à maintenant, les menus écrits déclinaient les différents plats d'un dîner, à l'occasion de banquets ou d'un événement donné. Dans les années 1770, il se généralise dans les restaurants et a pour fonction d'afficher la liste des plats au choix. C'est dans ces années qu'est apparue l'expression de « service à la carte ». La carte imprimée revêt un autre avantage non négligeable : elle fixe le prix de chaque plat. Fini le temps des tables d'hôte où tous les clients apportaient la même contribution, quelle que soit la quantité de nourriture consommée. Fini aussi le temps des entourloupes des taverniers mal attentionnés qui n'annonçaient la somme due qu'à la fin du repas. Désormais, le client voit les prix à l'avance, peut ainsi composer son repas en fonction de ses moyens et paye à la hauteur de ce qu'il a commandé. À l'époque, clients et restaurateurs employaient la formule « chacun son écot » : autrement dit, chaque convive paye sa quote-part dans un repas pris à plusieurs. Une autre expression avait cours : manger « en manière de pique-nique », avec la notion d'une participation individualisée. Le repas champêtre tel qu'on le connaît aujourd'hui a retenu cette idée que l'on mange à hauteur de ce que l'on apporte. *Dans Les Rêveries du promeneur solitaire*, Jean-Jacques Rousseau emploie cette expression à l'occasion d'une soirée qu'il passa chez le restaurateur Vacossin en 1776 ou 1777[3]. Cette formule semble d'ailleurs lui avoir profondément déplu.

Les premières tables individuelles

Flexibilité des horaires, mets au choix sur une carte imprimée, prix fixes et affichés… Ce sont les composantes du restaurant, mais la liste serait incomplète sans un autre signe distinctif : la

Roze de Chantoiseau précise, en 1777, pour le restaurant Roze et Pontaillé que *« l'on y sert à toute heure du jour indistinctement. Les dames y sont admises et peuvent y faire des repas de commande à prix fixe et modique. »*

Page de droite. « **Le gros et le maigre, portrait d'un glouton** ». Cette caricature illustre la grande nouveauté de l'époque et l'un des signes distinctifs du restaurant : la table individuelle qui remplace la table d'hôte.

table individuelle, qui remplace la table d'hôte. Bien que ce phénomène découle nécessairement de la personnalisation du service, les restaurateurs invoquèrent aussi une raison diététique. En effet, la promiscuité bruyante et rustre des auberges et tavernes fut jugée insalubre et s'effaça au profit d'une intimité et d'un confort propices à une digestion saine. Diderot évoque, dans sa correspondance[4], sa première expérience chez un restaurateur. Il ne s'extasie pas tant devant les bouillons et l'eau limpide que devant la table individuelle où il a pu s'adonner à ses pensées sans être obligé de converser avec le voisin. Cette nouvelle disposition des tables suppose une évolution profonde des rapports entre le patron et les clients. Alors que les aubergistes et les taverniers recevaient à leur table – l'expression « table d'hôte » au sens littéral signifie bien qu'il était de coutume pour les clients de manger à la même table que le patron –, les restaurateurs proposent une autre forme d'hospitalité, en garantissant à chaque client sa propre table, comme chez soi. Diderot s'étonne de ce changement, constatant dans un restaurant de la rue des Poulies[5] que la maîtresse de maison reste discrète et ne cherche pas à engager la conservation avec les clients. Le restaurant devient ainsi « un lieu publiquement privé », selon l'expression de Rebecca L. Spang.

Nouvelles mœurs, nouveaux clients. Alors que les tables d'hôte étaient surtout fréquentées par les classes moyennes, les provinciaux et les voyageurs étrangers, le restaurant accueille une clientèle hétéroclite : marchands, intellectuels, aristocrates, acteurs, financiers, officiers… Mais la plus grande nouveauté sociologique réside dans l'apparition des femmes, séduites par la délicatesse des plats et l'intimité des salons. Dans l'almanach de 1777, Roze de Chantoiseau précise pour le restaurant Roze et Pontaillé que « l'on y sert à toute heure du jour indistinctement. Les dames y sont admises et peuvent y faire des repas de commande à prix fixe et modique ».

1. R. L. Spang, *op. cit.*
2. *Supplément aux tablettes royales*, 1789.
3. Jean-Jacques Rousseau, *Les Rêveries du promeneur solitaire*, quatrième promenade, 1782.
4. Denis Diderot, *Correspondance* : Lettre à Sophie Volland, 28 septembre 1767.
5. Est-ce chez Boulanger, comme l'affirment certains historiens, ou chez Vacossin, comme le soutient Rebecca L. Spang ?

Page de droite. « Ravitaillement des prisonniers à Saint-Lazare ».
Pendant la Révolution de 1789, il était d'usage que les détenus
commandent des mets fins chez le restaurateur en guise
de dernière volonté.

✻ *Chapitre 3*

Le mythe révolutionnaire

« C'est la grande bouche du peuple qui dans cette ville immense, vrai réservoir de puissance, fait sortir de tous les coffres, de toutes les cachettes les écus rouillés, quelque lente que soit la circulation du numéraire, les écus ensevelis depuis un siècle et dont le magique pouvoir met en activité les moulins à vent, les tonneaux de vin, les bouchers et les cuisiniers de tous grades. »

Poulet-Malassis, *Paris pendant la révolution*, 1862

Les années qui mènent de la monarchie à l'Empire sont marquées par une véritable schizophrénie alimentaire. En effet, si la Révolution a connu son cortège de restrictions, « l'art de la gueule » devient du même coup un exutoire, un refuge où le plaisir défie la peur. Et le restaurant est le précarré de cette transgression tolérée. Louis Sébastien Mercier, dans un chapitre justement intitulé « La Bouche va toujours » de son *Tableau de Paris*, raconte une anecdote révélatrice : « Les victimes, dans les prisons, sacrifiaient à l'estomac, et l'étroit guichet voyait passer les viandes les plus exquises pour des hommes qui touchaient à leurs derniers repas et qui ne l'ignoraient point. Du fond d'un cachot, on faisait un traité avec un restaurateur, et les articles signés de part et d'autre avec des conditions particulières sur les primeurs[1]. » Voilà qui est dit. Certes le restaurant, comme on l'a vu, n'a pas attendu l'abolition de la monarchie pour s'immiscer dans la vie parisienne, mais sa vocation dans les années 1760 et 1770 était avant tout diététique et son succès tenait à une sorte d'anorexie saine et volontaire. C'est avec la Révolution que cette institution se développe à grande échelle et revêt son acception moderne de lieu gastronomique ouvert à tous et dédié à l'abondance et à la gourmandise. Ainsi, pendant que la guillotine tranchait les têtes, dans les restaurants de plus en plus nombreux, les couteaux tranchaient d'épais biftecks, des boudins blancs aux truffes, aux pistaches et aux écrevisses, ou des pâtés de ris de veau !

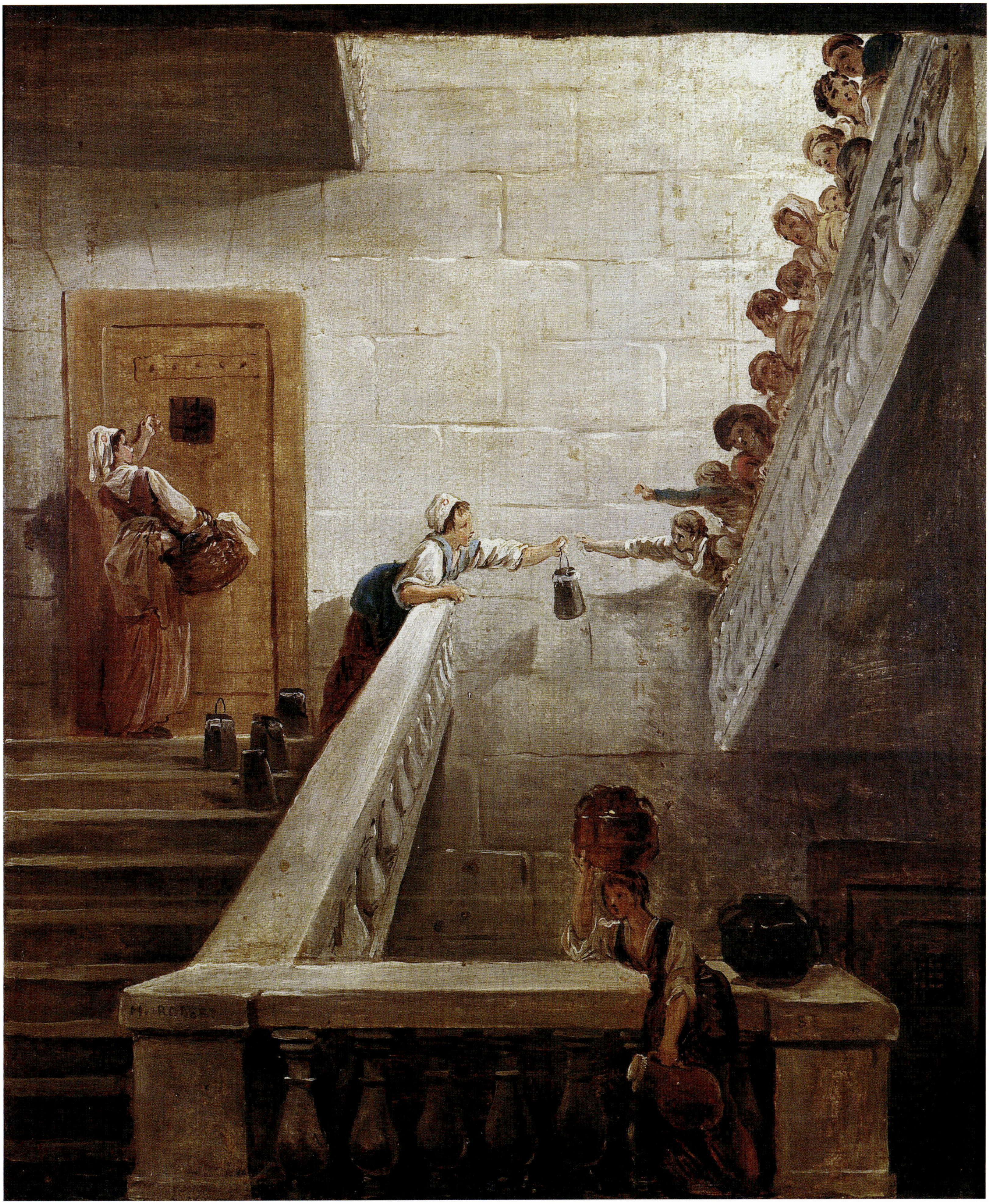

Chapitre 3

Louis Sébastien Mercier

« Les cuisiniers des princes, des conseillers au Parlement, des cardinaux, des chanoines et des fermiers généraux, ne sont pas restés longtemps inactifs après l'émigration des imitateurs d'Apicius. Ils se sont faits restaurateurs et ont annoncé qu'ils allaient professer et pratiquer pour tout payant la science de la gueule, comme dit Montaigne. »

Page de droite. **Famine de l'année 1794 à Paris.**
Cette gravure montrant une file d'attente devant une boulangerie contraste avec l'historiographie officielle qui tend à ériger le restaurant en père nourricier du peuple.

Le Code pénal révolutionnaire établi par l'Assemblée constituante en 1791 affuble pourtant le restaurant d'une tout autre fonction. Loin de diviser le monde selon un schéma classique sphère publique/sphère privée, le texte se contente de reconnaître, d'une côté, les établissements « publics » (au sens de « accessibles à tous ») où sont rangés les commerces et les théâtres et, d'un autre côté, les bains « publics ». Quant aux restaurants, tout comme les cabarets et les traiteurs, ils ne font partie d'aucun de ces deux domaines. Si on envisage les choses à travers le prisme révolutionnaire, on en comprend aisément la raison : ces endroits de bouche sont considérés comme autant d'espaces d'hospitalité, dont la vocation bienfaitrice et alimentaire l'emporte sur le but financier. Contrairement aux commerces et aux théâtres, les restaurants n'appartiennent donc pas au marché mais au champ des vertus civiques. En plus de distraire les estomacs noués par les troubles de l'actualité, les restaurateurs devient aussi devant la loi les nourrisseurs de la nation.

Pour expliquer la multiplication des restaurants sous la Révolution, historiens et observateurs avancent en chœur un phénomène de migration d'un genre particulier : à partir de 1789, de nombreuses figures de la noblesse et de l'aristocratie s'exilèrent à l'étranger ou furent arrêtées et le plus souvent guillotinées. Les cuisiniers et les maîtres queux qui travaillaient à leur domicile se retrouvèrent ainsi privés de leur emploi. Ils descendirent dans la rue pour s'établir à leur compte et faire profiter le plus grand nombre de leur science. En octobre 1793, dans son journal, Edmond Biré témoigne : « Mis sur le pavé par la ruine de leurs maîtres, les chefs de cuisine [des grands seigneurs], tous les maîtres queux de l'aristocratie sont passés du service des princes, des nobles et des financiers au service du public. » Mercier en dit tout autant : « Les cuisiniers des princes, des conseillers au Parlement, des cardinaux, des chanoines et des fermiers généraux, ne sont pas restés longtemps inactifs après l'émigration des imitateurs d'Apicius. Ils se sont faits restaurateurs et ont annoncé qu'ils allaient professer et pratiquer pour tout payant la science de la gueule, comme dit Montaigne. » Taxile Delord, auteur de *Paris-Restaurant*, renchérit au milieu du XIXe siècle : « Quand la révolution est venue changer les lois de la cuisine, disperser dans l'émigration ou ailleurs les vieux cuisiniers, les artistes supérieurs qui n'avaient jusqu'alors travaillé que pour les grands seigneurs exclusivement, on vit la gastronomie descendre insensiblement dans le tiers état jusque dans la petite bourgeoisie. Ce fut le premier échelon de cet ordre des choses aristocratico-démocratiques, qui s'établit tous les jours sans qu'on s'en doute. Le restaurant fut donc fondé : c'était un juste milieu entre le pot-au-feu domestique et l'ancien grand dîner avec ses entrées magnifiques, ses relevés, ses entremets à perte de vue. » Les exemples de ces artisans passés des nobles cuisines à leurs propres fourneaux après 1789 sont légion. Selon Jean-Paul Aron[2], le cuisinier qui donna le « coup d'envoi au nouveau régime alimentaire » se nommait Robert. Celui-ci avait tenu les cuisines du prince de Condé, parti pour l'exil le 17 juillet 1789. Chez Robert ouvrit au 104, rue de Richelieu et attira rapidement le Tout-Paris. Il faut dire que le personnage mitonnait une cuisine à la fois fine et roborative, qui aurait été gratifiée aujourd'hui, selon Aron, de deux macarons Michelin.

De Méot, rendez-vous révolutionnaire…

Le plus célèbre exemple de ces cuisiniers princiers convertis en restaurateurs révolutionnaires demeure Méot. Ancien officier de bouche du duc d'Orléans, ce personnage haut en couleur ouvrit son établissement le 26 mai 1791, au sein même de l'hôtel qui appartint à la chancellerie d'Orléans, situé rue des Bons-Enfants (à l'angle avec un passage aboutissant dans l'arcade 177 de la galerie de Valois). Son inauguration fit sensation en raison de la somptuosité inégalée du décor : péristyle dorique, salon orné de glaces, boudoir décoré d'arabesques et plafond représentant les travaux d'Hercule rivalisaient d'un luxe tapageur. Parmi les plus fidèles clients figure Louis Sébastien Mercier : « Comme l'on mange bien à Paris ! La meilleure chère ailleurs ne vaut pas un

Chapitre 3

dîner de Méot, chaud, prompt, bien fait ; on choisit ses mets sur une liste de cent plats ; liste imprimée avec l'ordonnance la plus soignée ; beau salon doré, sculpté, théâtral ; pyramides de beaux fruits ; odeur succulente qui se répand à la ronde et qui vous donnerait de l'appétit si vous n'en aviez pas. Au grand bureau, deux dames de bel aspect président à la police et plus encore à la recette[3]. » Héron de Villefosse ajoute qu'il « y avait dans un de ses petits salons une baignoire que l'on pouvait faire remplir de champagne afin d'y être massé par des femmes habiles, ce qui était une cime du dilettantisme et vous revigorait à merveille ». L'abondance n'était décidément pas un vain mot, comme l'atteste la confidence du restaurateur qu'Edmond Biré recueillit dans son Journal : « Je puis vous donner à choisir entre vingt-deux espèces de vin rouge et vingt-sept de vin blanc ; entre un nombre considérable de vins de liqueur pour terminer le repas et, après le repas, entre seize espèces de liqueurs. » L'assiette semblait être à la hauteur de ce luxe. On y servait tous les plats à la mode, quitte à les cuisiner à la sauce révolutionnaire. Pour accompagner les filets de turbot, la sauce faite de beurre, de jus de citron et de fines herbes ne s'appelait plus « maître d'hôtel », expression à connotation trop nobiliaire, mais plus sobrement « homme de confiance ». De même, on évitait soigneusement de mettre les pieds dans le plat avec les noix de veau à la Reine, que l'on rebaptisa prudemment noix de veau à la Directrice. Parmi tous les restaurants parisiens, Méot est l'enfant modèle de la Révolution. La constitution de 1793 n'a-t-elle pas été élaborée dans un salon retiré de son établissement ? N'y apercevait-on pas, aux pires heures de la Terreur, Robespierre, Danton et Saint-Just ? N'y a-t-on pas fêté enfin l'exécution de Marie-Antoinette, le 16 octobre 1793 ? Les membres du Tribunal révolutionnaire se régalèrent en effet d'une béchamelle d'ailerons et de foie gras, d'une poularde fine rôtie, de douze mauviettes (alouettes) par personne et de champagne !

…à Véry l'aristocratique

Verser dans l'unanimisme historiographique qui considère le restaurant comme un avatar fécond de la Révolution, un endroit à la fois opulent et populaire, reviendrait toutefois à occulter quelques paradoxes oubliés.

Tout d'abord, l'apparition du restaurant n'a pas empêché la faim de tenailler le pays pendant la Révolution. Pénurie de pain, cherté de la vie, restrictions composent, dès 1789, le tableau alimentaire de la capitale. Même les députés peu fortunés qui viennent occuper leur nouveau siège à l'Assemblée Nationale semblent se plaindre de leur condition. Dans sa *Vie quotidienne au temps de la Révolution*, l'historien Jean Robiquet cite le témoignage d'un de ces représentants du peuple, l'abbé Barbotin, curé de Prouvy, qui relate le minimalisme de ses repas parisiens : « Un morceau de pain qui est très bon ici, et quelques verres de bière. De déjeuner, on n'en parle pas : nous n'avons pas le moyen de tant manger ; il faudra rétrécir nos boyaux et accoutumer le gosier à l'eau de Seine qui ne paraît pas m'incommoder jusqu'à présent[4]. » D'année en année, le ravitaillement se fait plus laborieux, si bien que la population des villes doit se contenter le plus souvent d'un pain noir peu digeste tandis que le sucre et la viande viennent à manquer. À partir de 1793, on institue le système des cartes, cartes de pain et de viande, on plante des légumes au Luxembourg et aux Tuileries. Les bouchers profitent de la hausse des prix, le marché noir apparaît. Robespierre est reçu un jour à la table d'une famille bourgeoise, qui ne semble pas crouler sous l'abondance, si l'on se fie aux comptes de la maîtresse de maison, Mme Jullien : « du lait et de la crème pour quatorze sous, deux pains, vingt-quatre sous, légumes, six sous ; salade, dix sous ; huile, deux sous ; vinaigre, douze sous ; poivre, cinq sous ; fromage, un sou ; cidre, dix-huit sous ; une poularde, huit livres, dix sous[5] ».

Puis survient la grande disette de 1794. Louis Sébastien Mercier en fait un récit dramatique : « C'est pendant l'hiver de 1794 que la disette de la viande s'est fait sentir à Paris. On vit affluer à la fois et en même temps dans les boutiques des bouchers les femmes de ménage, les cuisinières, les domestiques, etc. La livre de bœuf s'éleva tout à coup depuis dix-huit sols jusqu'à vingt-cinq sols. […] Dès neuf heures du matin, la halle, jadis ce vaste et riche dépôt de toutes les productions de la nature, se trouvait dégarnie. Bientôt, il se forma de longues files de femmes qui, depuis minuit, bravant l'inclémence de l'air, attendaient patiemment chacune leur tour, pour conquérir au péril de leur vie trois œufs et un quarteron de beurre. […] D'un autre côté l'on se jetait sur le poisson qui se vendait à l'enchère aux marchandes ambulantes. Ce poisson était corrompu ; la disette du beurre en avait suspendu le débit ; la famine lui redonnant de la valeur, il causa de graves maladies[6]. »

Par ailleurs, le consensus des historiens français a été une fois encore mis à mal par Rebecca L. Spang, spécialiste anglaise. Elle rappelle ainsi à juste titre que si les officiers de bouche privés de leurs maîtres exilés ou condamnés à mort pendant la Révolution ont en effet contribué à l'essor du restaurant en exerçant leur savoir-faire dans de nouveaux établissements

« L'œuf à la coque ».
Cette allégorie des privilèges de la fin du XVIIIe siècle montre la justice, le clergé et la noblesse trempant leur pain dans le jaune d'un énorme œuf.

Page de gauche. « Les gros oiseaux ont le vol lent ».
Cette caricature révolutionnaire représente la famille royale avec un Louis XVI bedonnant honteusement attablé dans un restaurant de Varennes le jour de son arrestation le 21 juin 1791.

publics, le phénomène avait débuté avant que les guillotines ne tombent. Ainsi, comme nous le verrons dans le prochain chapitre consacré au Palais-Royal, cœur battant de la capitale à la fin du XVIIIe siècle, Beauvilliers, ancien officier de bouche du comte de Provence, n'a pas attendu la Révolution pour s'installer à son compte, son premier restaurant datant de 1782. Quant à Jean-Baptiste La Barrière, il a abandonné en 1779 son métier de cuisinier particulier pour se lancer dans une carrière de traiteur, puis de restaurateur. En outre, même après 1789, la marche du restaurant, avec sa vocation à « démocratiser » la bonne chère, ne s'est pas déroulée sans heurt ni règlement de compte, loin s'en faut. Prenons Gabriel Charles Doyen. Voilà un chef qui n'a pas vécu le destin idyllique raconté dans les livres d'histoire. Ce natif de Versailles cuisina pendant près de dix ans sous les ordres de la reine Marie-Antoinette, jusqu'à ce que la famille royale déménage de Versailles aux Tuileries en octobre 1789. Il saisit alors l'occasion d'aller travailler pendant une année aux fourneaux de Robert, le fameux restaurant du Palais-Royal. Il paya de sa tête sa volonté de démocratiser le « privilège » gastronomique : en mai 1794, le pauvre cuisinier fut arrêté, hâtivement jugé et guillotiné séance tenante, accusé de nostalgie à l'égard de l'Ancien Régime et de ses employés royaux[7].

Enfin, si certains restaurateurs parisiens, Méot en tête, pouvaient être considérés comme des alliés – opportunistes ou convaincus – du nouvel ordre établi, d'autres grands restaurants de cette époque furent montrés du doigt par les révolutionnaires. Le Palais-Royal ne tarda pas à être rebaptisé Maison Égalité, et de nombreux sans-culottes dénoncèrent les prix « aristocratiques » de certaines maisons opulentes comme une insulte à l'hospitalité égalitaire. Ils manifestèrent à plusieurs reprises pour que la police force ces établissements à proposer des menus accessibles. Ainsi, Véry, un des hauts lieux du quartier, fut particulièrement inquiété. En effet, quelques membres du club des Jacobins attirèrent l'attention de leurs collègues de la Montagne, en charge, au sein du Comité révolutionnaire, de la juridiction sur les restaurants, sur une pancarte publicitaire que les frères Véry avaient accrochée au-dessus de leur restaurant. On pouvait lire en espagnol « Nous accueillons les gens de grande distinction ». Après enquête de la commission Freté et Boubon, l'inscription fut jugée contraire aux idéaux révolutionnaires. Les

L'arrestation de Louis XVI à Varennes.
Cette estampe représente une autre version de l'arrestation du roi, en 1791 alors qu'il déguste des pieds de porc à Sainte-Menehould.

Page de droite. **Repas républicain dans les rues de Paris en 1794.**

frères Véry furent contraints de louer les services d'un peintre pour l'effacer dans les plus brefs délais et Jean-François Véry – dont les états de service révolutionnaires furent pourtant reconnus lors de la prise de la Bastille en juillet 1789 et au moment de l'abolition de la monarchie en 1792 – passa quelque temps dans les cachots de la Terreur.

L'allégorie du restaurant

À plusieurs reprises, le restaurant s'est invité dans l'imagerie populaire de la Révolution. Observez cette gravure révolutionnaire intitulée « Les gros oiseaux ont le vol lent », censée représenter l'arrestation de Louis XVI à Varennes. On y voit le roi attablé dans le cabinet particulier d'un restaurant, dont le mur du fond est orné d'un tableau figurant la prise de la Bastille le 14 juillet 1789. Tandis que Marie-Antoinette refait sa toilette devant un miroir et que le jeune héritier du trône grimace sur son pot de chambre, Sa Majesté bedonnante n'a pas encore achevé son repas et s'apprête à dévorer une grosse volaille. La cocotte fumante ainsi que les bouteilles vides devant la table témoignent de l'appétit royal. Un officier entouré de gardes fait irruption dans la pièce et lui tend un mandat d'arrestation comme un restaurateur tendrait l'addition. Visiblement peu perturbé, Louis XVI lui lance : « Je me fous de toute (cette histoire). Laisse-moi manger tranquillement. » Nettement plus suggestive, une autre gravure intitulée *Le Roi mangeant des pieds...* figure Sa Majesté assise à la table d'un établissement nommé « Au Fuiard » (*sic*), en train de déguster des pieds de cochon qui ressemblent étrangement (et sans esprit mal placé) à des pénis ! Alors que la reine le presse de la rejoindre dans le carrosse en partance, un officier des postes confond Louis XVI en le comparant au portrait figurant sur un assignat. Ces deux documents sont deux exemples parmi d'autres évoquant l'arrestation du roi à peu près dans les mêmes circonstances, soit à Sainte-Menehould, dans un restaurant, au moment de payer l'addition. Ces représentations ne relatent évidemment pas la vérité historique : il est acquis que cet événement symbolique de la chute de l'Ancien Régime se déroula autrement. Elles ont vocation à dénoncer, sous forme métaphorique, le roi trahi par sa propre gloutonnerie, se goinfrant sur le dos du peuple jusqu'aux derniers instants de sa fuite, juste avant que lui soit présentée l'addition de la monarchie. Le restaurant est ici perçu comme faisant le jeu de la Révolution, le lieu salutaire où la monarchie se prend au piège. Sa vocation « démocratique » est également suggérée : celle d'un lieu de gourmandise et de plaisir ouvert à tous – et même à un roi tentant de voyager incognito –, à condition bien sûr d'avoir les moyens de payer l'addition.

Le restaurant fut le théâtre d'un autre événement majeur de la Révolution, représenté sur de nombreuses gravures : l'assassinat de Lepeletier de Saint-Fargeau. Issu d'une famille de

Chapitre 3

« Assassinat de Lepeletier de Saint-Fargeau », par Claude Louis Desrais. C'est au restaurant Février, au Palais-Royal, que le « premier martyr de la Révolution » se fit poignarder par un royaliste le 20 janvier 1793, la veille de l'exécution de Louis XVI.

parlementaires, Louis Michel Lepeletier de Saint-Fargeau fut élu député de la noblesse de Paris aux États Généraux de 1789, renia ses origines nobles pour se faire l'un des avocats les plus ardents de la cause du peuple. Le 2 juin 1790, il devint président de l'Assemblée constituante et quinze jours plus tard, au vote de la suppression des titres de noblesse, il fit voter qu'aucun citoyen ne pourrait porter d'autre nom que celui de sa famille : dès le lendemain, Louis Michel Lepeletier, marquis de Saint-Fargeau, ne signait plus que « Michel Lepeletier ». Le personnage fut ensuite élu à la Convention par le département de l'Yonne, et vota la mort de Louis XVI le 20 janvier 1793. Le jour même, c'est-à-dire la veille de l'exécution du roi, le conventionnel régicide alla souper seul chez Février, un restaurant du Palais-Royal qui occupait, depuis 1791, cinq arcades de la galerie Montpensier. On y dînait sobrement, sans couvert en argent, dans des caveaux mal éclairés. Pâris, ex-garde du roi, s'y trouvait aussi ce soir-là. C'est en entendant citer le nom de Lepeletier de Saint-Fargeau qu'il ne connaissait pas, qu'il s'approcha pour lui lancer : « C'est toi, scélérat de Lepeletier, qui as voté la mort du roi ? – Oui, répond ce dernier, mais j'ai voté selon ma conscience et qu'est-ce que cela vous fait ? – Voilà ce que tu mérites. » Pâris lui porta un soufflet. Lepeletier saisit son couteau de table pour se défendre. Pâris dégaina alors son briquet, un sabre court, le frappa à la poitrine puis s'enfuit. Lepeletier expira dans la nuit et Pâris se serait suicidé avant d'être arrêté[8]. Lepeletier fut considéré comme le « premier martyr de la Révolution ».

1. L. S. Mercier, *Tableau de Paris*, op. cit.
2. Jean-Paul Aron, *Le Mangeur du XIXe siècle*, Paris, Robert Laffont, 1973 ; réédition Payot, 1989.
3. Louis Sébastien Mercier, *Nouveau Paris*, 1799-1800.
4. Cette anecdote et la suivante, extraites de *La Vie quotidienne au temps de la Révolution* de Jean Robiquet, ont été reprises par André Castelot dans *L'Histoire à table*, « Si la cuisine m'était contée… », Plon-Perrin, 1972.
5. *Ibid.*
6. L. S. Mercier, *Le Nouveau Paris*, op. cit.
7. L'exemple de Gabriel Charles Doyen est tiré de R. L. Spang (op. cit.).
8. L'événement est ainsi relaté par René Héron de Villefosse dans *Histoire et géographie gourmandes de Paris*, Éditions de Paris, 1956.

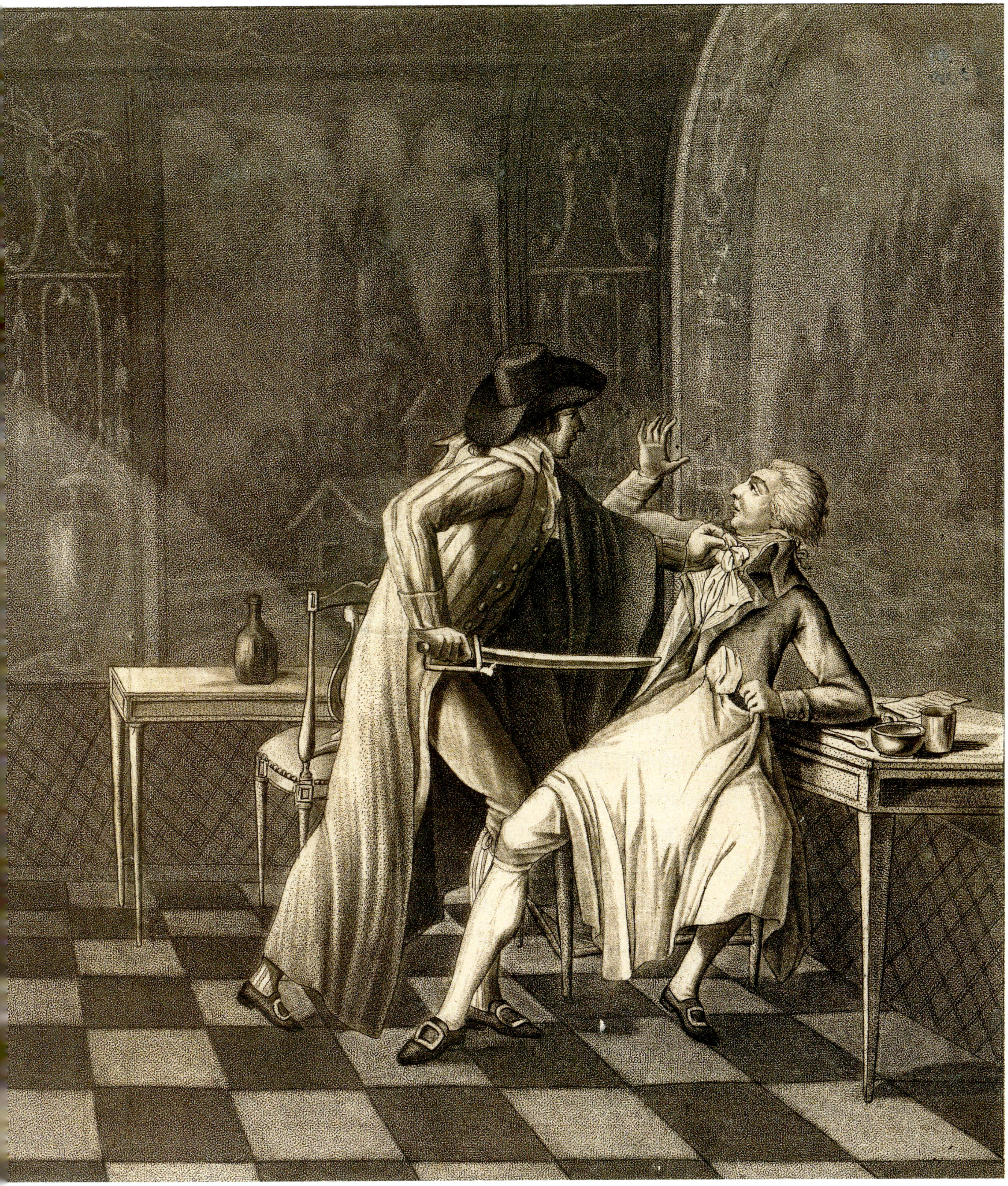

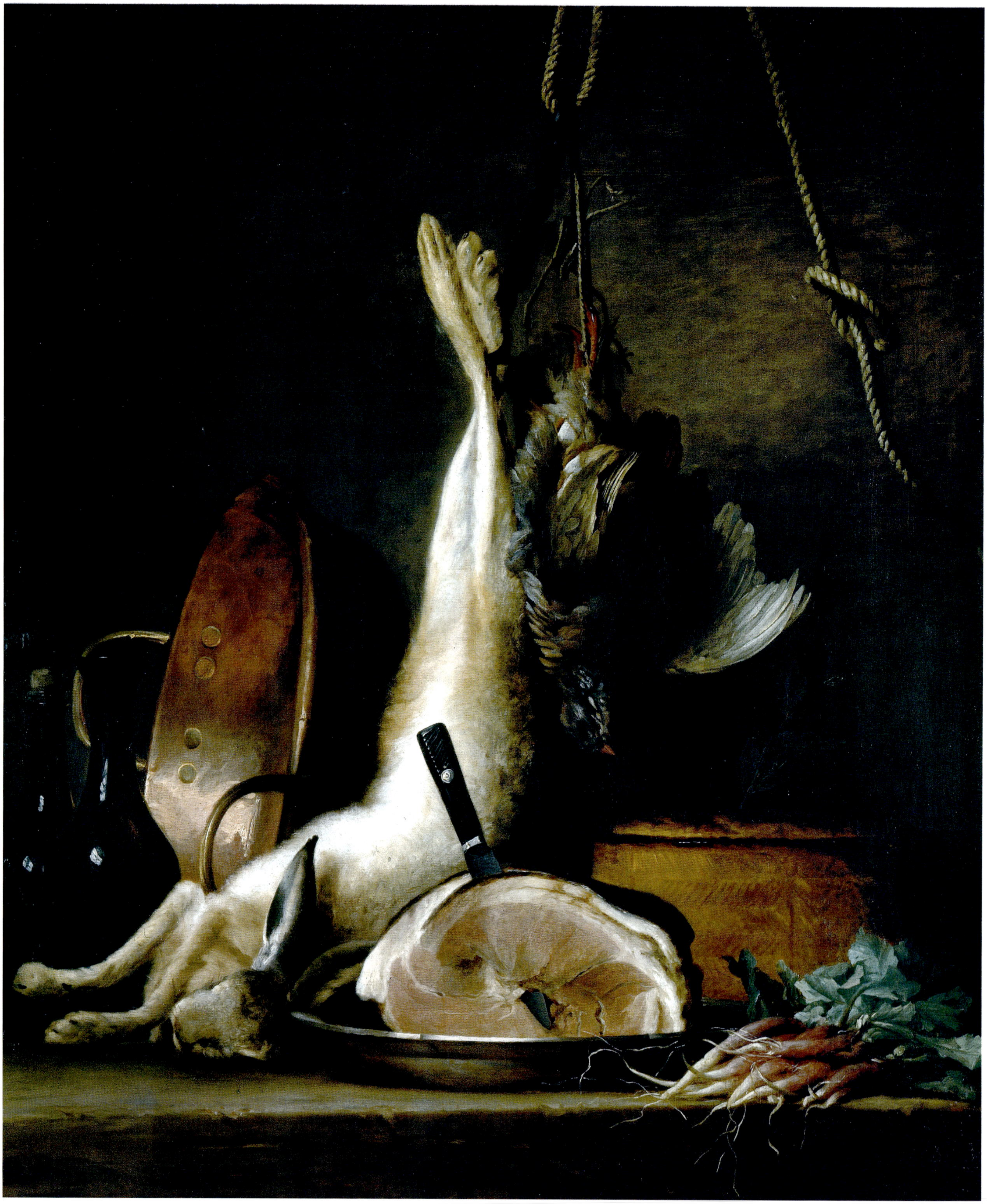

Page de gauche. « Nature morte au lièvre »,
par Anne Vallayer-Coster, 1769.

Chapître 4
Les fines bouches du Palais-Royal

« Lorsque l'Europe en armes se rua tout entière contre la France, tous les chefs de cette multitude n'avaient qu'un seul cri d'attaque : Paris ! Paris ! Tel fut le cri qu'ils poussèrent des bords du Rhin aux rives de la Seine. À Paris, que demandaient-ils tout d'abord ? Le Palais-Royal ! Un jeune officier russe y entra à cheval. — Au Palais-Royal, quel était leur premier désir ? — Celui de se mettre à table chez les restaurateurs, dont ils citaient les noms glorieusement venus jusqu'à eux. »

Eugène Briffault, *Paris à table*, 1846

Pris en tenaille entre le quartier grouillant de l'Opéra et la pétulante rue de Rivoli, le Palais-Royal fait aujourd'hui figure de havre tranquille. Le promeneur qui arpente son jardin désert et ses arcades aux boutiques désuètes ne peut imaginer qu'il se trouve au cœur de ce qui fut l'agora, le forum, la « place Saint-Marc » de Paris, dont le rayonnement s'étendit dans l'Europe entière.

L'origine du lieu remonte au XVIIe siècle. Pour se rapprocher d'Anne d'Autriche, qui réside au Louvre, Richelieu fit appel à l'architecte Jacques Lemercier pour édifier, à l'actuel emplacement du Palais-Royal, une somptueuse résidence entourée de jardins qui fut baptisée Palais-Cardinal. Richelieu y mourut en 1642, non sans en avoir fait don au roi Louis XIII dès 1633 – d'où le nom de Palais-Royal. Anne d'Autriche s'y installa

Chapitre 4

« **Vue du Palais-Royal** », par Louis-Nicolas de Lespinasse, 1791.
Cette gouache représente les trois galeries (Montpensier, Valois et Beaujolais) telles qu'elles furent édifiées par l'architecte Victor Louis en 1791.

En bas. **Quartier du Palais-Royal en 1739**, d'après le plan dit de Turgot.

Page de droite. « **Les galeries du Palais-Royal** », par Louis Debucourt.
Construites en bois, les galeries marchandes du Palais-Royal abritaient de nombreux commerces de bouche et échoppes.

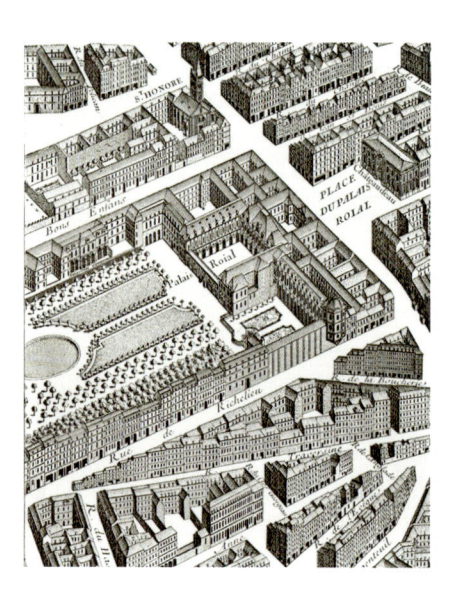

avec son fils, futur Louis XIV, qui le céda en 1692 à son frère, le duc d'Orléans. Ce nouveau propriétaire fit des remaniements colossaux, que son fils, Philippe d'Orléans, devenu régent en 1715, poursuivit. Mais le Palais-Royal connut sa plus spectaculaire métamorphose avec la génération suivante, incarnée par le duc de Chartes, futur Philippe-Égalité, qui en fut le dernier propriétaire avant la Révolution. C'était un esprit vif, féru de nouveauté et démesurément dépensier, qui avait la fâcheuse habitude de s'endetter dans des proportions abyssales. Pour tenter de remédier à ses problèmes financiers, il eut l'idée, en 1781, d'entreprendre une vaste opération immobilière dans le Palais-Royal. Il employa Victor Louis, le célèbre architecte du théâtre de Bordeaux et du Théâtre-Français, qui fit rétrécir les jardins et construire tout autour, à des fins mercantiles, trois galeries (les trois galeries actuelles : Montpensier, Valois et Beaujolais). Sitôt les cent quatre-vingts arcades et soixante immeubles locatifs achevés, le succès fut immédiat et l'endroit ne tarda pas à devenir le dernier lieu à la mode, détrônant définitivement le Marais. Les aristocrates en vue et les hommes politiques lancés s'y mirent à jouer, souper, débattre. Ils s'y livrèrent au libertinage, d'autant que l'on pouvait y circuler librement jusque tard dans la nuit, la haute naissance du propriétaire assurant à l'endroit une sorte de neutralité, car la police n'y avait pas accès. Les élégantes prirent l'habitude de faire leurs emplettes dans les luxueuses boutiques qui y furent aménagées. Les provinciaux s'émerveillèrent, les étrangers affluèrent. Mercier fut le témoin de cette éclosion de modernité : « Point unique sur le globe. Visitez Londres, Amsterdam, Madrid, Vienne, vous ne verrez rien de pareil : un prisonnier pourrait y vivre sans ennui, et ne songer à la liberté qu'au bout de plusieurs années […]. On l'appelle *la capitale de Paris*[1]. » Plus loin, pour raconter les attractions multiples auquel le public succombe, il écrit : « L'art des ragoût est à côté des hautes sciences. » On y traitait aussi de politique, au point que le Palais-Royal devint le cœur battant de la Révolution. Ennemi acharné de Marie-Antoinette et député de la noblesse aux États Généraux de 1789, Philippe-Égalité n'a-t-il pas rebaptisé l'endroit « Palais Égalité » ? Les langues se délient dans les salons, clubs, cafés et autres cercles de jeu. Et le restaurant s'y installe.

L'astre Beauvilliers…

Si le restaurateur Antoine Beauvilliers n'est pas tout à fait « l'ancêtre incontesté de la profession », comme l'a prétendu abusivement Jean-Paul Aron, du moins est-il un des seuls noms de cette fin du XVIIIe siècle qui évoquent aujourd'hui quelque prestige gourmand au profane. Cette notoriété plus que bicentenaire tient à coup sûr davantage à son charisme et à sa longévité qu'à son strict talent culinaire. Il fut aussi, et c'est peut-être l'essentiel, celui qui lança la mode des grands restaurants au Palais-Royal.

Rappelons-le, Beauvilliers fut l'officier de bouche du comte de Provence (futur Louis XVIII) et attaché aux Extraordinaires des Maisons royales. Ces brillants états de service lui permirent de se faire remarquer rapidement lorsqu'il décida de se mettre à son compte, au début des années 1780. À partir de ces années-là, curieusement, les historiens peinent à retracer sa carrière sans se contredire. Selon toute vraisemblance, il ouvrit La Taverne Anglaise, que l'on appelait aussi la Grande Taverne de Londres en 1782, dans un passage situé 26, rue de Richelieu. Quelque temps après, sans doute en 1788, fort de son succès, il inaugura au cœur du Palais-Royal, sous son nom, deux autres établissements qui achèvent de faire de lui le chef le plus reconnu : le premier dans la galerie de Valois, le second galerie de Montpensier. Mayeur de Saint-Paul versa dans le dithyrambe : « Le plus élégant des restaurateurs est le nommé Beauvilliers qui tient aussi La Taverne Anglaise ; il est établi sous les arcades […]. La salle à manger est au premier étage et très agréablement décorée en papiers chinois, une lampe formant le globe et à plusieurs branches éclaire parfaitement la salle. Les salles sont faites en bois d'acajou et les chaises travaillées avec goût… […] C'est le rendez-vous des jeunes gens les plus qualifiés et qui sont à Paris soit pour affaires ou par simple curiosité. Les gros joueurs y viennent aussi et amènent avec eux les filles les plus élégantes : le silence ne règne pas chez ce restaurateur comme chez les autres et la gaîté préside à ses repas[2]. » Il paraît que le chef avait l'habitude de se promener entre les dîneurs, l'épée au côté, ce qui était le privilège des officiers de la Couronne. Sa réputation ne faiblit pas pendant plusieurs décennies, au point de forcer l'admiration de Brillat-Savarin, qui le tient dans *Physiologie du goût* pour un restaurateur emblématique : « Beauvilliers avait une mémoire prodigieuse : il reconnaissait et accueillait, après vingt ans, des personnes qui n'avaient mangé chez lui qu'une fois ou deux ; il avait aussi, dans certains cas, une méthode qui lui était particulière. Quand il savait qu'une société de gens riches était rassemblée dans ses salons, il s'approchait d'un air officieux, faisait ses baisemains, et il paraissait donner à ses hôtes une attention toute spéciale. Il indiquait un plat qu'il ne fallait pas rendre, un autre pour lequel il fallait se hâter, en commandait un troisième auquel personne ne songeait, faisait venir du vin d'un caveau dont lui seul avait la clef ; enfin il prenait un ton si aimable et si engageant que tous ces articles extra avaient l'air d'être autant de graciosités de sa part. » Le chef finit par parler toutes les langues et devint même écrivain de bouche en publiant en 1814 *L'Art du cuisinier*, où il livra sa vision de la cuisine et ses recettes phares, des ragoûts de laitance de carpe aux filets de brochet à la béchamel, des quenelles de lapereau aux artichauts à la barigoule, des gaufres aux pistaches aux tourtes de frangipane. En 1815, Honoré Blanc écrit : « On est étonné que ses salons ne soient pas toujours pleins. […] Au nombre des mets qui méritent les applaudissements des gens de goût, nous nous faisons un devoir de signaler les foies gras ou caisse, les ris de veau à la poulette, et les macaronis[3]. » Trois ans plus tard, en 1817, Beauvilliers disparut on ne sait trop comment. Sa gloire avait déjà tourné court, comme le rappelle Brillat-Savarin : « Mais ce rôle d'amphitryon ne durait qu'un moment ; il s'éclipsait après l'avoir rempli, et peu après, l'enflure de la carte et l'amertume du quart d'heure de Rabelais [expression pour désigner l'addition] montraient suffisamment qu'on avait dîné chez un restaurateur. »

Chez Véry vers 1820.
Ce restaurant illustre de la galerie de Beaujolais fut fréquenté par l'Europe entière. Ici, des soldats anglais sortant en titubant.

Page de gauche. **« Le Déjeuner », 1802.**
Planche extraite de *Le Bon Genre*, observation sur les modes et usages de Paris. Au Palais-Royal, il était en vogue de s'attabler entre 10 et 15 heures pour déguster un choix de mets que le restaurateur conservait sous cloche.

« Costumes parallèles du cuisinier ancien et moderne ».
Gravure extraite de *Le Maître d'hôtel français* d'Antonin Carême, 1822.

Page de droite. « **Chez les Frères Provençaux** ».
Gravure d'Allen, d'après Eugène Lami, vers 1840. À deux pas de Chez Véry, ce restaurant de la galerie de Beaujolais servait bouillabaisse, brandade de morue et autres spécialités méridionales dans un décor fastueux.

…et les autres comètes des galeries

Si, au Palais-Royal, il est bien question de palais, dans tous les sens du terme, ce n'est pas du seul fait de Beauvilliers, loin s'en faut. Dans le chapitre précédent, nous nous sommes déjà arrêtés sur Méot, l'ancien maître queux du duc d'Orléans, qui exerça ses talents dans la galerie de Valois, et nous avons évoqué les frères Véry. Ces derniers méritent que l'on revienne sur leur aventure.

Les frères Véry sont des paysans lorrains qui ont acheté trois arcades galerie de Beaujolais en 1790 pour monter une affaire modeste. Un des frères s'exila peu de temps après pour inaugurer un établissement magnifique sur la terrasse des Feuillants, aux Tuileries, à côté de chez Legacque, un autre restaurant célèbre. Dans un décor composé de tables de granit, de candélabres en bronze doré, de bouquets de fleurs et de panneaux de glace sur les murs, il sert, pour des prix exorbitants, neuf espèces de potages, neuf espèces de pâtés, des huîtres, des saucisses, des poissons marinés et des choucroutes. En 1808, terrible nouvelle : la rue de Rivoli est percée et la terrasse des Feuillants condamnée à la démolition. Véry finit par résister jusqu'en 1817 mais préfère, par prudence, concentrer les efforts familiaux sur la succursale du Palais-Royal gérée par son frère. C'est à la tête d'un établissement cossu où résonnent la porcelaine et l'argenterie que Véry vole la vedette à Méot. Il paraît même qu'à cette époque Véry envoyait, sous pli cacheté, son menu à ses clients : du marketing avant l'heure, pour inciter les bourses aisées à venir goûter son fameux poulet en fricassée et ses biftecks au beurre d'anchois. En 1806, le vieux peintre Fragonard, qui habita galerie de Beaujolais, y meurt en mangeant une glace… Une gravure pittoresque de l'époque montre Mme Véry à sa caisse, le buste proéminent, la figure en fesse d'ange et le front couronné d'une pièce montée de cheveux. En 1815, Véry est toujours à la mode ; Honoré Blanc dit de lui qu'il est « un des artistes les plus éclairés de ceux qui veillent au maintien du bon goût[4] ». Le même Honoré Blanc tresse d'autres couronnes de laurier aux Frères Provençaux, une table voisine : « Les Agathophages dont le goût est émoussé par la fréquentation habituelle des meilleures tables de Paris, trouveront dans le laboratoire de ces estimables cuisiniers chimistes, une infinité de ragoûts propres à réveiller l'appétit le plus léthargique[5]. » Ces frères étaient au nombre de trois : Maneille, Barthélemy et Simon. Ils n'étaient pas frères, mais beaux-frères. Ils étaient en revanche bien originaires de Provence, des bords de la Durance plus précisément. Ils s'installèrent pour la première fois à Paris en 1786, d'abord sous le nom des Trois-Frères, rue Helvétius (l'actuelle rue Sainte-Anne) dans un cadre sans décorum ni argenterie. Mais les Parisiens affluèrent, alléchés par des spécialités méridionales inconnues, bouillabaisse et brandade de morue en tête. Le succès fut tel qu'ils finirent par déménager au Palais-Royal, probablement en 1798, dans la galerie de Beaujolais, à quelques pas de chez Véry. La salle répond au standing des grands restaurants de l'époque, la cave est l'une des mieux fournies de la capitale, et la cuisine se parisianise légèrement, entre olives farcies aux câpres et anchois et tronçons d'anguille à la tartare, canard sauvage et aubergines à la provençale, nougat blanc de Marseille et omelette soufflée au sucre. Étienne de Jouy, qui s'est surnommé lui-même l'ermite de la Chaussée d'Antin, tient cet établissement, dans ses observations[6], pour le « temple du goût ». Il évoque « la cuisine, où vingt marmitons, haletant de fatigue, s'agitent, la casserole en main, dans un tourbillon de fumée », les trois salons et leurs mondanités. L'endroit est fréquenté par des militaires en congé, des boursiers et des élégantes. Les Frères Provençaux connurent des hauts et des bas pendant plusieurs décennies, au fil des changements de propriétaire. Le chef Dugléré, qui fut le prestigieux chef du Café Anglais, situé boulevard des Italiens, s'y essaya un temps, avant de revendre à Hurel, qui se suicida après avoir fait faillite. En 1867, Eugène Chavette écrit : « L'établissement, qui, pendant cinquante ans, resta dans la famille, sut conserver une vogue qui s'endormit sous Collot, faillit de s'éteindre sous ses successeurs, et qui nous l'espérons, reprendra son essor par l'intelligence de son propriétaire actuel, M. Goyard[7]. » Espoir déçu : le restaurant ne renoua jamais avec le succès et dut fermer trois ans plus tard, juste avant la guerre de 1870.

Chapitre 4

« Félicitation du cuisinier qui reçoit les lauriers ».
Lithographie dans *La Gastronomie*, poème de Joseph Berchoux, 1737.

En bas. « Un cuisinier préparant des pigeons à la crapaudine ».
Lithographie du XIXe siècle.

Page de droite. « Le Bœuf à la Mode ». Lithographie de 1809.
Ce restaurant de la rue de Valois s'est rendu célèbre pour son fameux ragoût où la viande a préalablement macéré dans un mélange de lardons, de cognac, de vin rouge, d'oignons, d'ail et de carottes.

Il faut gagner la rue de Valois, à une encablure du Palais-Royal, pour trouver le Bœuf à la Mode. Impossible de manquer ce restaurant coté, fondé en 1792, tant son enseigne fut exubérante. On y voyait un magnifique bovidé, un cabriolet sur la tête et drapé dans un cachemire. Ce restaurant se rendit célèbre pour sa fameuse recette de bœuf à la mode, un ragoût où la viande a préalablement macéré dans un mélange de lardons, de cognac, de vin rouge, d'oignons, d'ail et de carottes. Ce n'était en fait qu'une adaptation du « bœuf à la royale », que l'on préféra débaptiser au lendemain de la Révolution. Le restaurant connut des fortunes diverses et ne succomba qu'en 1936 après plusieurs tentatives de réadaptation.
Le Palais-Royal fut le théâtre de bien d'autres gloires de cuisine, plus ou moins éphémères, comme Robert, déjà cité, Billiote, Naudet, Hurbain ou Katcomb, rue des Petits-Champs.

Il connut son apogée en 1815, et ses galeries abritaient alors quinze restaurants, vingt cafés et dix-huit maisons de jeu. Mais le cœur battant de la capitale devait connaître un coup dur peu de temps après. En 1836, la fermeture des maisons de jeu le priva de son effervescence ludique et libertine mais n'empêcha pas le succès des restaurants. Eugène Briffault en témoigne : « Lorsque les maisons de jeu existaient encore, la levée des tables de Frascati [une célèbre pâtisserie et maison de jeu de la rue de Richelieu] remplissait les restaurants voisins de joueurs heureux ou malheureux, et de femmes qui, bien souvent, attendaient de ces rencontres l'unique repas de la journée [...]. Après la suppression des maisons de jeu, dont le vrai souper ne s'aperçut point, celui-ci continua ses réunions, et ce fut leur plus beau moment. Il faut avoir connu les attraits de ce repas qui venait après tous les autres, trouvait l'esprit libre et sans autre perspective que le sommeil, avec l'oubli de la veille et du lendemain[8]. »

1. L. S. Mercier, *Tableau de Paris*, op. cit.
2. Mayeur de Saint-Paul, *Tableau du nouveau Palais-Royal*, 1788, cité par R. Héron de Villefosse, op. cit.
3. Honoré Blanc, *Le Guide des dîneurs de Paris*, 1815.
4. *Ibid.*
5. *Ibid.*
6. Étienne de Jouy, *L'Hermite de la Chaussée d'Antin ou Observations sur les mœurs et les usages parisiens au commencement du XIXe siècle*, 1813.
7. Eugène Chavette, *Restaurateurs et restaurés*, 1867.
8. Eugène Briffault, *Paris à table*, 1846.

Les fines bouches du Palais-Royal

Le Goût du Jour.

Restaurant du Bœuf à la Mode.

Chez Martinet — 8, Rue de Valois.

Louis Sébastien Mercier, à propos du Palais-Royal :
« Point unique sur le globe. Visitez Londres, Amsterdam, Madrid, Vienne, vous ne verrez rien de pareil : un prisonnier pourrait y vivre sans ennui, et ne songer à la liberté qu'au bout de plusieurs années (…). On l'appelle *la capitale de Paris.* »

Le Grand Véfour

« *Il serait le café Florian de ce village qu'est Paris, village où le loisir joue un rôle considérable. Il est impossible d'aimer Paris sans se rendre en pèlerinage à cette exquise épave des grandes tempêtes.* »

Jean Cocteau, plaquette du bicentenaire du Grand Véfour

Au fil des époques, le Palais-Royal a connu la gloire et l'oubli, les ébats et les débats, Lamartine et Cocteau, M. Véfour et Raymond Oliver. Dans les années 1830, il a perdu ses cercles de jeu, ses maisons closes, ses cafés et nombre de ses restaurants. Un seul est toujours resté fidèle à ses arcades et ses souvenirs depuis plus de deux siècles : le Grand Véfour. Une survivance anachronique, un joyau néoclassique. Des boiseries sculptées de guirlandes de style Louis XVI, des glaces, des banquettes de velours rouge, des toiles peintes fixées sous verre, des fresques Empire figurant gibier, poissons, femmes aux paniers fleuris inspirées de thèmes pompéiens, un plafond orné de rosaces, de guirlandes en stuc et d'allégories… Non content d'aligner le plus fastueux décor de France, ce grand restaurant se paye le luxe d'être au sommet de la gastronomie.

Il fut un temps, pourtant, où ce n'était qu'un café chic. En 1782, un certain Aubertot, maître limonadier de son état, loue sur plan une demeure au duc d'Orléans, à l'endroit où existait, depuis 1760, une modeste cabane qui débitait des boissons. Achevée en 1784, cette maison se compose de trois pavillons qui occupent stratégiquement trois arcades dans la galerie de Beaujolais, face au jardin, et trois en retour sur le péristyle

Page de gauche. **Le Véfour porte le nom de Jean Véfour,** ancien maître queux de Louis-Philippe d'Orléans qui décida de racheter le Café de Chartres en 1820 au Palais-Royal pour le convertir en un restaurant somptueux.

de Joinville, vis-à-vis du théâtre des Comédiens du comte de Beaujolais, futur théâtre du Palais-Royal. Aubertot y inaugure aussitôt un café à l'enseigne du Café de Chartres. Trois ans plus tard, pour des raisons mystérieuses, il lâche l'affaire. Jean-Baptiste Fontaine rachète son fonds et se porte acquéreur de l'établissement auprès du duc d'Orléans. Les chalands y accourent pour consulter les annonces de spectacles, les gens d'affaires viennent jouer aux dames ou aux échecs. En outre, le Café de Chartres partage avec le Café de Foy, son voisin, le privilège d'avoir vu naître les premiers clubs qui contribueront à formuler les idées révolutionnaires. Les prix élevés ne rebutent guère, nous sommes au Palais-Royal. L'affaire marche même si bien que Fontaine, son propriétaire, obtient l'autorisation de planter une tente dans les jardins pour agrandir son café et abriter sa clientèle. Poussé par la vogue du déjeuner à la fourchette, il y sert des mets soignés qui assurent sa réputation. Alors que les cafés du Palais-Royal deviennent des lieux de conspiration, le Café de Chartres manifeste après thermidor des penchants antirévolutionnaires. Les cafés de Chartres et de Foy sont même occupés par des ultras armés de gourdins ferrés qui organisent des expéditions punitives contre les Jacobins. Ces heurts n'empêchent pas le café d'attirer quelques gourmets. Et du beau monde : Murat, le duc de Berry, Rostopchine, ainsi que Grimod de la Reynière, le père de la critique gastronomique et Brillat-Savarin, l'auteur de *Physiologie du goût*. En 1814, un officier prussien aurait demandé à boire du café « dans une tasse où un Français n'aurait jamais bu ». Le garçon lui apporta… un pot de chambre !

Le règne de Jean Véfour

Après Fontaine, Charrier et Moynault se succèdent à la tête du Café de Chartres. Mais de ce côté-ci du Palais-Royal, à l'abri de la galerie de Beaujolais, Véry et les Frères Provençaux sont très courus, et il sera difficile aux deux propriétaires de soutenir la concurrence. La nouvelle donne n'arrivera qu'avec Jean Véfour. D'aucuns affirment que ce personnage né en 1784 à Saint-Juste-en-Baste, petit village de la Loire, est l'ancien chef de cuisine de Louis-Philippe d'Orléans, futur roi de France. Toujours est-il qu'en 1820, à 36 ans, il rachète le Café de Chartres avec l'ambition d'en faire un restaurant somptueux. Il le rebaptise Véfour, même s'il laisse l'enseigne du Café de Chartres ; il entreprend des travaux pour aménager trois niveaux, tous dotés d'une cuisine, et décore l'ensemble sans lésiner. Le Tout-Paris s'y presse et Grimod de la Reynière s'enthousiasme : « L'ancien Café de Chartres, après bien des fortunes diverses, est maintenant un des restaurants les plus achalandés de Paris. M. Véfour a ramené la foule. Nulle part on n'y apprête mieux un sauté, une fricassée de poulet à la marengo, une mayonnaise de volaille. Les salons sont encombrés dès 5 heures du soir d'une foule de dîneurs. » Si le poulet à la Marengo à la truffe atteint des tarifs vertigineux, les côtelettes de mouton ou le merlan sont plus accessibles.

Quelques mois plus tard, fâcheux homonyme ou volonté de plagiat, un autre restaurant Véfour s'installe à l'autre bout de la galerie de Beaujolais, juste à côté du restaurant Février. Véfour décide de rebaptiser son restaurant Le Grand Véfour, pour le distinguer du Petit Véfour. Trois ans à peine après avoir racheté le restaurant, Véfour est à la tête d'une fortune colossale. Il se retire des affaires pour profiter de son remariage avec la jeune Adélaïde Élisabeth Billion et revend l'affaire à son ami Louis Boissier, qui fut témoin de son mariage. En 1827, une fois enrichi, ce dernier cède le restaurant aux frères Hamel, qui savent en maintenir la réputation, malgré deux événements qui signent le déclin du Palais-Royal : un incendie des galeries de bois en 1828, la fermeture des maisons de jeu en 1836. Alors que l'ancien centre névralgique de la vie parisienne est à l'agonie, Véfour résiste. « Seul, il reste florissant dans le Palais-Royal déchu », commente Paul Vermond[1]. Ses déjeuners sont les plus courus de Paris et, au dîner, il triomphe définitivement de ses seuls vrais rivaux, les Frères Provençaux et Véry. « Véfour a écrasé Véry qui n'a plus que des ruines de bonne cuisine et de bons vins ; il a écrasé les Provençaux », écrit Frédéric Soulié[2]. En 1859, Tavernier, le nouveau propriétaire du Grand Véfour, absorbe son voisin Véry. Jean-Paul Aron compare alors l'établissement à « une vieille dame très digne, encore aimable, au milieu des jeunes gens[3] ». Sous le Second Empire, esprit de fête aidant, le Grand Véfour redevient un lieu incontournable, se prolonge dans le jardin par un pavillon où défile le gratin politique et littéraire : Lamartine, le duc d'Aumale, Mac-Mahon, le prince de Joinville, Thiers et l'explorateur Humboldt. Victor Hugo et Sainte-Beuve y dînent le soir de la première d'*Hernani*. C'est aussi au Grand Véfour que Dumas fait manger ses héros.

De la Belle Époque à la « renaissance »

En 1905, coup de tonnerre : les journaux annoncent la fermeture de ce qui fut l'une des plus grandes gloires du Paris gourmand. Les chroniqueurs gastronomiques ont beau tenter de rallumer la flamme à coups d'hommages nostalgiques, rien n'y fait : il ne reste plus qu'un troquet au rez-de-chaussée.

Au point que Véfour n'ose plus s'appeler « Grand », passe de main en main et ne sert que des cochonnailles. Pire : la première serviette en papier, le 28 mai 1917... La Chambre des huissiers de Paris rachète l'immeuble, occupe le premier étage et loue le rez-de-chaussée à Sakar, champion du monde d'échecs. À défaut de bien manger sur les tables de marbre, on y joue sans discontinuer. Pour éviter à l'établissement l'ultime déchéance, les pouvoirs publics font classer la façade en 1920.

Le Grand Véfour peut décidément croire en sa bonne étoile. Après la Libération, en 1947, Louis Vaudable, propriétaire de Chez Maxim's, décide de racheter le restaurant pour en faire une annexe du restaurant de la rue Royale. Il s'attaque à un gros chantier de rénovation : salles redécorées, murs et plafonds nettoyés, mobilier et vaisselle reconstitués. Aussi luxueux soit-il, le restaurant qui a recouvré son lustre d'antan reste isolé et ne parvient pas à s'attirer une vraie clientèle. Louis Vaudable met la clé sous la porte et propose en 1948 l'affaire à Raymond Oliver, qui saisit l'occasion de s'installer à Paris.

Le nouveau chef, originaire du Sud-Ouest, connaît la clientèle de la capitale. Il la reçoit dans son restaurant L'Ours blanc, à L'Alpe-d'Huez. Aux fourneaux de l'ancienne gloire du Palais-Royal, il réussit là où tant d'autres ont échoué. Le dîner d'inauguration qu'il organise est un événement gastronomique et mondain relayé par toute la presse. Il profite de sa notoriété pour remettre au goût du jour la cuisine de sa région : lamproie, ortolans, poulet à l'ail, ris de veau au verjus, pigeon Prince Rainier III (farci de truffes et de foie gras au cognac). Ce registre traditionnel séduit deux figures importantes du monde littéraire, Colette et Cocteau. La première habite rue de Beaujolais ; Raymond Oliver concocte spécialement pour elle un koulibiac de saumon. Le second loge contre le théâtre du Palais-Royal et vient chaque jour au restaurant, à sa table réservée, près de la porte d'où il peut guetter les entrées. D'autres célébrités rallient l'endroit, de Jean Giraudoux à Sacha Guitry, en passant par Louis Aragon et Elsa Triolet, Jean-Paul Sartre et Simone de Beauvoir, Marcel Pagnol, Jean Genet, André Malraux, Louis Jouvet, Juliette Greco et son ami Marc Dëniltz, homme d'influence dans l'univers du spectacle. De petites plaques de bronze vissées au dossier des banquettes rappellent d'ailleurs le nom des hôtes célèbres du restaurant. 1953 est une date décisive : le chef Oliver remporte ses trois étoiles au guide Michelin et inaugure la cuisine cathodique. Il officie chaque vendredi soir, en compagnie de Catherine Langeais, derrière les caméras de feu l'ORTF et devant ses fourneaux. Cette émission très populaire durera jusqu'en 1968. Formé à l'école Escoffier,

Colette au grand Véfour.
Riveraine de la rue de Beaujolais, l'écrivain est une habituée.
Elle est ici en compagnie de son mari Maurice Goudeket (à gauche), à l'occasion d'un cocktail organisé pour le décorateur Christian Bérard.

Oliver a peu goûté à la « nouvelle cuisine » dans les années soixante-dix, préférant rester fidèle à son répertoire classique. À la tête des cuisines du Grand Véfour, il montrait toujours avec fierté, à ses meilleurs clients, une carte de l'établissement dessinée par Cocteau un jour d'agapes en 1954. Au début des années quatre-vingt, le chef cherche un successeur. En mars 1983, il perd sa troisième étoile. Quelques mois plus tard survient l'attentat du 23 décembre 1983 : un illuminé jette une bombe, faisant plusieurs blessés graves, dont Françoise Rudetzki, fondatrice de SOS Attentats, qui fêtait au restaurant ses dix ans de mariage. Le décor du Véfour, cela va sans dire, est sérieusement endommagé. Jean Taittinger, à la tête du groupe Taittinger, à qui l'on doit déjà la restauration de l'hôtel Crillon, s'en porte acquéreur l'année suivante, deux siècles exactement après la naissance de Jean Véfour, qui acheta en 1820 le Café de Chartres. Il fait renaître le délicat écrin – plus de seize mille heures de travail seront nécessaires. En 1990, Jean Taittinger propose à un certain Guy Martin de reprendre les fourneaux. L'enfant de Bourg-Saint-Maurice a alors 33 ans et deux étoiles Michelin, acquises au château de Divonne (Divonne-les-Bains) et se lance dans l'aventure, même si la difficulté de vivre à Paris l'aura fait un temps hésiter. Sa cuisine ? Libre, sans influence dominante, fidèle au profil de ce chef autodidacte. En 2000, elle sera couronnée d'une troisième étoile.

1. Paul Vermond, *Les Restaurants de Paris*, 1835.
2. Frédéric Soulié, *La Grande Ville*, ouvrage collectif, 1843.
3. J.-P. Aron, *op.cit*.

Page de droite. « **Le Boulevard** » de Charles Wostry dans *Le Figaro illustré*, 1890.
Le pétulant boulevard des Italiens est alors le cœur battant de la capitale,
offrant aux "boulevardiers" théâtres, cafés et restaurants.

✸ *Chapître 5*

Vers les grands boulevards

« Le boulevard des Italiens, voilà le centre du monde, la fin de tout, le but suprême de tant d'efforts, le dernier mot de tant d'ambition : poindre, briller sur l'asphalte de ce trottoir, y conquérir sa place où l'on étouffera, y devenir une notoriété, un nom, un chiffre, quelque chose ! »

Louis Esnault, *Paris et les Parisiens au XIXe siècle*, 1856

Nous sommes dans la première partie du XVIIIe siècle, et la géographie gourmande de Paris est sur le point de connaître des changements sans précédents. Situé jusqu'alors au cœur de la capitale, le centre de gravité de la restauration a une nette tendance à se déplacer vers le nord et l'ouest. Les bourgeois ne semblent plus se reconnaître dans le Palais-Royal décadent. Balzac n'a pas de mots assez durs pour dépeindre l'endroit : « Ce sinistre amas de crottes, ces vitrages encrassés par la pluie et la poussière, ces huttes plates et couvertes de haillons dehors […], cette physionomie grimaçante allait admirablement aux différents commerces qui grouillaient sous ce hangar impudique, effronté, plein de gazouillements et d'une gaîté folle. » Il est vrai qu'en comparaison, les boulevards, avec leurs larges trottoirs bordés de boutiques élégantes et de théâtres, affichaient une vitalité nouvelle.

Le Rocher de Cancale

Au cours de son exil vers le nord, la « grande » restauration a fait quelques escales. Ainsi le restaurant Champeaux ouvre-t-il dans les années 1800 à l'angle de la rue Vivienne et de la rue des Filles-Saint-Thomas, presque sur la place de la Bourse. Le Palais Brongniart achevé (en 1827), l'établissement devient le premier restaurant d'affaires, où l'on mange bifstecks et poulets tout en spéculant.

Pas très loin, pendant ce temps-là, « s'élevait la gloire du Rocher de Cancale, dont les perfections étaient poussées

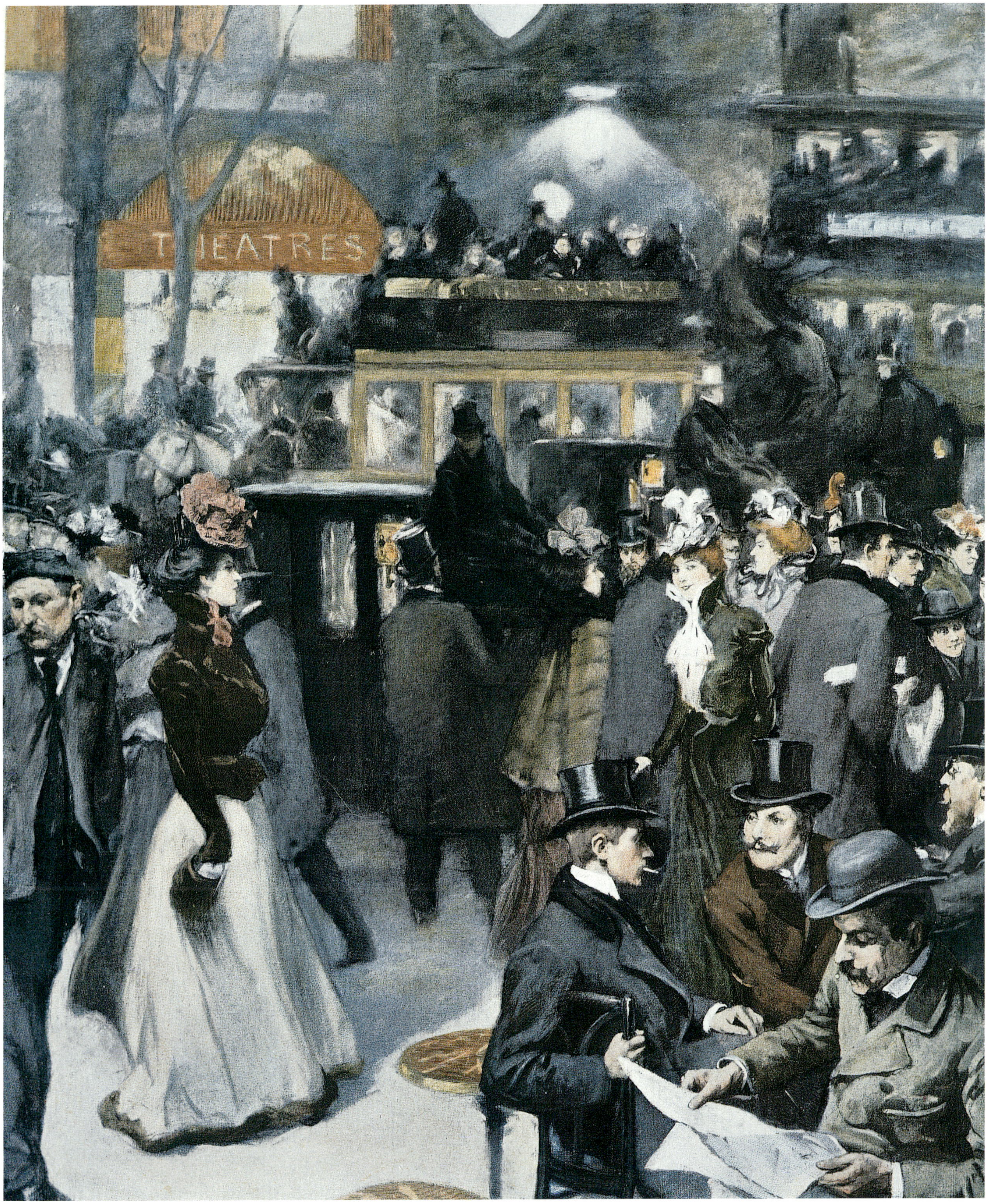
THEATRES

3ème Année.

Séance d'un Jury de Gourmands dégustateurs.

Dunant del.   Grimod de la Reyniere inv.   Maradan sculp.

La façade du Rocher de Cancale aujourd'hui.
Il s'agit en fait du deuxième Rocher de Cancale fondé rue Montorgueil en 1820, dans la foulée du premier établissement qui accueillit notamment Balzac, Eugène Sue et Théophile Gautier.

« Le mangeur d'huîtres » par Honoré Daumier, 1836.
La spécialité du Rocher de Cancale était les fruits de mer et les huîtres fraîches de premier choix qui arrivaient plusieurs fois par semaine en direct de Bretagne.

Page de gauche. « Séance d'un jury de gourmands dégustateurs »,
dans l'*Almanach des Gourmands*, de Grimod de la Reynière. Cette scène fait référence aux célèbres dîners du Caveau, auxquels l'auteur de l'*Almanach* participait activement.

si loin, et chez lequel la chère et les vins avaient des qualités auxquelles ne pouvaient pas toujours atteindre les maisons les plus opulentes[1] ». Lorsque Alexis Balaine fonda ce restaurant en 1805, à l'angle des rues Montorgueil et Mandar, l'endroit n'était pourtant qu'une sorte de cabaret, doublé d'une boutique de coquillages. C'est que le marché de la marée des Halles remontait jusqu'à cette hauteur de la rue Montorgueil et Balaine (un nom que ne s'invente pas !) s'était précisément installé là avec l'intention de vendre et de servir des huîtres fraîches de premier choix. Loin de n'être qu'un écailler, il fit rapidement ses preuves aux fourneaux. En quelques années, les dîneurs le tinrent pour le meilleur cuisinier de poissons de mer (ils arrivaient par colis spéciaux en direct de Bretagne et de Normandie), puis pour le meilleur cuisinier tout court.

Nantis parisiens, princes russes, barons allemands et diplomates de tous pays accouraient avec frénésie. À partir de 1805, preuve de cet engouement, le restaurant accueillit le Caveau, une société gastronomique et littéraire qui rassemblait les mangeurs les plus exigeants et les plus érudits de France. Fondée au XVIIIe siècle, fréquentée notamment par Helvétius et Crébillon père et fils, elle avait disparu à la Révolution pour renaître sous l'Empire, à l'initiative d'Armand Gouffé et du libraire Capelle. L'association se réunissait tous les 20 du mois et comptait parmi ses membres Grimod de la Reynière. Le fameux chroniqueur gastronomique fut d'ailleurs l'un des principaux promoteurs du Rocher de Cancale. En 1809, il s'enthousiasma pour un dîner offert par l'archichancelier Cambacérès. Vingt-quatre couverts et un menu déclinant pas moins de trente-six préparations, parmi lesquelles un potage à la Reine au lait d'amandes et aux biscottes, des poulets de grain au beurre d'écrevisse, un jambon glacé et un soufflé à la vanille. « M. Balaine est maintenant en état d'avaler la plupart des gros restaurateurs, comme le cétacé de l'Écriture dont il porte le nom avalait les prophètes, et ces nouveaux Jonas déglutis et non digérés, seraient encore forcés d'aller en tous lieux publier la gloire du Rocher de Cancale, qu'on regarde maintenant comme le Pic de Ténériffe de l'Univers Gourmand[2]. »

Quand Louis XVIII fut couronné, Balaine décida de vendre son affaire au prix fort. Il choisit Borel, ancien maître queux du prince de Condé, qui se révéla excellent continuateur de l'œuvre de son prédécesseur. Eugène Sue et Théophile Gautier y avaient leurs habitudes et tous les héros de Balzac y ont défilé. Dans *La Cousine Bette*, l'écrivain nous fournit une idée du standing du restaurant : « À sept heures et demie, dans le plus beau salon de l'établissement où l'Europe entière a dîné, brillait sur la table un magnifique service d'argenterie fait exprès pour les dîners où la vanité soldait l'addition en billets de banque. Des torrents de lumière produisaient des cascades au bord des ciselures. Des garçons, qu'un provincial aurait pris pour des diplomates, n'était l'âge, se tenaient sérieux comme des gens qui se savent ultra-payés. »

Tout le monde n'a pas eu que des moments heureux au Rocher de Cancale : Céleste Mogador en a même gardé le souvenir d'une douche froide. Alors qu'à 16 ans, Céleste Vénard (elle n'avait pas encore adopté son pseudonyme) travaillait dans une « maison », Alfred de Musset la pria à dîner au Rocher de Cancale. Dans le restaurant, l'écrivain « adressa quelques paroles désobligeantes à son invitée, commanda une absinthe et de l'eau de Seltz et, prenant le siphon, l'arrosa de la tête aux pieds ! Fou rire dans la salle et fuite éperdue de Céleste en larmes, tandis que Musset, impassible, commençait de battre son absinthe. Un jeune se leva et voulut lui demander raison de cette lâcheté à l'égard d'une femme. Très calme, le poète se contenta de donner l'adresse de la maison et le nom de la pensionnaire. Naturellement, le défenseur improvisé s'en tint là[3]. »

Pour finir, levons une ambiguïté. Le piéton parisien qui s'aventure du côté des Halles ne peut manquer, à l'angle des rues Montorgueil et Mandar, au pied d'un immeuble fatigué, cette intrigante devanture d'époque aux lambris décatis, avec, en lettres de métal : « Au rocher de Cancale ». Nombre d'historiens ont pensé qu'il s'agissait des vestiges de la vieille gloire du Paris gourmand. À tort ! Explication : le vrai Rocher de Cancale était situé à l'actuel 59, rue Montorgueil, et son chef Borel ferma l'établissement en 1846 pour le transférer au 112, rue de Richelieu. Un an après, un nommé Pécune, qui avait fondé en 1820 un restaurant au 78, rue Montorgueil, à l'angle de la rue Greneta, usurpa le nom. Ce n'est donc que le faux Rocher de Cancale qui a survécu. Un comble !

Alfred de Musset au restaurant, par Eugène-Louis Lami.
Cette gravure de 1883, extraite de *Mimi Pinson* d'Alfred de Musset, croque l'écrivain en grande conversation dans le cabinet particulier d'un restaurant.

« **Indigestions** ».
Cette gravure de 1830 représentant un gourmet bedonnant faisant bombance alerte le lecteur sur les risques de trop manger.

Page de gauche. « **Scène de boulevard** » par Bertall, 1846.
Parmi les « boulevardiers » déambulant, on peut reconnaître Balzac tout à fait à droite, George Sand fumant et Théophile Gautier.

La rue Montorgueil pouvait s'enorgueillir de Philippe, que Jean-Paul Aron tient pour « le plus grand restaurant du Second Empire ». À partir de 1864, il sera tenu par Pascal, l'ancien cuisinier du Jockey Club (réputé par-dessus tout pour sa matelote et sa sole normande) et accueillera, tous les samedis, les douze membres du Club des grands estomacs. Autant dire des fines gueules qui se régalent de potage à la Crécy, de turbot sauce aux câpres, de potage à la tortue (!), de kari indien de six poulets, de côtelettes de chevreuil au piment, d'artichauts au poivre de Java, de puddings au rhum, le tout arrosé de quelques crus prestigieux comme un château-yquem de 1847 et un clos-vougeot de 1846.

Boulevard du Temple

Entre la porte Saint-Antoine et la porte Saint-Martin, le boulevard du Temple était déjà, avant la Révolution, la promenade des Parisiens, où circulaient, dans un tourbillon bruyant, bateleurs, vendeurs à la sauvette et carrosses. L'ancêtre des grands boulevards en quelque sorte. À l'angle de la rue Charlot se trouvait un incontournable depuis 1773 : le Cadran Bleu.

Guinguette à bière jusqu'à la Révolution, le lieu fut mis à sac pendant la prise de la Bastille. On profita des dégâts pour réparer, améliorer, agrandir. Dès le début du XIXe siècle, sous la direction de M. Henneveu, gendre de Legacque, restaurateur renommé des Tuileries, l'endroit devint une adresse cossue et gourmande, mais également un rendez-vous pour les repas de noces et les dîners de commande. C'est dans ses cuisines qu'aurait été inventée la sole normande (originellement une sole nappée d'une sauce à base de fumet et de bouillon d'huître, avec de la crème et des jaunes d'œufs), même si la recette a prospéré au menu du Rocher de Cancale. C'est enfin dans les salons de ce restaurant qu'est mort le père Gourier, surnommé « l'assassin à la fourchette ». C'était un riche propriétaire foncier, dont le plaisir sadique était d'inviter à l'année, à des tables aussi prestigieuses que Véfour, Tortoni ou le Café Anglais, un familier, et de le faire manger jusqu'à ce qu'il finisse par mourir d'indigestion. Tel l'arroseur arrosé, l'assassin fut piégé à son tour par sa huitième ou neuvième victime, une certaine Ameline. Cette dernière, vraisemblablement alertée par un maître d'hôtel qui avait découvert le manège, avait pris l'habitude de faire des cures d'huile de ricin pour résister aux excès de nourriture, si bien que Gourier ne parvint pas à en venir à bout après deux ans. C'est un soir au Cadran Bleu qu'on le vit se goinfrer lui-même pour donner le bon exemple, jusqu'à ce qu'il s'étouffe en avalant sa quatorzième tranche d'aloyau[4] !

Jouxtant le Cadran Bleu, le Café Turc fût un rival tout aussi réputé. Fondée bien avant la Révolution par Émery père et fils, cette adresse, aussi dénommée Jardin Turc, était repérable à son enseigne insolite figurant un Turc fumant sa pipe et assis… à la turque. Ce fut, jusqu'au XIXe siècle, un endroit bourgeois doté d'un beau jardin, où l'on jouait au billard, aux échecs, aux dames, au trictrac. En 1811, il fut repris par un certain Bonvalet, qui y aménagea un restaurant. Directeurs, auteurs et artistes des théâtres voisins fréquentèrent aussitôt cette table de qualité. L'endroit fut aussi célèbre pour avoir servi d'hôpital improvisé après l'attentat de Fieschi contre Louis-Philippe, perpétré juste en face en 1835. Tout le milieu littéraire y a aussi défilé : Hugo, Vigny, Sainte-Beuve, Musset, jusqu'à Goncourt qui note, en 1885, un déjeuner en compagnie d'Alphonse et Mme Daudet et de leur fils Léon. La saga s'acheva à la fin du XIXe siècle.

Le Boulevard…

Ouvert en 1680, il ne fut bâti que sur son côté sud jusqu'en 1728. Il fut surnommé « Petit Coblenz » sous le Directoire (en raison de la fréquentation des émigrés revenus d'exil), puis « boulevard de Gand » sous la Restauration. C'est notre boulevard des Italiens.

« Le Boulevard », disait-on. C'était le seul que l'on citait au singulier, avec une majuscule en prime. L'expression suffisait à désigner ce quartier cantonné entre la Chaussée d'Antin et la rue Montmartre, nouveau repaire du monde parisien, où princes et actrices, bourgeois balzaciens et journalistes, courtisanes et dandys menaient grand train.

À l'angle du « Boulevard » (au niveau du 20, boulevard des Italiens) et de la rue Laffitte, dans l'hôtel de Choiseul-Stainville, se trouve l'une des toutes premières institutions du quartier, l'une des plus courues aussi : le Café Hardy. Et dire qu'il fut après la Révolution un estaminet sans chic... Mme Hardy, qui fonda l'endroit, avait de la suite dans les idées. Sous le Directoire, elle agrandit et décora avec beaucoup de goût son

Alexandre Dumas père devant ses fourneaux, par Pelcoq, 1871.
La scène se déroule probablement dans les cuisines de la Maison Dorée où l'écrivain, qui avait ses bureaux rue Laffitte, concoctait des mets avec le chef « Casimir ».

Page de gauche, à gauche. **La Maison Dorée,** boulevard des Italiens.
Sise au 20 du boulevard, la Maison Dorée, ex-Café Hardy, a vu défiler le Tout-Paris du Second Empire, de Dumas fils à Labiche et de Nerval au prince de Galles.

Page de gauche, à droite. **Le Café Hardy,** par Georges Opitz, 1815.
Future Maison Dorée, le Café Hardy fut l'un des premiers établissements à lancer les boulevards, et ses déjeuners à la fourchette attiraient journalistes, hommes d'affaires et militaires gradés.

établissement. Puis inventa ce que l'on appellerait aujourd'hui un nouveau concept à succès : le « déjeuner à la fourchette ». Le principe ? Disposer, de 10 heures à 15 heures, sous une vaste cloche, un grand choix de mets : rognons, côtelettes, papillotes, andouilles farcies, poissons, etc., qu'un serveur venait piquer à l'aide d'une grande fourchette, à la demande du client, et poser sur un grill, au-dessus de charbons incandescents, dans une magnifique cheminée de marbre blanc. L'appétit des journalistes, hommes d'affaires et politiques se trouva surexcité par la vue et l'odeur. Si le « déjeuner à la fourchette » tomba aux oubliettes, la grillade était promise à un grand avenir. En 1836, malgré le succès, Hardy céda son établissement aux frères Hamel, déjà propriétaires du Café de Chartres au Palais-Royal qu'ils avaient racheté à Véfour… Quelques années plus tard, certainement en 1841, l'établissement changea encore de mains. Le nouveau propriétaire, un nommé Verdier, rebaptisa le célèbre café la Maison d'Or, qui deviendra la Maison Dorée, en raison de ses fenêtres formées d'une seule glace et ornées de larges balcons dorés. Ce décorum étincelant a vu défiler le Tout-Paris du Second Empire : Dumas fils, Labiche, Barbey d'Aurevilly, les Goncourt, Gérard de Nerval, Alphonse Allais, le prince de Galles, futur Édouard VII, et tout ce que l'Europe comptait de têtes couronnées. Nestor Roqueplan, qui fut rédacteur en chef du *Figaro* puis administrateur de l'Opéra, de l'Opéra-Comique et du théâtre des Nouveautés, arrivait chaque soir à 20 h 30, heure tardive puisque l'on dînait habituellement vers 18 heures. Il mangeait seulement le milieu des baguettes de pain, car il prétendait que les extrémités étaient bien trop arrosées par les chiens quand le pain était déposé à la porte du restaurant. Un soir, il

Le Café Anglais en 1910. Façade blanche et sobre, ce rendez-vous incontournable des boulevards recevait princes, nababs, écrivains et courtisanes dans ses vingt-deux petits salons et cabinets particuliers.

Page de gauche. **Une terrasse des boulevards en 1910.**

commanda une soupe aux pois, avec un seul pois flottant dans l'assiette. Amateur imparable de traits d'esprit, il enleva son habit et lorsque le garçon lui fit remarquer que l'on ne mangeait pas en manches de chemise, il eut ce mot : « Je vais me jeter à la nage pour repêcher mon pois[5] ! » Ce potage n'est pas le reflet de ce que l'on dégustait dans ces salons ornés de lambris et de miroirs. Verdier avait confié les fourneaux à Casimir Moisson, un Méridional qui savait mélanger le beurre et l'huile avec une imperceptible pointe d'ail, et concoctait la meilleure bouillabaisse de Paris et une exquise timbale d'écrevisses Nantua (au vin de champagne ou de chablis), des ombles-chevaliers et des carpes en gelée. Il paraît qu'Alexandre Dumas, dont le journal *Le Mousquetaire* eut ses bureaux au 1, rue Laffitte de 1853 à 1857, venait visiter « Casimir » en cuisine pour confectionner des plats dont il se disait ensuite l'inventeur… Quant aux Goncourt, ils ont consigné dans leur journal quelques dîners à la Maison Dorée en érudite compagnie, notamment avec Flaubert le 5 décembre 1865. C'est peut-être ce jour-là que l'écrivain pensa à faire dîner à la Maison d'Or son Frédéric Moreau de *L'Éducation sentimentale*. L'endroit avait aussi ses détracteurs. En 1852, Gérard de Nerval se moque : « La Maison d'Or, c'est bien mal composé : des lorettes, des quarts d'agent de change, et des débris de jeunesse dorée. Aujourd'hui, tout le monde a quarante ans, – ils en ont soixante. Cherchons encore la jeunesse non dorée.

Rien ne me blesse comme les mœurs d'un jeune homme dans un âge âgé à moins qu'il ne soit Brancs ou Saint-Cricq[6]. » La saga de cette demeure illustre s'achèvera quelques décennies plus tard, en 1902.

Revenons un siècle plus tôt exactement. La paix avec l'Angleterre est signée le 25 mars 1802 à Amiens. Les Anglais reviennent visiter Paris et se retrouvent le plus souvent dans un café qui vient d'ouvrir au 13, boulevard des Italiens, à l'angle de la rue de Marivaux, et qui était fréquenté jusqu'alors par les palefreniers et les cochers. L'endroit est vite surnommé le Café Anglais. Mais la paix est courte : on ne voit plus d'Anglais, mais le nom reste. La réputation du restaurant est véritablement lancée grâce à un marchand de vins dénommé Buret, qui convie dix des plus grands gourmets du moment dans un salon du Café Anglais, pour leur faire découvrir ses crus. Parmi eux, Bartolomeo Camerani, semainier du Théâtre Français, que l'histoire de la gastronomie retient comme celui qui eut l'idée de tuer les poulets par électrocution. Une méthode qui, contrairement à la saignée et l'étouffement, laissait, paraît-il, la chair et les viscères intacts. Au fameux dîner, selon sa suggestion, un potage de foies de poulets gras électrocutés est servi. Et fait beaucoup parler de lui sur le Boulevard… Les « boulevardiers », comme on appelait ces mondains avides de gloire et de rencontres, s'y pressent, accompagnés de courtisanes, d'excentriques, de journalistes, d'artistes, de l'aristocratie administrative… Balzac y fait dîner, en 1819, Delphine de Nucingen en tête-à-tête avec Rastignac[7] ainsi que, en 1822, Lucien de Rubempré, avec Rastignac et Marsay, la veille de son duel avec son ancien ami Michel Chrestien[8]. Flaubert y fait défiler Frédéric Moreau[9] tandis que Zola ne pouvait qu'y faire briller sa Nana. Bien des années plus tard, les Goncourt précisent dans leur *Journal* : « Le Café Anglais vend pour 80 000 francs de cigares par an, le cuisinier a un traitement de 25 000 francs. » Le cuisinier en question n'est autre qu'Adolphe Dugléré, qui eut comme mérite, outre celui d'avoir inventé une sauce et une sole portant son nom, de ne servir que du beau monde les soirs de première, le théâtre des Variétés étant juste à côté. Le 7 juin 1867, pour la première représentation de *La Grande-Duchesse de Gerolstein*, il traita le même soir Guillaume Ier de Prusse, Bismarck, le tsar Alexandre II, le tsarévitch et le prince royal. Le décor n'était pourtant pas ostentatoire. La façade blanche restait simple, l'entresol et le premier étage étaient divisés en vingt-deux petits salons et cabinets particuliers. Parmi eux, le fameux Grand 16, le plus spacieux et le plus couru de tous, orné de fioritures en stuc qui simulaient des boiseries Louis XV. On y servait le souper à minuit et on y jouait au baccara souvent jusqu'à 9 heures du matin. On y croisait des ducs, des princes, des ambassadeurs et des nababs, au bras de « lionnes », ces courtisanes ambitieuses et chasseuses de fortune. Mais le comble du chic était d'aller dîner à la cave, tapissée de sable fin, riche de quelque 200 000 flacons et équipée d'un petit chemin de fer qui apportait les bouteilles auprès des tables. Il y avait là l'une des plus belles collections parisiennes de vins de Champagne et de Bordeaux. Goncourt rapporte même qu'en janvier 1879, les quarante dernières bouteilles « d'un certain château margaux », à 25 francs pièce, furent éclusées par Gambetta en personne !

Café Hardy, Café Anglais… Il ne manque plus que le Café de Paris et le Café Riche : on n'avait jamais vu une telle concentration d'adresses gourmandes dans un périmètre aussi étroit.

Nature morte au jambon, par Philippe Rousseau.

Théâtre du Vaudeville, boulevard des Capucines et rue de la Chaussée d'Antin, vers 1875.

Le Café de Paris d'abord. Cet établissement sis au rez-de-chaussée de l'hôtel de Brancas-Lauragais était situé à quelques dizaines de mètres du Café Hardy, sur le même trottoir, au 24, boulevard des Italiens, à l'angle de la rue Taitbout. Lady Yarmouth, marquise d'Herford et mère de lord Seymour, était propriétaire du Café de Paris. Elle habitait le premier étage et n'avait autorisé l'ouverture du restaurant au rez-de-chaussée qu'à la condition que M. Angilbert, le gérant de l'endroit, ferme à 10 heures du soir car elle ne voulait pas être dérangée par le bruit. Le restaurant fut inauguré le 15 juillet 1822 dans les luxueux salons du Boyard : plafonds hauts, fresques, glaces anciennes, banquettes à dossier en velours rouge, carreaux de fenêtre en forme de losange et garnis de mousseline. Quant à la cuisine, elle avait, selon Frédéric Soulié, « la consistance de ceux qui la mangent. Le bifteck et les côtelettes y sont d'une épaisseur et d'un suc exquis ». Balzac évoqua les fameuses côtelettes à la Soubise, Brillat-Savarin plaça les faisans truffés à la Sainte-Alliance au-dessus de tous les autres plats, mais le chef s'y entendait aussi en mauviettes désossées à la Sainte-Isabelle, en bartavelles des Alpes sur piédestal, en filets de perdreaux à la Penthièvre, en laitance de carpe à la Stuart. Parmi les vedettes du Café de Paris : Théophile Gautier qui aimait les bavardages de Roqueplan, Alfred de Musset, qui fêta au milieu de ses amis la première d'*On ne saurait penser à tout*, Coco Romieu qui se fit nommer préfet pendant vingt ans, Eugène Sue... Sans compter les hordes de princes, de marquis, de « vautours de l'agiotage » comme on nommait les gens de la Bourse. Ce fut aussi le quartier général des « lions », ces jeunes hommes à la mode (voir encadré page de droite).

Ceux-ci ne dédaignaient pas non plus le Café Riche, à quelques encablures de là, sur le même trottoir du boulevard des Italiens, au coin de la rue Le Peletier. Il fut ouvert en 1791 dans les dépendances de l'ancien hôtel du marquis de Laborde par un certain M. Riche, qui mourut en 1832. La veuve Riche le céda à Duclos et Barbey, et il paraît que les héritiers Riche firent défense d'utiliser leur nom, au point que les nouveaux propriétaires enlevèrent seulement une lettre. Sur le « Café Iche », une boutade courut à l'époque : « Le café a conservé le nom sans en avoir l'R. » Louis Bignon, qui avait déjà acheté le Café Foy avec son jeune frère Jules au 2, rue de la Chaussée d'Antin (à ne pas confondre avec le célèbre café du Palais-Royal), en fit l'acquisition en 1847 et rétablit aussitôt le R. L'endroit devint le fief d'Aurélien Scholl, journaliste, poète, gastronome, ennemi juré de Zola et figure incontestée des boulevards. Offenbach y avait sa table sous le Second Empire, et l'on y rencontra, en leur temps, Flaubert, Ferdinand de Lesseps, Dumas père, le Dr Véron, Jules Ferry, Gambetta, Léo Delibes et Gustave Doré. Guy de Maupassant y conduit son Bel-Ami, convoqué à dîner par Mme de Marelle (voir extrait dans le chapitre « L'amour à table »). En 1865, Louis Bignon fit refaire le décor et réaménager les cuisines. L'établissement devint une pure splendeur : escalier en marbre, rampe en bronze, jardinières persanes, panneaux en onyx, rideaux en velours, tapis d'Aubusson, argenterie superbe et doux éclairage à la bougie. La cuisine devint un vrai bijou de

Déjeuner d'un « lion » au Café Anglais.
C'est ainsi que la chronique désignait ces jeunes hommes ambitieux et mondains qui arpentaient les boulevards.

Page de gauche. « Les boulevards, le soir des élections »,
par Oswaldo Tofani. Extrait du *Paris illustré* du 1er septembre 1885.

modernité : blanche, lumineuse, équipée d'un garde-manger à la propreté irréprochable. Quant à la cave, elle était garnie de quelques précieux flacons : côte d'or rouge de 1811, vins de Sauternes de 1819, et un léoville-barton de 1848. Avec son potage aux moules et sa fameuse sauce Riche, le restaurant faisait concurrence au Café Hardy, au point que Cambacérès eut cette phrase célèbre : « Il faut être bien riche pour dîner chez Hardy, et bien hardi pour dîner chez Riche ! » À la fin du siècle, ce haut lieu de la restauration devint un café-brasserie. En 1894, l'architecte Albert Ballu se voit confier la rénovation de l'endroit. Il n'y va pas de main morte : sur la façade, il fait aménager un monumental bow-window, des panneaux de mosaïque commandés à Jean-Louis Forain, déclinant les types parisiens du boulevard, ainsi que deux faïences en relief signées Jules Loebnitz. À l'intérieur sont installés des plafonds peints et d'innombrables reliefs. Le nouveau décor fait scandale dans tout Paris. Dans leur *Journal*, à la date du 8 juin 1894, les Goncourt s'indignent : « Oh ! La nouvelle décoration du café

Déjeuner d'un Lion au Café Anglais.

Les « lions » du Café de Paris

Inventée dans les années 1840, l'expression « lions » désigne ces « jeunes gens de quarante-cinq ans ornés d'une fleur à la boutonnière » qui arpentent le boulevard des Italiens par goût de l'ostentation et des mondanités.

« Les lions prennent leur nourriture dans les salles du Café de Paris, de tous les restaurants celui dont la carte est chiffrée aux taux les plus élevés – ce qui n'a pas peu contribué à leur donner dans le public, le renom de grands viveurs et de belles fourchettes.

Mais ce que le public ignore, c'est qu'il y a deux cartes différentes au Café de Paris – l'une couverte de plats recherchés et de mets impossibles à l'usage de la foule qui, de reste, n'en use guère – l'autre pour les habitués, pour les lions, et celle-là est des plus simples, des plus bourgeoises. Le fricandeau, l'aloyau et le haricot de mouton en sont la base fondamentale.

Donc les lions dépensent une moyenne de quatre francs à leur dîner. Le plus souvent, ils dînent trois ensemble, parce qu'alors on ne prend que pour deux, ce qui est une économie notable.

Si nous ne nous occupons des lions qu'à partir de leur dîner, c'est qu'alors seulement ils entrent dans la circulation publique. Toutes les matinées et tous les après-midi, ils les passent dans une profonde obscurité. On n'est pas même très sûr qu'ils existent avant cinq heures du soir, moment où ils apparaissent sur le bitume des Italiens, fumant leur premier cigare.

Le fricandeau achevé, les lions prennent, en guise de dessert, un cure-dent qu'il mâchonnent ostensiblement, pendant un quart d'heure, sur le perron du Café de Paris, après quoi ils se rendent à l'Opéra. »

Le Voleur, 20 avril 1841, extrait cité par Robert Courtine, dans *La Vie parisienne*, 1984

Riche, je n'ai encore rien vu d'aussi canaillement laid, avec ses fresques macabres de Forain, avec ses cariatides coloriées de Raffaelli, sur ce méli-mélo d'architecture orientale et de Renaissance-faubourg-Antoine. Ah ! mes vieux cafés, mes vieux restaurants, tout simplement or et blanc. » Celui qui fut l'un des restaurants les plus connus de Paris succombera en 1916. Son petit frère toutefois a survécu. Qui ne connaît pas le Petit Riche, sis 25, rue Le Peletier ? Son enseigne indique « Maison fondée en 1854 ». Louis Bignon, après avoir repris le Café Riche en 1847, finit par installer à l'angle des rues Le Peletier et Rossini une annexe destinée à une clientèle moins fortunée. Le restaurant deviendra à son tour une référence. En 1873, un incendie détruit l'Opéra, et avec lui tous les immeubles de la rue Le Peletier. Le restaurant est ressuscité en 1880 par un dénommé Besnard, originaire de Vouvray, qui en fait une antichambre des spécialités et des vins du val de Loire. Le décor qu'il fait aménager est celui que l'on voit encore aujourd'hui : petites salles en enfilade, banquettes cramoisies, cuivres rutilants, boiseries sombres, plafonds moulurés et verres gravés.

N'oublions pas, pour terminer cette évocation des cafés du boulevard, celui du Helder, aménagé en 1853 en lieu et place des Bains Chinois, situé à l'emplacement actuel du Crédit Lyonnais (29, boulevard des Italiens, entre les rues de la Michodière et de Choiseul). Café ordinaire au rez-de-chaussée et restaurant correct à prix abordables au premier étage, ce fut longtemps le rendez-vous des militaires et des viveurs les plus délurés.

… des Italiens

Dans les premières années du XIXe siècle, ils sont déjà quelques Transalpins à avoir réussi dans la restauration parisienne. On oublie trop souvent que le Procope, qui est certainement le plus ancien café de Paris, fut fondé en 1686 par un jeune noble sicilien, Francesco Procopio Dei Coltelli. De même, Frascati, le café élégant qui faisait à la fois salle de bal, glacier et salle de jeu, aménagé entre le boulevard Montmartre et la rue de Richelieu, fut l'œuvre du Napolitain Garchi dès 1795 ou 1796. À l'angle du boulevard et de la rue de Richelieu, le Café Cardinal a également l'accent italien : garçon italien, journaux italiens, habitués italiens. Il y eut enfin un Velloni, qui inaugura vers 1798 un café à l'angle du boulevard des Italiens et de la rue Taitbout, avant que son compatriote Tortoni, d'abord serveur puis son successeur en 1803, lui donne son nom. Le nom du boulevard des Italiens serait-il un hommage à cette cohorte d'entrepreneurs ? Eh bien non ! L'endroit doit son appellation au voisinage du théâtre des Italiens, qui fut construit à l'emplacement actuel de l'Opéra-Comique. Il n'empêche : Tortoni fut l'un des succès du boulevard. Dans ce café d'allure simple, logé dans une bâtisse qui fut rachetée par BNP Paribas (un panneau de la Ville de Paris explique son histoire), tout le luxe était sur le perron. Installé sur une chaise de paille dès les premières heures de la matinée, il fallait être vu des dandys et des belles passantes. On s'entassait aussi dans les salons, dont tous les observateurs de l'époque ont noté la chaleur impossible en été, pour fumer le cigare et manger des glaces sans sucre. À midi,

Alfred de Musset dépeint ainsi le boulevard des Italiens en 1840 : « Le Boulevard ne commence à remuer qu'à midi. C'est alors qu'arrivent les dandys ; ils entrent à Tortoni par la porte de derrière, attendu que le perron est envahi par les Barbares, c'est-à-dire les gens de la Bourse. Le monde dandy, rasé et coiffé, déjeune jusqu'à deux heures, à grand bruit, puis s'envole en bottes vernies […] À onze heures et demie [du soir], les spectacles se vident ; on se casse le cou chez Tortoni pour prendre une glace avant de s'aller coucher. Il s'en avale mille dans une soirée d'été. »

« **La nuit, devant le théâtre des Variétés** », par Jean Béraud.
Hommes en manteau et haut de forme, garçons de café
conversant avec des élégantes, les boulevards étaient animés
jusque tard le soir.

boursiers, agents de change et courtiers venaient au rez-de-chaussée déjeuner à la fourchette de viandes en gelée et d'escalopes de saumon, tandis que le premier étage était le pré carré des *fashionables* qui discutaient chevaux, voitures et chasse. Alfred de Musset dépeint ainsi l'endroit en 1840 : « Le Boulevard ne commence à remuer à midi. C'est alors qu'arrivent les dandys ; ils entrent à Tortoni par la porte de derrière, attendu que le perron est envahi par les Barbares, c'est-à-dire les gens de la Bourse. Le monde dandy, rasé et coiffé, déjeune jusqu'à deux heures, à grand bruit, puis s'envole en bottes vernies […] À onze heures et demie [du soir], les spectacles se vident ; on se casse le cou chez Tortoni pour prendre une glace avant de s'aller coucher. Il s'en avale mille dans une soirée d'été. »

1. E. Briffault, *op. cit.*
2. Grimod de la Reynière, *Almanach des gourmands*, 1810.
3. Françoise Moser, *Vie et aventures de Céleste Mogador*, Paris, Albin Michel, 1935.
4. Cette anecdote est racontée par Robert Courtine, *La Vie parisienne*, Paris, Librairie académique Perrin, 1984.
5. *Ibid.*
6. Gérard de Nerval, « Les Nuits d'octobre », XIV, *L'Illustration*.
7. Honoré de Balzac, *Le Père Goriot*, 1834.
8. Honoré de Balzac, *Les Illusions perdues*, 1839.
9. Gustave Flaubert, *L'Éducation sentimentale*, 1869.

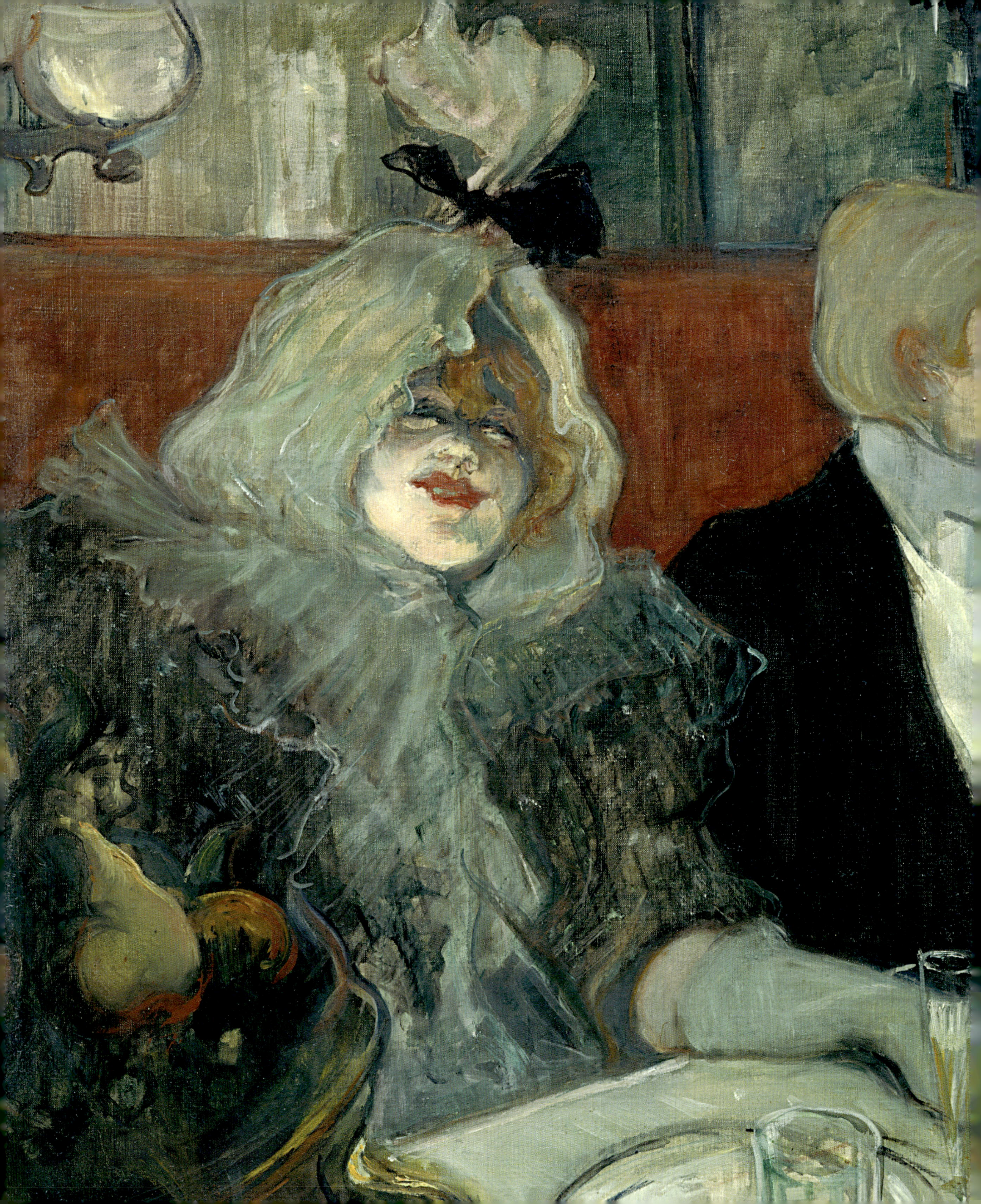

Page de gauche. **En cabinet particulier** (au Rat mort) par Henri de Toulouse-Lautrec.

✱ Chapître 6

L'Amour à table

« *Vous dînez seul ou avec un ami en cabinet particulier. Méfiez-vous de la "dame" qui entre tout à coup sans frapper et qui aussitôt, avec un soupir exquis, s'exclame : "Ah, pardon ! Je me suis trompée !"* »

Guide des plaisirs de Paris, 1905

L'artiste suédois Nicolas Lavreince est surtout connu pour ses illustrations suggestives dans la première édition des *Liaisons dangereuses* de Choderlos de Laclos. Mais en 1782, il signait une aquarelle tout aussi voluptueuse s'intitulant *Le Restaurant*. La scène dépeint l'atmosphère sensuelle d'une alcôve croulant sous les étoffes précieuses. Installée sur un sofa, une femme habillée d'un négligé diaphane est enlacée par un courtisan qui lui fait les yeux doux. Une servante leur apporte de petites tasses en porcelaine. Manifestement, le titre ne désigne pas le lieu – nous sommes vraisemblablement dans un appartement privé – mais la chose. Les petites tasses contiennent un restaurant, ce bouillon revigorant à base de viande. Il s'agit peut-être, dans le cas présent, de se restaurer… avant l'effort ! De la chère à la chair, il n'y a que quelques lettres, et le mot « appétit » s'applique au deux. Au XVIIIe siècle, cette idée hédoniste est appuyée par le discours médical : avec tous ses sucs, le bouillon restaurant avait non seulement pour vocation de faciliter la digestion mais aussi de redonner des forces pour satisfaire tous les appétits. La tradition des soupers fins avait cours au siècle libertin. Le duc Philippe d'Orléans, qui deviendra régent en 1715, en jouisseur éclairé donne le ton : il organise de nombreux soupers frivoles en compagnie d'amis et de jeunes femmes peu farouches. Il fait servir des recettes aphrodisiaques et la poularde qui porte son nom (« à la Régent ») est à base d'ingrédients (truffes, crêtes de coq, écrevisses…) réputés stimulants.

Du Palais-Royal aux boulevards

Le Palais-Royal est le théâtre de ces abandons à la débauche. « Mettez là un jeune homme ayant vingt ans, et cinquante mille livres de rente, il ne voudra plus, il ne pourra plus sortir de ce lieu de féerie […]. Ce séjour enchanté est une petite ville luxueuse, renfermée dans une grande ; c'est le temple de la volupté, d'où les vices brillants ont banni jusqu'au fantôme de la pudeur : il n'y a pas de guinguette dans le monde plus gracieusement dépravée », écrit Louis Sébastien Mercier[1]. Certains restaurants et cafés deviennent des ambassades de la luxure. L'architecture intérieure dicte les mœurs. Le cabinet particulier, sorte de pièce privatisée et cloisonnée, fait pénétrer l'intimité au sein de l'espace public.

D'emblée, levons une ambiguïté : dans sa vocation originelle, le cabinet particulier du restaurant n'a pas de connotation amoureuse ou sexuelle, bien au contraire. Vacossin, l'un des premiers restaurateurs parisiens dans les années 1760, avait même créé au sein de son établissement des salles privées à l'attention des femmes pudiques, qui ne voulaient pas s'exposer aux regards dans un lieu fréquenté. Plus tard, nous le verrons, le cabinet particulier sera aussi le lieu des rendez-vous d'affaires ou littéraires… Il n'empêche : Mayeur de Saint-Paul, dans son *Tableau du nouveau Palais-Royal*, évoque ainsi le restaurant Beauvilliers : « Les femmes honnêtes et du bon ton n'y vont jamais. Il y a des chambres particulières où l'on dîne et où l'on soupe avec l'élégante que l'on y conduit ; ces duos ou quatuors coûtent toujours fort cher. » Louis Sébastien Mercier raconte aussi le secret inavoué du restaurant Méot : « Là des cabinets particuliers s'offrent à la fois à la gourmandise et à la luxure. Les glaces qui les décorent multiplient aux regards d'un vieux satyre les appas de sa maîtresse, et tous les sièges y sont élastiques[2]. » Le décor, le confort, la lumière contribuent au raffinement de ces ébats cachés.

Lorsque les plaisirs parisiens migrent vers le nord, le dîner galant ne perd pas de sa vitalité. Les restaurants des boulevards accueillent les amours du Tout-Paris. Boulevard du Temple, les jardins du Café Turc abritent dans leurs bosquets des couples d'amoureux et les cabinets du Cadran Bleu, juste en face, sont fort recherchés. En 1813, l'auteur de *L'Hermite de la Chaussée d'Antin* […] note que l'on ne vient pas dans les cabinets particuliers du Cadran Bleu seulement pour être en belle compagnie, mais aussi pour être mieux servi. Ainsi, il déconseille de s'y rendre seul car « les garçons ahuris vous désigneront une salle de cent couverts où vous serez mal chauffé, mal éclairé, mal servi[3] ». Il faut être deux et demander un cabinet, et « les sonnettes s'agiteront ». Douze ans plus tard, Grimod de la Reynière recommande encore le Cadran Bleu, par un jugement à double tranchant : « Même au Cadran Bleu on s'habitue à recevoir des clients qui ne viennent pas pour les plaisirs de la table. […] Leurs cabinets particuliers sont plus soignés que la cuisine ; les canapés mieux garnis que l'office[4]. » Peu à peu, au sein de la communauté gastronomique, se répand l'idée que table et amour ne vont pas de pair, et le cabinet particulier commence à perdre un peu de sa superbe. Révélateur à cet égard est le commentaire tiré de *Paris-Restaurant*, l'un des guides à succès du XIXe siècle : « Nous ne dirons rien des cabinets particuliers, attendu que notre sujet nous impose de rester strictement sur le terrain de la cuisine. Le cabinet particulier incline plutôt vers la galanterie que vers la gastronomie. On y consomme une foule de choses à la fois affreuses et folles, stupides et charmantes, comme l'amour ; beaucoup de choses au vinaigre, des beignets de pêche, des concombres à l'huile, des compotes d'ananas […] qu'importe ensuite que les truffes aient déjà perdu leur parfum, que les vins n'aient pas toute l'authenticité désirable, pourvu qu'il y ait un cœur brûlant à côté d'un autre cœur et une bouteille de Moët dans la glace, on ne s'arrête guère aux détails[5]. »

Une maison close au Palais-Royal.
Cette gravure du XIXe siècle trahit l'une des vocations du Palais-Royal : la luxure et la débauche.

Page de gauche. **Le Café Turc.** par Charles Heath, 1831.
Les jardins de cette fameuse adresse du boulevard du Temple avaient la réputation d'abriter dans leurs bosquets des amours clandestines.

Chez Beauvilliers.
L'un des restaurants les plus fameux de la Révolution accueillait dans ses cabinets particuliers des couples d'amoureux en quête de bonne chère et d'ivresse.

Page de droite. « À la Maison Dorée ».
Cette gravure représente deux couples en cabinet particulier buvant du punch, en 1842.

Au XIXe siècle, le cabinet particulier n'en connaît pas moins une fortune particulière : Flaubert, Maupassant (surnommé le « taureau normand ») font partie de ces jouisseurs qui se retrouvent boulevard des Italiens. Une célèbre gravure de Gavarni offre une idée de l'atmosphère qui pouvait régner au Grand Seize, le plus spacieux et le plus confortable des cabinets particuliers du Café Anglais. On y voit une tablée d'amis après un dîner bien arrosé : les uns s'écroulent d'ivresse, les autres se rapprochent dangereusement. La Maison d'Or (ou Maison Dorée) compte aussi parmi les principaux rendez-vous galants du boulevard. Dans leur Journal, les Goncourt décrivent, en 1852, un souper dans le cabinet nº 7 : « Entre les murs à panneaux entourés de baguettes dorées, avec de grosses fleurs rouges et blanches, éclatantes, et de larges feuilles imitant par leur relief la laque de Coromandel. Sur le canapé de velours rouge, une femme rousse était couchée, vautrée, une fille des rues nommée Sabine qui tenait de la louve, de la lionne et de la vache, sans corset, ni robe, le sein nu, la chemise relevée au-dessus du genou. Il y avait sur la cheminée une corbeille de fruits intacts… » C'est à peu de chose près cette atmosphère dévergondée que Thomas Couture a dépeinte dans *Souper à la Maison d'Or*, un tableau datant de 1855 et repris en motif de papier peint par la manufacture Jules Desfossés. La Maison d'Or et ses mœurs libérées ont longtemps choqué l'opinion publique et ont fait dire à l'orateur d'un club politique décrit par Flaubert dans *L'Éducation sentimentale* : « Honte et infamie ! On devrait happer les bourgeois au sortir de la Maison d'Or et leur cracher à la figure. »

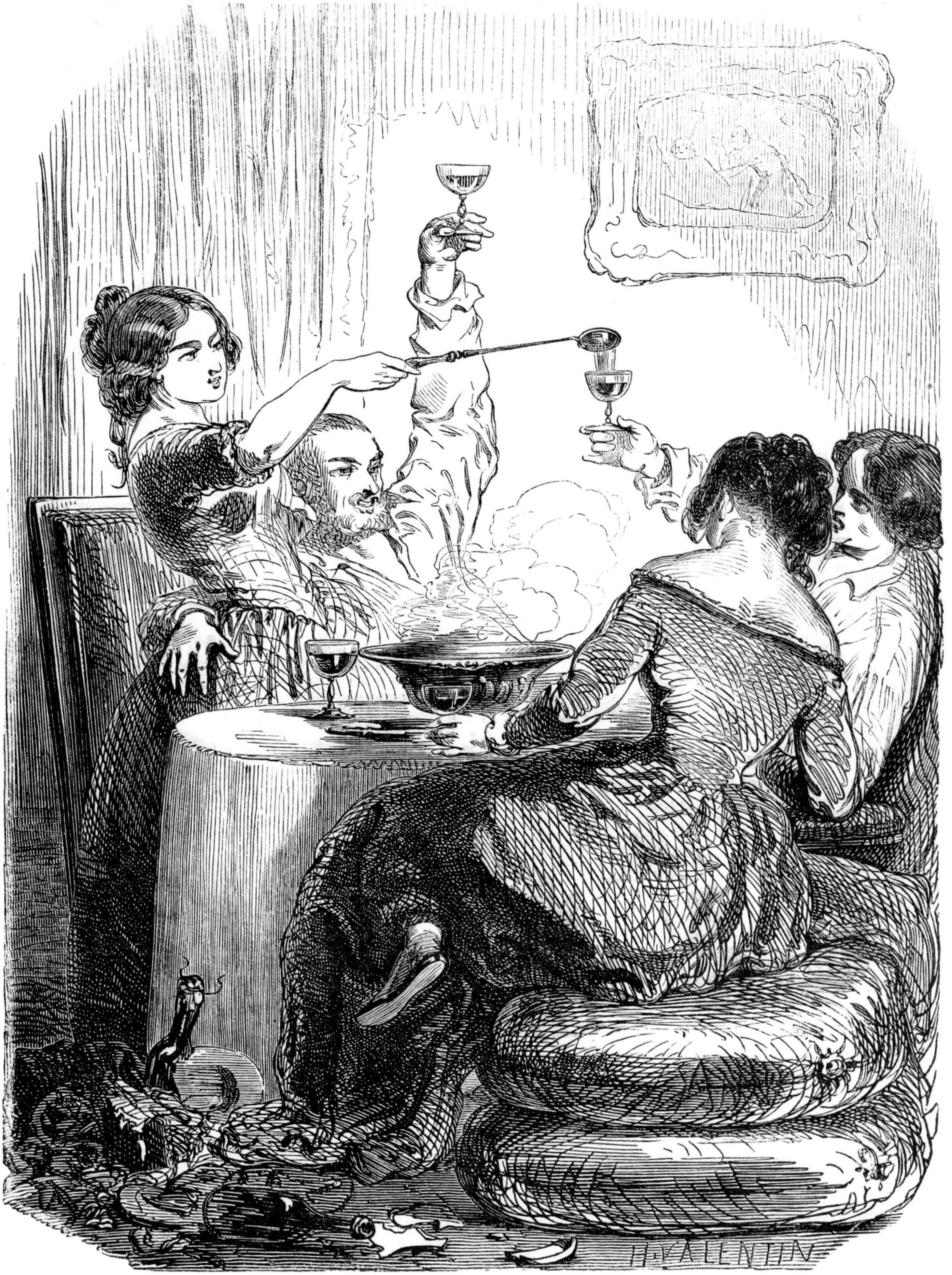
H. VALENTIN

« Avant toute chose, il faut être
Mystérieux et réservé,
Et réservé,
N'ayez jamais l'air de connaître
Ces Messieurs quand vous les servez,
Vous les servez.

Si parfois au bras d'une actrice
Un homme grave se glisse :
Fermez les yeux, fermez les yeux,
Ne gênons pas les amoureux,
Les amoureux.

Quelquefois, la porte résiste
Soyez prudent en pareil cas,
En pareil cas
Le garçon maladroit insiste,
Mais le malin n'insiste pas,
N'insiste pas.

Sans frapper, partez au plus vite,
Et quand vous reviendrez ensuite,
Fermez les yeux, fermez les yeux… »

Dînons cachés

Même si le dîner galant en cabinet particulier est une pratique courante de la vie mondaine, la discrétion est de mise. Pour se protéger des cancans colportés par les « boulevardiers », le principe architectural d'une pièce cloisonnée et parfois verrouillée de l'intérieur ne suffit pas.

Les candidats doivent s'entourer de quelques précautions. Ils prennent le plus souvent soin d'arriver séparément au lieu de rendez-vous, pour ne pas attirer les regards indiscrets. Ils comptent aussi sur la complicité du patron du restaurant et de son personnel.

Ainsi, la réputation d'un serveur se fonde sur sa capacité à tenir sa langue. Dans *La Vie parisienne*, Offenbach, Meilhac et Halévy formulent le code du parfait garçon de cabinet particulier :

Eugène Briffault insiste sur ce point : « Dans les cabinets particuliers et dans les salons réservés, le service du garçon est plus intime ; il exige plus de confiance mutuelle. Les mystères des restaurants ne sont pas le chapitre le moins intéressant des mystères de Paris ; les garçons les pénètrent tous ; mais ils sont discrets. Les occasions de rire se présentent souvent à eux, lorsque, dans les ingénues du jour, ils reconnaissent les grisettes, que le lendemain ils reverront peut-être avec un nouveau galant. Les mémoires d'un garçon de cabinets particuliers contiendraient de piquantes révélations ; ce serait Gil Blas en tablier[6]. »

L'un des grands jeux de la vie parisienne consiste à spéculer sur les « Qui était avec qui en cabinet particulier ? » Les frères Goncourt y participent : « Hier à Magny, on racontait que Mme Sand était venue dîner en cabinet particulier avec un jeune homme et qu'elle avait scandalisé les inscandalisables garçons du restaurant d'étudiants par les F… et les N… de D… qui sortaient de sa bouche… » (11 novembre 1968). Mais encore « Daudet raconte que dans le cabinet d'à côté [chez Foyot, célèbre restaurant de la rue de Tournon], il a mené souper N… et une rousse bretonne, amie de Mme de N… et qu'il leur a récité *Les Tribades* de Monnier, par lui apprises par cœur à leur intention. À un moment les deux femmes, repoussant de la main les plats et les assiettes, s'étaient soudainement dévorées sur la table » (10 avril 1883).

Autre point : le cabinet particulier n'est pas ouvert à toutes les bourses, si l'on ose dire. Il faut le plus souvent disposer de moyens importants pour s'offrir l'instant magique. S'il n'y a pas de tarif de location de l'espace privé, les dépenses pour un dîner galant sont considérables : dans sa stratégie de séduction,

George Sand et Alfred de Musset en face à face.
Illustration d'Eugène-Louis Lami extraite de *Confession d'un enfant du siècle* de Musset.

Page de gauche. Couverture des partitions de l'opérette *La Vie parisienne*, composée par Offenbach vers 1860. Meilhac et Halévy y formulent le code du parfait garçon de cabinet particulier, dont la qualité première doit être la discrétion.

Bel-Ami et les « polissonneries distinguées » du Riche

Les cabinets particuliers du Café Riche sont décidément réputés. Dans *La Curée* (1872), Émile Zola y a déjà fait succomber Renée Saccard aux charmes de son beau-fils Maxime. Guy de Maupassant y situe un dîner galant entre Mme de Marelle et Bel-Ami.
Mme de Marelle, n'aimant pas recevoir chez elle, avait convoqué Bel-Ami au Café Riche, un samedi à 7 h 30. Pour l'occasion, celui-ci avait loué un habit noir.

« On le fit monter au second étage, et on l'introduisit dans un petit salon du restaurant, tendu de rouge et ouvrant sur le boulevard son unique fenêtre. Une table carrée de quatre couverts étalait sa nappe blanche, si luisante qu'elle semblait vernie ; et les verres, l'argenterie, le réchaud brillaient gaiement sous la flamme de douze bougies portées par deux hauts candélabres. [...] On ouvrit la porte et les deux jeunes femmes parurent, suivies d'un maître d'hôtel, voilées, cachées, discrètes, avec cette allure de mystère charmant en ces endroits où les voisinages et les rencontres sont suspects. [...] Les huîtres d'Ostende furent apportées, mignonnes et grasses, semblables à de petites oreilles enfermées en des coquilles, et fondant entre le palais et la langue ainsi que des bonbons salés.
Puis, après le potage, on servit une truite rose comme de la chair de jeune fille ; et les convives commencèrent à causer. On parlait d'abord d'un cancan qui courait dans les rues, l'histoire d'une femme du monde surprise, par un ami de son mari, soupant avec un prince étranger en cabinet particulier. [...] Et comme la première entrée n'arrivait pas, ils buvaient de temps en temps en grignotant des croûtes arrachées sur le dos des petits pains ronds. Et la pensée de l'amour, lente et envahissante, entrait en eux, enivrait peu à peu leur âme, comme le vin clair, tombé goutte à goutte en leur gorge, échauffait leur sens et troublait leur esprit. [...] Et la causerie, descendant des théories élevées sur la tendresse, entra dans le jardin fleuri des polissonneries distinguées. Ce fut le moment des sous-entendus adroits, des voiles levés par des mots, comme on lève des jupes, le moment des ruses de langage, des audaces habiles et déguisées, de toutes les hypocrisies impudiques, de la phrase qui monte, des images dévêtues avec des expressions couvertes, qui fait passer dans l'œil et dans l'esprit la vision rapide de tout ce qu'on ne peut pas dire, et permet aux gens du monde une sorte d'amour subtil et mystérieux, une sorte de contact impur des pensées par l'évocation simultanée, troublante et sensuelle comme une étreinte, de toutes les choses secrètes, honteuses et désirées de l'enlacement. On avait apporté le rôti, des perdreaux flanqués de cailles, puis des petits pois, puis une terrine de foies gras accompagnés d'une salade aux feuilles dentelées, emplissant comme une mousse verte un grand saladier en forme de cuvette. Ils avaient mangé de tout cela sans y goûter, sans s'en douter, uniquement préoccupés de ce qu'ils disaient, plongés dans un bain d'amour. »

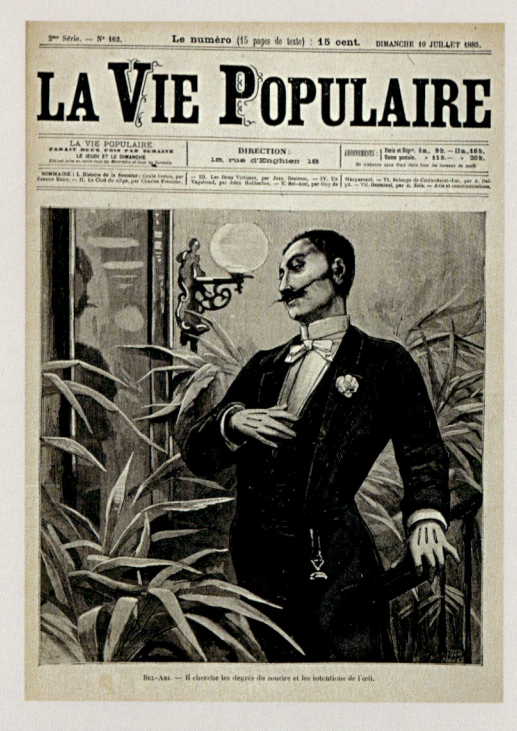

Guy de Maupassant, *Bel-Ami*, 1885

Chez Maxim's par Xavier Sager vers 1910.
Il s'en passait de belles la nuit dans les cabinets particuliers du fameux restaurant de la rue Royale.

Page de gauche. **Bel-Ami de Guy de Maupassant.**
En couverture de *La Vie populaire* du 19 juillet 1885.

l'homme doit commander une profusion de plats précieux et copieux pour impressionner sa belle et faire durer la rencontre. Il ne doit pas non plus lésiner sur le champagne et les vins fins, sans autre but que de créer un climat de griserie enclin à désinhiber les ardeurs. Enfin, il est de bon ton qu'il verse en fin de repas un bon pourboire aux garçons, une façon tacite d'acheter leur silence. Émile Goudeau, relate avec ironie la question de l'addition dans les cabinets particuliers : « Il est entendu que le cabinet particulier n'a pas été précisément inventé pour l'œuvre de la mastication. Néanmoins, comme s'il était destiné à déguiser les intentions, à voiler les résultats, à couvrir les audaces, le menu apparaît vaste et formidable. [...] Oh, ces mets, bisque d'écrevisse, poisson, légumes, rôtis, primeurs, fruits rarissimes, et le champagne frappé à dix-sept francs la bouteille, auront le sort commun d'être à peine goûtés, déchiquetés modérément : car le but avéré du cabinet particulier n'est point finalement une absorption, mais une série de phrases flirteuses et d'engagements amoureux. Le résultat obtenu par l'entreprenant seigneur qui paiera le festin ne sera pas souvent considérable : un feuilletage de dentelles, un baiser peut-être ; puis en revanche une addition fantasmagorique, cynique, qui met, en taxant la consommation effective à 2 F 60, prix des Halles, le baiser à 119 F 50 : pourboire 10 francs[7]. »

Les cabinets très particuliers de Lapérouse

Le restaurant Lapérouse est l'une des rares adresses où il soit possible aujourd'hui de replonger dans l'atmosphère d'un cabinet particulier. Au 51, quai des Grands-Augustins, on ne peut manquer sa devanture au rez-de-chaussée d'un hôtel particulier du XVIIIe siècle, avec ses panneaux de menuiserie sombres, ses grands balcons de ferronnerie et ses lanternes anciennes. Le restaurant fut jadis mondialement connu pour son poulet docteur et son gratin de langoustines. Sa cuisine a perdu de son panache depuis les années soixante, mais il lui reste ses petits salons anciens aux plafonds bas et… les fantasmes qu'ils ont fait naître ! D'emblée, levons un premier quiproquo : Lapérouse n'est pas le comte de La Pérouse, le célèbre navigateur dont l'expédition partit en 1786 pour reconnaître les rivages américains et asiatiques du Pacifique Nord. C'était un modeste entrepreneur, prénommé Jules, qui ouvrit une enseigne à son nom en 1878. De plus, ses fameux salons n'ont pas été créés pour abriter des amours clandestines, comme les clients le pensent souvent, mais pour une tout autre raison : avant d'être le restaurant de M. Lapérouse, l'hôtel particulier fut, un siècle plus tôt, la propriété d'un certain Lefèvre, limonadier du roi, qui y fonda un estaminet où il servait pieds de cheval et entrecôtes et faisait aussi négoce de vins. La proximité du marché de la

Enseigne du restaurant Lapérouse.
Les cabinets particuliers du restaurant du quai des Grands-Augustins accueillaient à l'origine des marchands qui venaient conclure leurs transactions à l'abri des regards indiscrets.

Page de droite. **Déjeuner en cabinet particulier**, vers 1880, sous l'œil indiscret du garçon.

Vallée, centre parisien de la vente de la volaille et du gibier, attirait de nombreux marchands qui venaient régler leurs transactions en liquide. Pour protéger ces échanges des regards indiscrets, le patron eut l'idée de faire aménager au premier étage et dans les anciennes chambres des domestiques une série de petits salons où les négociants pouvaient conclure et arroser leurs accords en toute tranquillité. Lapérouse conserva cette architecture même si, lorsqu'il ouvrit son restaurant, le marché aux volailles avait déjà rejoint les halles centrales, remplacé par le marché du livre.

Prenant le relais des négociants, éditeurs et imprimeurs défilèrent dans les salons décorés de peintures marouflées à la manière de Watteau ou de Boucher, de moulures, de miroirs et de tapis précieux. Même les auteurs y eurent leurs habitudes : Émile Zola, Guy de Maupassant, Alexandre Dumas, Victor Hugo... À l'heure du goûter, ce dernier aimait à s'installer avec son petit-fils dans le salon de La Fontaine, orné de huit peintures sur bois figurant des scènes champêtres et d'un médaillon représentant le célèbre fabuliste. Au début du XIXe siècle, ces salons privés, au nombre de quatorze (salon des Glaces, des Amours, des Singes, de la Renaissance...) n'ont pas échappé à la règle libertine. Une société plus légère y accourut en quête de plaisirs coquins. Il paraît qu'un escalier dérobé (certains ont même évoqué des souterrains secrets !) conduisait discrètement hommes politiques et intellectuels auprès de courtisanes. Sur les miroirs de certains cabinets, d'énigmatiques graffitis, encore visibles, entretiennent le mythe. On raconte qu'ils furent tracés par les diamants offerts aux femmes qui en vérifiaient ainsi l'authenticité. Quant au salon aux Raisins, pour deux personnes, il affiche clairement la couleur. Un médaillon y représente un jeune homme penché sur une jeune femme, avec ce petit texte en rimes : « De manger d'un si beau raisin, vous voyez que Lucas se fera une fête. Vous en avez un panier plein, souscrivez donc à sa requête. Mais si le petit libertin, jamais, auprès de vous, sur certain point s'échappe, gardez-vous bien, jeune catin, de le laisser mordre à la grappe. » Aujourd'hui, on peut encore dîner chez Lapérouse ; on raconte que les garçons frappent encore à la porte avant d'entrer dans votre cabinet...

Si cette tradition de libertinage reste vivace durant la première moitié du XXe siècle, elle tend à disparaître à partir des années cinquante, sans doute à cause d'un manque d'infrastructure. L'écrivain Cecil Saint-Laurent y voit une autre explication : « L'automobile a tué les cabinets particuliers au profit de l'auberge des environs. »

1. L. S. Mercier, *Tableau de Paris, op. cit.*
2. L. S. Mercier, *Nouveau tableau de Paris, op. cit.*
3. É. de Jouy, *L'Hermite [...], op. cit.*
4. Grimod de la Reynière, *Nouvel Almanach des Gourmands*, 1825.
5. Ce petit guide fut publié en 1854 par Taxile Delord et les auteurs des *Mémoires de Bilboquet*.
6. E. Briffault, *op. cit. Gil Blas* est une célèbre gazette de l'époque.
7. Émile Goudeau, *Paris qui consomme*, 1893.

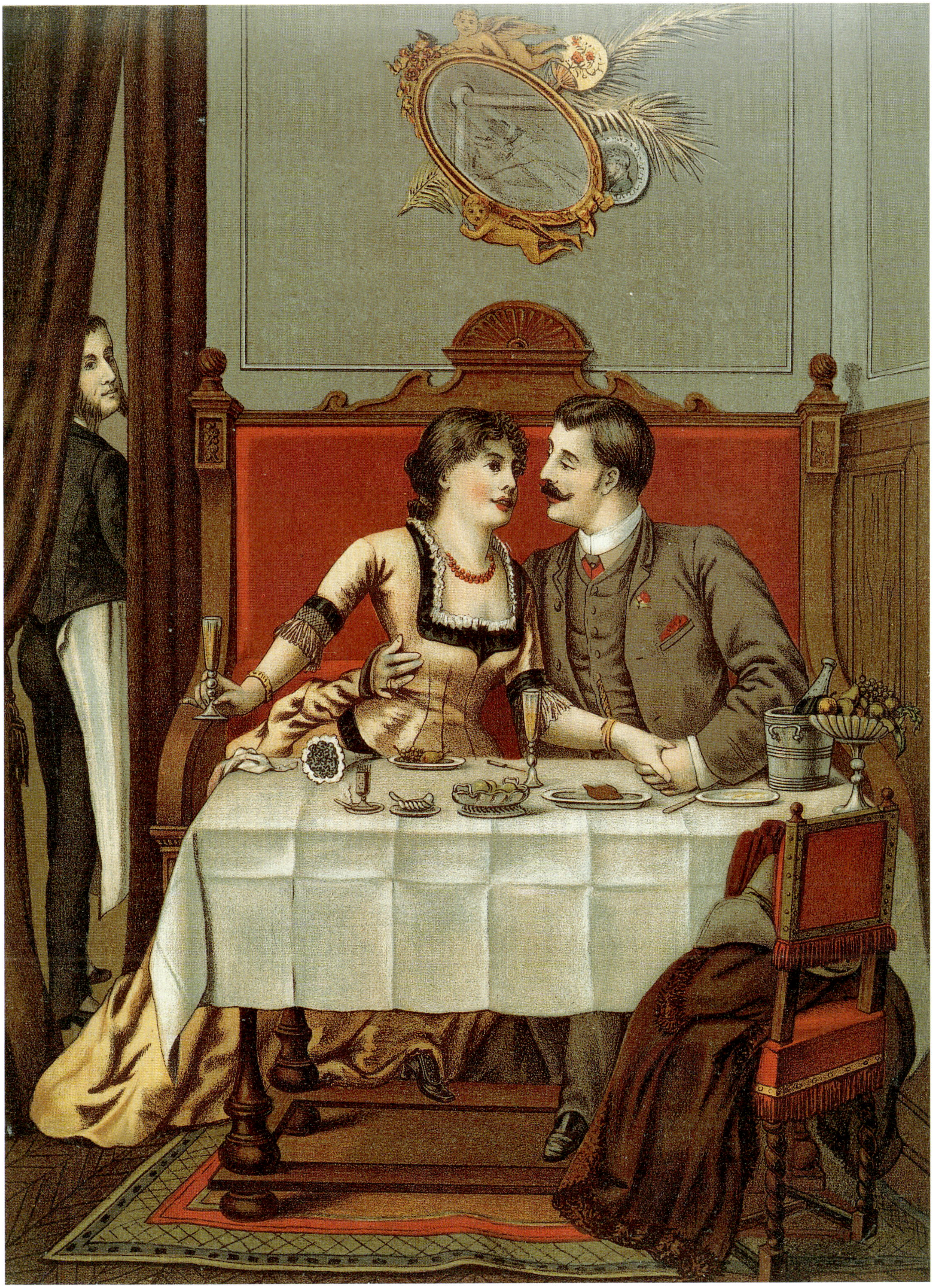

Page de droite. **La façade de La Tour d'Argent.**
Elle est toute en pierres champenoises, et Frédéric Delair,
son truculent maître d'hôtel, est repérable
à ses larges favoris poivre et sel.

La Tour d'Argent

« On a l'impression que les personnes attablées là-haut, consommant les soles et les fameux canards, voient à leurs pieds, avec une satisfaction diabolique, comme des gargouilles, l'océan gris des toits sous lesquels vivotent les affamés. En de telles époques, manger, manger bien et beaucoup, donne un sentiment de puissance. »

Ernst Jünger, *Journal*, le 4 juillet 1942

Tout a commencé le 4 mars 1582. La Tour d'Argent n'est encore qu'une auberge, mieux, une hostellerie élégante établie dans une tour en pierre champenoise, une roche incrustée de mica qui brille de mille feux. D'où son nom de « tour d'argent ». L'auberge de style Renaissance, voisine de Notre-Dame, jouit sans mal d'une excellente renommée. L'endroit est célèbre pour son pâté au héron, dont raffole Henri IV. C'est aussi dans ce cadre voué au bien-vivre que l'on aurait utilisé pour la première fois en France une fourchette, apparue en Toscane au XIe siècle. Cet instrument pointu à deux dents et au manche ciselé se révèle des plus utiles pour piquer les viandes, dont la volaille, qui devient rapidement une spécialité de la maison. Poule au pot, paon aux amandes, grue au jus de prunes, cygne rôti : orchestrées par le chef Rourteau, ces préparations font le régal des seigneurs et courtisans portés sur le plaisir des sens.

À son tour, l'entourage de Louis XIV se rend volontiers quai de la Tournelle, à l'instar du cardinal de Richelieu, amateur d'oie aux pruneaux. Son petit-neveu, le duc de Richelieu, y donne plus tard un banquet fastueux autour d'un bœuf entier préparé de trente façons différentes : queue de bœuf et purée de marrons, langue de civet à la bourguignonne, rissoles de bœuf à la purée de noisettes, paupiettes à l'estouffade aux capucines confites… Ce repas mémorable fut aussi l'occasion de boire pour la première fois une toute nouvelle préparation : le café.

Le XVIIIe siècle bouscule les traditions, on prône un nouvel art de manger. L'occasion pour La Tour de bénéficier de quelques transformations. Sur les tables,

on voit désormais apparaître la carte. En cuisine, le personnel se spécialise. Chevaliers, abbés de cour, princesses et marquises partagent volontiers les plaisirs de la chère et de l'esprit. Mais l'heure de la Révolution a sonné : après avoir pris la Bastille, les hommes du 14 juillet prennent d'assaut La Tour. Celle-ci est pillée, son blason brûlé. L'établissement est contraint de fermer. C'est le cuisinier personnel de Napoléon, Lecoq, qui rachète La Tour d'Argent sous l'Empire et lui redonne tout son panache. George Sand, Musset, Balzac ou encore Alexandre Dumas sont des habitués. Les fils et petit-fils de Lecoq prendront la suite jusqu'à l'arrivée de M. Paillard puis, sous la IIIe République, de l'ancien maître d'hôtel des lieux, l'autoritaire Frédéric. Petites lunettes à monture d'acier, favoris poivre et sel et caractère bien trempé, Frédéric est à l'origine de nombreuses créations culinaires de La Tour. Plutôt renfermé et la mine sévère, le cuisinier se dévoue corps et âme à sa tâche et se montre d'une exigence implacable en ce qui concerne la préparation des plats et leur dégustation. N'a-t-il pas été jusqu'à rétorquer à la grande-duchesse Vladimir, qui parlait tout en buvant son potage : « Votre Altesse, quand on ne sait pas manger un tel potage, avec le respect qui lui est dû, on ne se permet pas d'en demander » – et à lui retirer l'assiette sitôt ces mots prononcés ? Virtuose à côté de cela, dans sa façon inégalée de découper le célèbre canard de La Tour d'Argent !
Et fier, si fier que ce « Bayreuth de la cuisine » en redingote instaure la fameuse numérotation des canards en 1890.

Cela n'empêche pas l'arrivée d'une période plutôt creuse à La Tour. Les clients se seraient-ils lassés de l'endroit ? Frédéric, vieillissant, se voit contraint de vendre la maison. L'homme qui se porte candidat en 1912 pour reprendre l'affaire sera le sauveur de La Tour : André Terrail. Avec lui, l'établissement se renouvelle : en cuisine, l'héritage culinaire de Frédéric allié à celui d'Adolphe Dugléré, maître queux du Café Anglais sous le Second Empire, suffit à composer une brigade de talent.

Jusqu'à un nouveau coup dur, la Grande Guerre, pendant laquelle La Tour doit fermer ses portes. Dès la paix revenue, le succès revient au galop, comme en témoignent les signatures laissées dans le livre d'or : Franklin D. Roosevelt, Charlie Chaplin, Thomas Rockefeller, Boris de Bulgarie... L'essor est tel que Terrail s'offre en 1925 des boiseries somptueuses pour la salle de restaurant. Mieux encore : en 1936, il fait déménager le restaurant au sixième et dernier étage de la bâtisse – il bénéficiera

Frédéric Declair, découpant un canard au sang, l'immanquable spécialité de la maison. À noter la presse à canard sur sa gauche.

Page de droite. **La cave de La Tour d'Argent,** l'une des mieux fournies de la capitale, actuellement dirigée par David Ridgway.

désormais d'une vue panoramique exceptionnelle sur le vieux Paris de Notre-Dame. Les travaux, réalisés par étapes, sont colossaux : s'assurer que la salle de restaurant peut être supportée parle corps de bâtiment existant, faire poser de grandes baies vitrées, reconstruire les cuisines au sixième,

installer un ascenseur plus adéquat...
S'il « modernise » La Tour, ce renouveau architectural ne modifie en rien les valeurs passées. Claude Terrail, qui succède à son père, en fait son credo.

Le nouveau propriétaire poursuit sur la lancée en confiant à Cathelin le soin de redessiner la façade de la bâtisse : le balcon du premier étage est supprimé, des lettres en bronze composent le nom du restaurant, six grandes lanternes viennent éclairer les murs aux reflets métalliques. Toutes les transformations de La Tour vont de pair avec sa renommée, couronnée de trois étoiles par le *Guide Michelin* en 1933.
Les grands noms de ce monde ne se font pas prier pour venir y festoyer. Autre étape marquante de l'épopée, les Caves de La Tour d'Argent, nées de la réunion des caves du Café Anglais et de La Tour, ouvrent leurs portes en 1951.
Elles recèlent de nombreux trésors, pour la plupart sauvés par Claude Terrail sous l'occupation allemande.

Né dans La Tour même, dans un appartement au-dessous du restaurant, Claude Terrail fut « enchaîné » à cette tour, comme il aimait à le dire par plaisanterie. Car il y a grandi, y a vécu toute sa vie et s'était même aménagé au dernier étage une terrasse d'où il contemple tout Paris. Ses débuts, il les a faits en ouvrant aux clients la porte de l'ascenseur qui mène au sixième étage.
La Tour, qu'il a gouverné pendant quarante ans, est devenu aujourd'hui un groupe qui n'emploie pas moins de cent cinquante personnes :

ce sont les restaurants Coconnas et La Guirlande de Julie place des Vosges, La Rôtisserie du Beaujolais quai de la Tournelle, la boutique de produits gourmets Les Comptoirs de La Tour d'Argent et le restaurant La Tour d'Argent à Tokyo.

Et le plat légendaire de la maison n'a jamais disparu : on y prépare toujours le canard au sang selon le même rituel. Le volatile provient des marais de Hallans, au nord de la Vendée ; la race a été obtenue après de nombreux croisements.
Il a toujours la même taille et le même âge (et donc le même goût), il est engraissé durant quinze jours avant d'être sacrifié, et toujours étouffé de la même façon pour qu'il garde son sang. Le poème écrit par Lauzières de Thémines en donne une parfaite description :

« Là, d'un canard, dont reste la carcasse, Dans une boîte on la broie, on la moud. Un rude engin l'écrase, la concasse : Il en résulte un jus exquis au goût. Après avoir taillé mainte aiguillette, Servi cuisse, aile, ôté la peau du dos, Loin de jeter au toutoule squelette, La Tour d'Argent tire parti des os. Allons donc tous au quai de la Tournelle, si nous voulons nous pâmer en mangeant. »

Depuis 1890 qu'il est numéroté, on compte un certain nombre de canards célèbres : le 328e fut dégusté par le futur Édouard VII, le 6 043e par le grand-duc Vladimir, le 40 362e par Alphonse XII, le 112 151e par Franklin D. Roosevelt, le 185 397e par la princesse Elizabeth d'Angleterre, le 536 814e par Serge Gainsbourg... Jacques Chirac aurait sacrifié une seule fois au rituel, Lionel Jospin à deux reprises. L'année 2003 célébrait le millionième canard !

Page de droite. **Flicoteaux en une de** *La Cuisine des Familles,* 1905. Ce restaurant populaire, dont Honoré de Balzac fit une description détaillée dans *Illusions perdues,* était le refuge de prédilection des étudiants du Quartier latin.

✳ *Chapître 7*

Le restaurant populaire

« Quel est ce pauvre diable
Qui dans ses doigts transis souffle avec désespoir
Et rôde en grelottant sous un mince habit noir ?
J'ai vu chez Flicoteaux un piteux personnage. »

Chanson populaire

Si l'historiographie révolutionnaire tenta d'interpréter l'invention du restaurant comme une volonté de démocratiser la haute cuisine, jusqu'alors réservée à la noblesse et l'aristocratie, force est de constater que ce lieu fut, dans les faits, le pré carré d'une certaine élite urbaine. Où le peuple se sustentait-il dans la seconde moitié du XVIIIe siècle ? Dans la rue, le plus souvent. À la « marmite perpétuelle », par exemple : « Allez la voir sur le quai de la volaille, pendue à une large crémaillère : là nagent des chapons au gros sel qui cuisent tous ensemble, et qui se communiquent réciproquement leurs sucs restaurants. À toute heure du jour vous pouvez pêcher un de ces chapons ; un excellent jus l'accompagne, et vous le mangerez chez vous tout chaud ou à quatre pas de là, en l'arrosant de vin de Bourgogne[1]. »

Dans la première moitié du XIXe siècle, Paris et les grandes villes assistèrent à une inflation démographique. La révolution industrielle attira une importante main-d'œuvre dans les villes, entraînant un exode rural et une pauvreté sans précédents. La physionomie du restaurant, dont le nombre passa, en quelques décennies, de quelques centaines à plusieurs milliers, sut s'adapter à ces mutations sociales.

Des « bijoux » aux gargotes

De plus en plus nombreux dans la capitale, les ouvriers se contentent le plus souvent de leur gamelle, qu'ils mangent sur leur lieu de travail, ou se sustentent auprès de marchands qui

N° **9**. — 1ʳᵉ Année.
Dimanche 20 Août 1905.

BRILLAT-SAVARIN

LE NUMÉRO : **5** Centimes

La Cuisine des Familles

ALEXᵈʳᵉ DUMAS PÈRE

CHARLES MONSELET

RECUEIL HEBDOMADAIRE
de Recettes d'Actualité très clairement expliquées
très faciles à exécuter
Rédactrice en chef : Mᵐᵉ JEANNE SAVARIN

UN BON RESTAURANT, célébré par BALZAC

Chez l'honnête Flicoteaux, les mets étaient peu variés ; mais ils étaient toujours sainement apprêtés, et leur simplicité n'excluait pas la succulence. C'était de la bonne cuisine familiale qui était servie aux étudiants du quartier Latin par ce brave homme de restaurateur.

SOMMAIRE DU NUMÉRO. — Propos d'une Bourgeoise : vieilles hôtelleries, bons restaurants. — L'honnête Flicoteaux, restaurateur du quartier Latin. — MENUS DU DIMANCHE. *Déjeuner* : barbeau à la vinaigrette ; œufs des félibres à la belle Laure ; veau en blanquette, cuisses de dindonneau grillées, sur purée de navets. — *Dîner* : potage à la Soubise ; matelote ; côte de bœuf, à la parmentière au lait ; chapon rôti ; carottes à la Vichy ; beignets de pêches au kirsch. — Plats doux et Pâtisserie de Ménage : tarte aux mirabelles ; pêches à la Montreuil ; petits nids Georgette. — *Ce qu'il faut savoir pour bien acheter* : LA FARINE et ses falsifications dangereuses. — Hygiène alimentaire : la pêche. — Variétés : la féra du Léman.

Chapitre 7

LE RESTAURANT DES PIEDS HUMIDES, AU MARCHÉ DES INNOCENTS, A PARIS. — Dessin de M. Godefroy Durand.

Les Pieds Humides, en 1858.
Dans ce restaurant en plein air autour de la fontaine des Innocents, la mère Bidoche sert sur des tables d'hôte des portions de légumes et des bouillons à prix dérisoires.

Page de droite. **Le Petit Ramponneau,** vers 1880.
Cette guinguette populaire fut inaugurée à la barrière Rochechouart en 1832.

préparent, sur des étals ambulants, frites, saucisses, purées et autres potages. Dès qu'il s'agit de s'attabler, il y a l'embarras du choix. Tout en bas de l'échelle, les restaurants de fortune à quelques sous sont légion. Les annales ont retenu le restaurant des Pieds Humides, situé au pied de la fontaine des Innocents, dans le quartier des Halles. La mère Bidoche, ancienne cantinière, y sert, en plein air, sur des tables d'hôte, des portions de légumes à deux sous et des bouillons à un sou. Elle se retire des affaires en 1866. Mais les ouvriers et les indigents disposent d'une ressource encore plus précieuse : les marchands de « bijoux », surnommés « bijoutiers » dans l'argot des Halles de Paris. Ils sont installés principalement dans les marchés (la Madeleine, faubourg Saint-Germain, Saint-Honoré…) et leur négoce consiste à acheter les reliefs des

Cuisine du petit Ramponneau moderne, à la barrière Rochechouard.

tables de bonne maison et des grands restaurants et à les faire réchauffer dans une grande marmite commune. On donne à cette « macédoine », où les bijoux les plus fins côtoient d'improbables restes, le nom « d'arlequin », et le peuple a baptisé ce genre de stand non sans un certain humour : « l'Hazar de la Fourchette ». Eugène Briffault évoque avec sévérité ces « bouges infects » : « Nous ne pénétrons pas dans ces repaires, nous les ferons connaître par un seul trait. M. Gisquet, étant préfet de police, ordonna, par de fortes chaleurs, une vérification des viandes mises en vente chez les charcutiers, et qui sont souvent faisandées à outrance ; on jeta à la voirie, dans la fosse commune, ces viandes corrompues : le lendemain, il n'en restait plus aucun vestige ; tout avait été enlevé dans la nuit. Il en est ainsi des poissons gâtés et de tous les restes qu'on jette au coin de la borne ; c'est cette macédoine qui prend le nom sémillant d'arlequin. Les gargotes de bon goût achètent les débris des grandes tables que vendent les valets[2]. »

Émile Goudeau raconte ce trafic, qui a encore cours à l'orée du XXe siècle, avec nettement plus d'enthousiasme : « Le matin, à l'aube, est arrivé au restaurant un grand panier couvert d'une toile sombre que l'on nomme, dans le langage spécial aux offices et aux cuisines, le drapeau noir. Là-dedans se trouvent tous les reliefs des grands dîners ou des soupers de la veille, tous les morceaux que déchiquetèrent sans appétit les beaux messieurs et les belles dames, soit dans les palais, soit dans les restaurants de nuit. Les maîtres queux et les chefs revendent à vil prix les restes du saumon, les filets de sole

Chapitre 7

Prospectus pour un restaurant populaire au milieu du xixᵉ siècle.

Page de droite. **Une marchande d'arlequins aux Halles,** par Maurice Neumont. C'est ainsi qu'on désignait la restauratrice qui recyclait les restes des tables de riches ou de grands restaurants.

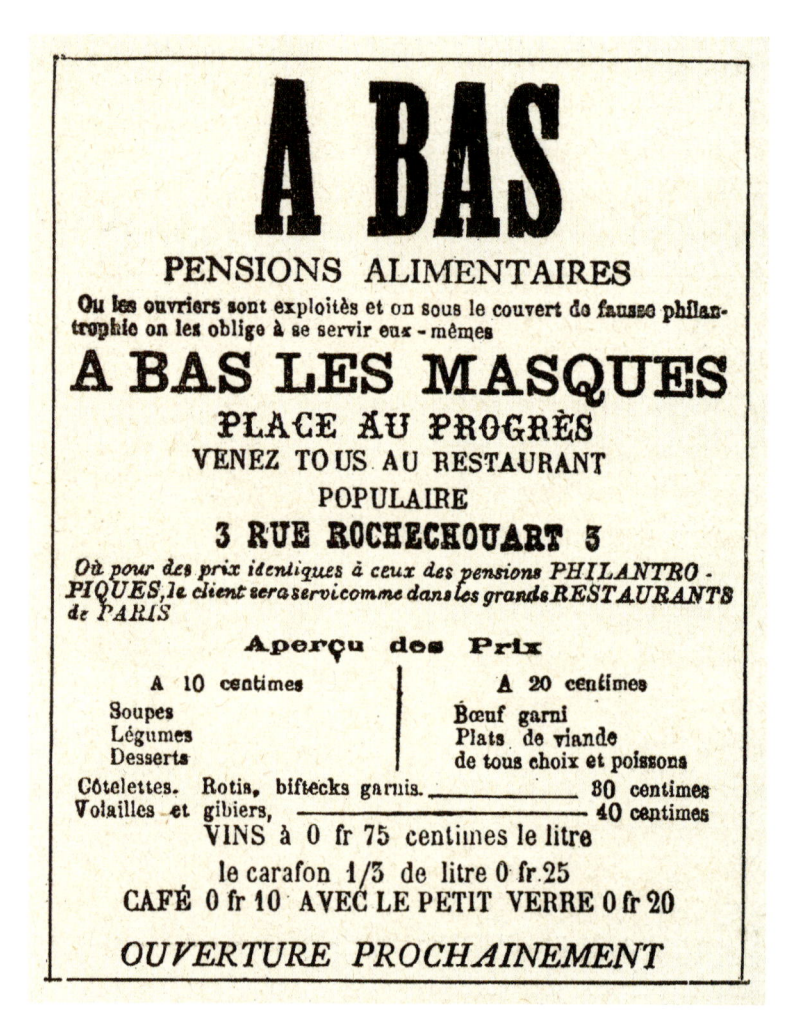

normande à peu près intacts, les carcasses de volaille et les filets de chevreuil. À travers les époques, cela rappelle le serdeau ou desserte du roi, que certains gentilshommes de la bouche revendaient aux Versaillais. Voilà pourquoi vous avez un menu qui rivalise avec ceux de Rothschild quand il a des invités de marque, et avec les "cartes" que Tata ou Niniche imposent à leurs amants devant les agapes nocturnes. Un peu de désinfectant par là-dessus, quelque parure et vous mangerez pour dix-sept sous le festin de Lucullus[3]. »

Un peu moins précaires, les guinguettes populaires, dont Paris regorge. Citons le Petit Ramponneau (on trouve parfois Ramponeau avec un seul « n »), ouvert à la barrière Rochechouart en 1832, tenu par le père Nicolet, ou encore Le Grand Vainqueur ou La Belle Moissonneuse, à la barrière Montparnasse. Il y avait aussi Richefeu, juste à côté du cimetière Montparnasse, où l'on dégustait de bons lapins sautés au retour de l'enterrement ! Non loin de là, au numéro 41 (actuel) de l'avenue du Maine (alors appelée Chaussée-du-Maine), un restaurant démocratique ouvert en 1849 par un certain Cadet, La Grande Californie, fit beaucoup parler de lui. Si l'on ignore l'origine de ce nom, on sait en revanche que l'établissement occupait un vaste hangar où tables et bancs étaient fixés au sol. Le confort se réduisait au strict minimum : bols à soupe en faïence blanche, cuillers et fourchettes en fer étamé, pas de serviette. Aux plus indigents, le père Cadet distribuait chaque jour, gratuitement, trois cents soupes et autant de portions. Pour les autres, des ouvriers à la bohème du quartier, il proposait des repas à cinquante ou soixante centimes : chaque client venait se servir au comptoir et s'installait là où il y avait de la place, parfois debout les jours de grande affluence. Eugène Chavette a décrit l'atmosphère du lieu : « Si vous êtes rêveur, fuyez La Californie à l'heure où les dix-sept ou dix-huit cents mangeurs viennent s'y attabler dans ses immenses salles. On crie, on hurle, on chante, et à ce tonnerre de quinze cents voix se joignent les glapissements et le beuglement des musiciens ambulants qui, au fort du service, viennent tenter la recette et font entendre à la fois vingt airs différents. C'est épouvantable de vacarme et de mouvement[4] ! » Le père Cadet avait ses propres abattoirs sur place, garantissant ainsi au client une viande saine. Certains jours, il débitait jusqu'à cinq mille portions de bœuf, veau ou ragoût de mouton, qu'il accompagnait de trois cents kilos de haricots et autant de pommes de terre. Cadet était à cheval sur la propreté, et, pour éviter que les clients n'écrasent leurs cigares dans les assiettes, il avait engagé des mégotiers qui occupaient un coin du hangar surnommé « la manufacture de tabac ». Leur travail consistait à récupérer les mégots auprès des fumeurs, à les couper sur une brique et à en faire de petits paquets de tabac qu'ils revendaient un ou deux sous selon la qualité. L'épopée de La Grande Californie s'acheva en 1868 et son patron, enrichi par sa affaire, mourut maire du 14e arrondissement, laissant le souvenir d'un grand philanthrope.

Passons ensuite une tête dans les mastroquets où l'on mange à environ trente-deux sous le repas avec entrée, plat et dessert. Attention : il ne faut pas être très regardant sur la qualité. Les potages sont le plus souvent maigres, et quand ils sont gras, on y trouve de la gélatine d'os de seconde main et des viandes peu nobles en petite quantité. De surcroît, lorsque le client ne finit pas son assiette, le potage est reversé dans la marmite. La viande de gibier provient d'animaux massacrés par le fusil ou gâtés par un séjour prolongé à la halle. Le poisson ne date jamais du jour mais des marées d'hier ou d'avant-hier, mais ces défauts sont bien cachés sous une sauce épaisse. Quant au dessert, il se réduit le plus souvent à une pomme, quelques pruneaux ou un petit morceau de brie.

Un cran au-dessus figure la gargote. Avec quarante sous en poche, on peut y manger à sa faim, et avec l'apparence du confort et de l'abondance. Mais l'apparence seulement. Eugène Briffault en brosse un tableau calamiteux : « À certaines heures de la journée, la gargote, que peuplent le déjeuner et le dîner des ouvriers, présente un coup d'œil grouillant, comme celui d'une masse d'insectes. Si la table n'est pas nue, elle est couverte d'une nappe outrageusement tachée. Le matin, on remplit les écuelles, et l'on sert un plat de ragoût ; à trois heures, on mange le bœuf bouilli et les légumes ; le vin se paye à part, on apporte son pain. Dans quelques-uns de ces endroits, on ne peut considérer la basse nature des mets qu'à la voracité avec laquelle ils sont engloutis. Ailleurs, et sous ce rapport, le progrès est manifeste, les denrées sont de qualité loyale[5]. » L'auteur n'en dénonce pas moins une fraude communément pratiquée par ce genre d'établissements : « Le repas de l'ouvrier est infecté par le vin frelaté, comme le déjeuner de la portière est affligé par le lait falsifié. » Les ouvriers ne sont pas les seuls à fréquenter ce genre d'endroits. Bourgeois radins et provinciaux y sont à leur aise. Les auteurs de *Paris-Restaurant*[6] publient dans leur petit opus une lettre qu'un de ces clients leur a adressée pour prendre la défense des gargotes : « Monsieur, je sais que dans votre livre vous avez l'intention de maltraiter les restaurants à quarante sous, de déclarer publiquement que c'est une calamité, une espèce d'infection. Je vous déclare, moi, Monsieur, que je dîne souvent à quarante sous avec ma famille. J'ai cependant de la fortune, mais j'aime ce genre d'établissements ; ces trois petits plats qui se succèdent et que l'on peut varier à l'infini,

me plaisent beaucoup. Enfin, vous ne me prouverez pas qu'un merlan qu'on me sert n'est pas un merlan, qu'un fricandeau n'est pas un fricandeau […] »

Les étudiants du Quartier latin

Les étudiants forment également un gros bataillon de clients peu fortunés. Ils sont essentiellement concentrés dans le Quartier latin. Dans les années 1830, ils mangent pour moins d'un franc chez Flicoteaux, situé près de la place de la Sorbonne. Le menu est tarifé à dix-huit sous précisément, avec un carafon de vin ou une bouteille de bière, et à vingt-deux sous avec une bouteille de vin. Balzac en donne une description enlevée, qui mérite d'être citée intégralement :

« **Serveuse apportant le bouillon** à un ouvrier qui arrive, son pain sous le bras », par Alfred Grévin, en 1864-1866.

« **J'ai trois sous** », d'Honoré Daumier dans *Le Charivari* du 11 août 1839, montrant un homme désargenté flairant la bonne affaire.

Page de gauche, à gauche. « **Le dîner à 25 sous** ». Caricature extraite de l'Album du *Charivari*, vers 1830.

Page de gauche, à droite. « **La bonne du Bouillon Duval** », par Pierre Vidal, 1893. Robe en mérinos noire, tablier blanc et bonnet de tulle, la bonne de cette cantine populaire est une figure populaire à la fin du XIXe siècle.

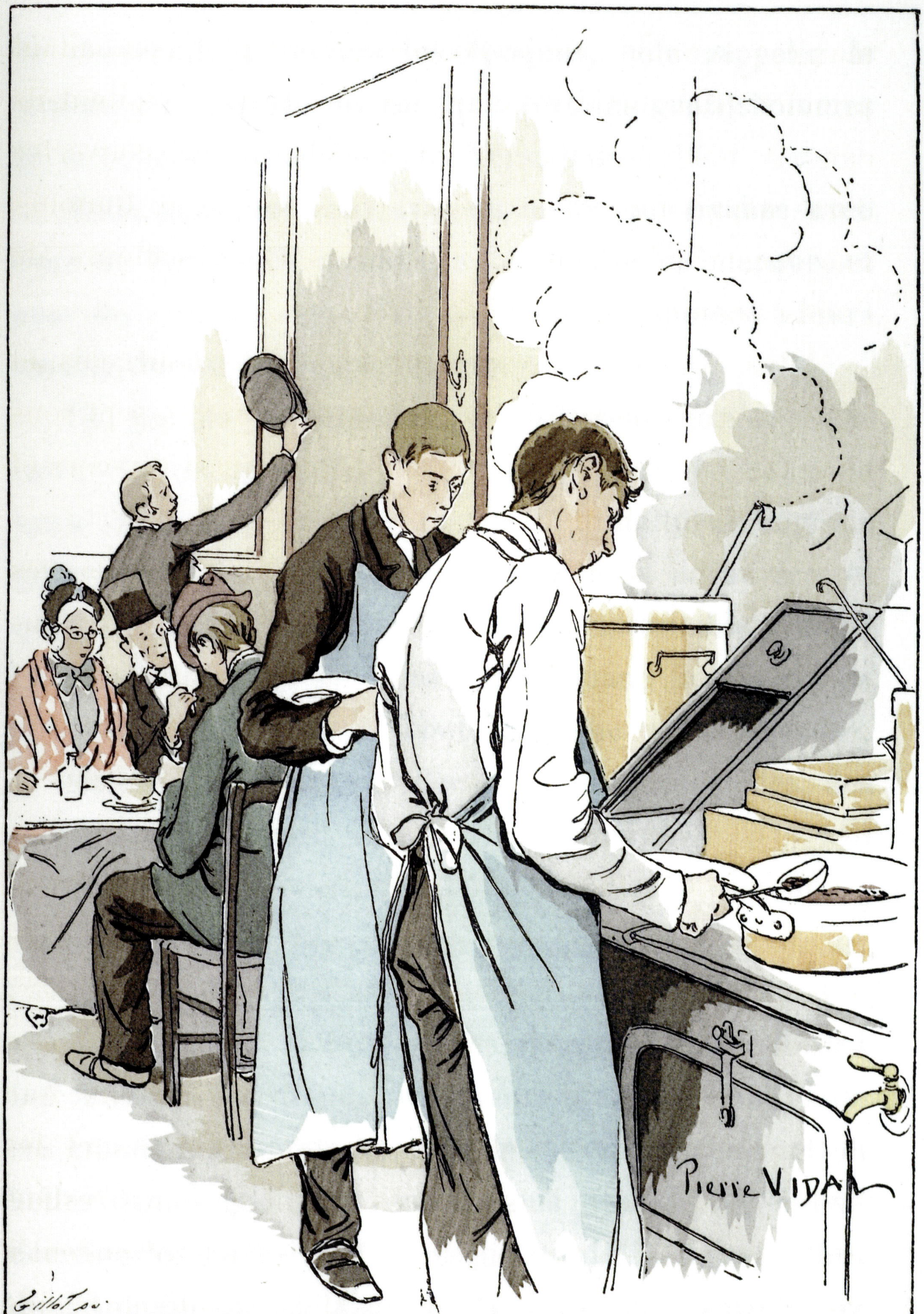
Pierre VIDAL

« Bien des gloires ont eu Flicoteaux pour père nourricier. Certes, le cœur de plus d'un homme célèbre doit éprouver les jouissances de mille souvenirs indicibles à l'aspect de la devanture à petits carreaux donnant sur la place de la Sorbonne et sur la rue Neuve-de-Richelieu, que Flicoteaux II ou III avait encore respectée, avant les journées de Juillet, en leur laissant ces teintes brunes, cet air ancien et respectable qui annonçait un profond dédain pour le charlatanisme des dehors, espèce d'annonce faite pour les yeux aux dépens du ventre par presque tous les restaurateurs d'aujourd'hui. Au lieu de ces tas de gibiers empaillés destinés à ne pas cuire, au lieu de ces poissons fantastiques qui justifient le mot du saltimbanque : j'ai vu une belle carpe, je compte l'acheter dans huit jours ; au lieu de ces primeurs, qu'il faudrait appeler postmeurs, exposées en de fallacieux étalages pour le plaisir des caporaux et de leurs payses, l'honnête Flicoteaux exposait des saladiers ornés de maint raccommodage où des tas de pruneaux cuits réjouissaient le regard du consommateur, sûr que ce mot, trop prodigué sur d'autres affiches, dessert, n'était pas une charte. Les pains de six livres, coupés en quatre tronçons, rassuraient sur la promesse du pain à discrétion. Tel était le luxe d'un établissement que, de son temps, Molière eût célébré, tant était drolatique l'épigramme du nom. Flicoteaux subsiste, il vivra tant que les étudiants voudront vivre. On y mange, rien de plus ; mais on y mange comme on travaille, avec une activité sombre ou joyeuse, selon les caractères ou les circonstances. Cet établissement célèbre consiste en deux salles disposées en équerre, longues, étroites et basses, éclairées l'une sur la place de la Sorbonne, l'autre sur la rue Neuve-de-Richelieu ; toutes deux meublées de tables venues de quelque réfectoire abbatial, leur longueur a quelque chose de monastique, et les couverts y sont préparés avec les serviettes des abonnés passées dans des coulants de moiré métallique numérotés [...]. Les mets sont peu variés. La pomme de terre y est éternelle. Il n'y aurait pas une pomme de terre en Irlande, elle manquerait partout, qu'il s'en trouverait chez Flicoteaux. Elle s'y produit depuis trente ans sous cette couleur blonde affectionnée par Titien, semée de verdure hachée, et jouit d'un privilège envié par les femmes : telle vous l'avez vue en 1814, telle vous la retrouvez en 1840. Les côtelettes de mouton, le filet de bœuf sont à la carte de cet

Honoré de Balzac à propos de Chez Flicoteaux :
« Peu de restaurants parisiens offrent un aussi beau spectacle. Là vous ne trouvez que jeunesse et foi, que misère gaiement supportée, quoique cependant les visages ardents et graves, sombres et inquiets n'y manquent pas. Aussi remarque-t-on ceux qui viennent bien mis (…). Il s'est, dit-on, formé quelques amitiés entre plusieurs habitués devenus célèbres. »

Page de gauche. « **Restaurant à 17 sous** », par Pierre Vidal, 1893. Cette catégorie de gargote populaire recycle les reliefs rachetés aux grandes maisons ou aux restaurants de nuit. « Un peu de désinfectant par là-dessus, quelque parure et vous mangerez pour dix-sept sous le festin de Lucullus », témoigne Émile Goudeau dans *Paris qui consomme*.

établissement, ce que les coqs de bruyère, les filets d'esturgeon sont à celle de Véry, des mets extraordinaires qui exigent la commande dès le matin. La femelle du bœuf y domine, et son fils y foisonne sous les aspects les plus ingénieux. Quand le merlan, les maquereaux donnent sur les côtes de l'Océan, ils rebondissent chez Flicoteaux […] Peu de restaurants parisiens offrent un aussi beau spectacle. Là vous ne trouvez que jeunesse et foi, que misère gaiement supportée, quoique cependant les visages ardents et graves, sombres et inquiets, n'y manquent pas. Aussi remarque-t-on ceux qui viennent bien mis. Chacun sait que cette tenue extraordinaire signifie : maîtresse attendue, partie de spectacle ou visite dans les sphères supérieures. Il s'est, dit-on, formé quelques amitiés entre plusieurs habitués devenus célèbres[7]. »

Non loin de là, rue de la Harpe, est situé Chez Viot, l'autre rendez-vous des étudiants, des artistes en devenir, des écrivains débutants et des petits journalistes. On y mange pour encore moins cher que chez le voisin : seize sous. « Vous avez déposé votre chapeau, vous êtes en face de votre couvert et de cette immense carafe d'eau filtrée qui blesse vos yeux ; vous demandez un potage, c'est trois sous ; un bœuf, un poulet, une côtelette, un canard, un biftaeck (sic), un fricandeau, une tranche de roastbeef, tout cela est sur la même ligne, tout cela est coté d'avance à six sous, ni plus ni moins ; n'en offrez ni cinq ni sept, vous seriez refusé. Chaque plat de légumes vous coûte trois sous et la ration est assez copieuse. Les choux, les pommes de terre, les lentilles et les haricots inondent les plats. […] Six cents étudiants au moins, par jour, vont visiter les salles de Viot, sans compter les étudiants en goguette[8]. »

Du « Bouillon Duval »…

Au milieu du XIXe siècle, la restauration populaire de Paris est à l'aube d'une petite révolution de palais. Un certain Baptiste Adolphe Duval, boucher de son état, réfléchit depuis quelque temps à un moyen de nourrir le petit peuple des Halles, composé d'ouvriers, d'employés et d'artisans qui habitent de plus en plus loin de leur lieu de travail et doivent pouvoir se sustenter hors de leur domicile sans dépenser trop d'argent. Lui vient un jour cette idée géniale : remettre au goût du jour les bouillons « restaurants », ces consommés reconstituants

« Le garçon de chez Duval », par Cham, 1867.
Ce garçon est en fait une bonne dont le profil type est une jeune mère de famille. Une façon moderne de concilier les valeurs de féminité et de progrès social.

Page de droite. **Menu du Bouillon Duval,** de la rue Montesquieu, pour le dîner du 10 octobre 1880.

à base de viande et de légumes qui sont à l'origine de l'invention du restaurant au milieu du XVIIIe siècle. Voilà qui renouait avec cette mission de bienfaisance, et l'argument était malin pour séduire les travailleurs chargés de tâches pénibles. Duval ouvre son premier bouillon en 1854, rue de la Monnaie, où il propose essentiellement du bœuf bouilli bon marché. Il ne se doute certainement pas que le succès va le pousser à ouvrir de nouveaux établissements à un rythme effréné (boulevard Saint-Denis, Madeleine, place du Havre, boulevar des Italiens, rue de Rome, rue de Clichy, boulevard Poissonnière, rue du Quatre-Septembre, rue de Rivoli, boulevard Saint-Germain…),

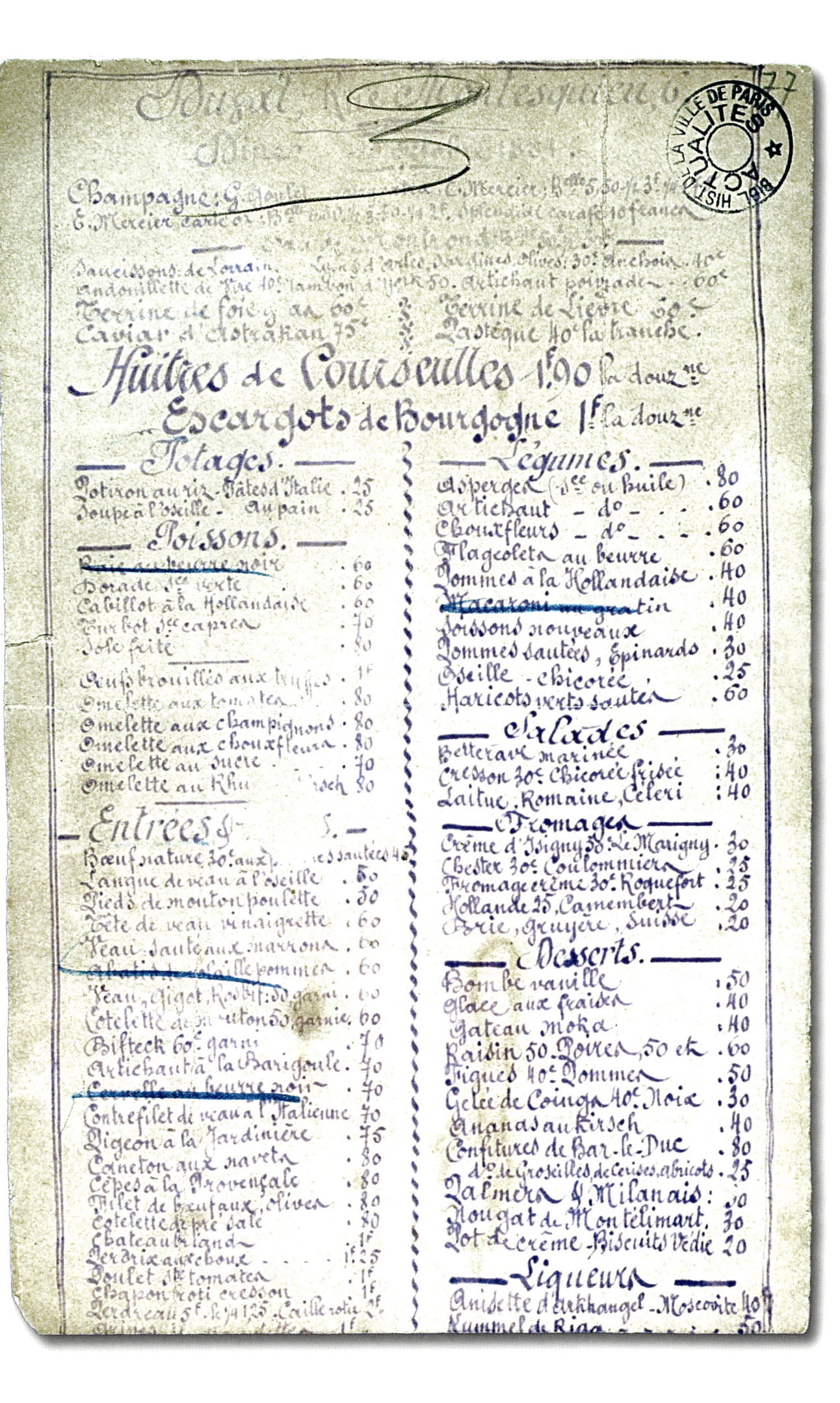

Duzet, Rue Montesquieu, 6

Dîner

Champagne: G. Goulet ... E. Mercier, B.lle 5,50 -- 1/2 3f...
E. Mercier carte or. 15f. B.lle 3,40 -- 1/2 2f. Splendid carafe 10 francs

Saucissons de Lorraine... Jambon d'ailee, Sardines, Olives 30c. Anchois 40c.
Andouillette de Vire 40c. Jambon d'York 50. Artichaut poivrade... 60c
Terrine de foie gras 60c.   Terrine de Lièvre 50c.
Caviar d'Astrakan 75c.   Pastèque 40c la tranche.

Huîtres de Courseulles 1.90 la douz.ne
Escargots de Bourgogne 1f la douz.ne

Potages.
Potiron au riz - Pâtes d'Italie . 25
Soupe à l'oseille - Au pain . 25

Poissons.
Raie au beurre noir . 60
Dorade S.ce verte . 60
Cabillaud à la Hollandaise . 60
Turbot S.ce capres . 70
Sole frite . 80

Œufs brouillés aux truffes . 1f
Omelette aux tomates . 80
Omelette aux champignons . 80
Omelette aux choux-fleurs . 80
Omelette au sucre . 70
Omelette au Rhum - Kirsch 80

Entrées &c.
Bœuf nature 30c aux P.mes sautées 40
Langue de veau à l'oseille . 50
Pieds de mouton poulette . 50
Tête de veau vinaigrette . 60
Veau sauté aux marrons . 60
Abatis de volaille pommes . 60
Veau, Gigot, Rôtis 50 garni . 60
Côtelette de mouton 50 garnie . 60
Bifteck 60c garni . 70
Artichaut à la Barigoule . 70
Cervelle au beurre noir . 70
Contrefilet de veau à l'Italienne . 70
Pigeon à la Jardinière . 75
Caneton aux navets . 80
Cèpes à la Provençale . 80
Filet de bœuf aux olives . 80
Côtelette de pré salé . 80
Chateaubriand . 1f
Perdrix aux choux . . . 1.25
Poulet a.x tomates . 1f
Chapon rôti cresson . 1f
Lerdreau 5f le 1/4 1.25 Caille rôtie 2f

Légumes.
Asperges (S.ce ou huile) . 80
Artichaut - d.o . 60
Choux-fleurs - d.o . 60
Flageolets au beurre . 60
Pommes à la Hollandaise . 40
Macaroni au gratin . 40
Poissons nouveaux . 40
Pommes sautées, Epinards . 30
Oseille - Chicorée . 25
Haricots verts sautés . 60

Salades
Betterave marinée . 30
Cresson 30c. Chicorée frisée . 40
Laitue, Romaine, Céleri . 40

Fromages
Crème d'Isigny 30. Le Marigny . 30
Chester 30c. Coulommier . 25
Fromage crème 30c. Roquefort . 25
Hollande 25, Camembert . 20
Brie, Gruyère, Suisse . 20

Desserts.
Bombe vanille . 50
Glace aux fraises . 40
Gâteau moka . 40
Raisin 50, Poires 50 et . 60
Figues 40c. Pommes . 50
Gelée de Coings 40c. Noix . 30
Ananas au kirsch . 40
Confitures de Bar-le-Duc . 80
d.o de Groseilles, cerises, abricots . 25
Palmiers & Milanais . 30
Nougat de Montélimart . 30
Pot de crème, Biscuits Vedie . 20

Liqueurs
Anisette d'Arkhangel - Moscovite 40
Kummel de Riga

PARIS A TABLE

Alexandre Duval sur un calendrier publicitaire.
À la tête d'une quarantaine de bouillons à Paris, cette figure de la Belle Époque, surnommée « Godefroy de Bouillon », écrit aussi des opérettes et fréquente le Tout-Paris.

Page de gauche. Frontispices, de l'ouvrage *Paris à table* (1846) par Bertall. Eugène Briffault y eut cette phrase célèbre :
« Quand Paris se met à table, la terre entière s'émeut. »

Jadis de sel attique, au clair pays d'Eros,
On avivait un discours fade ;
Pour faire un plat divin du mets le plus maussade,
Je me sers du sel Cérébos !

Alexandre DUVAL.

Pour copie non conforme
LA REDACTION

constituant ainsi le premier empire commercial de l'histoire de la restauration. Un demi-siècle plus tard, sa femme et son fils Alexandre prennent la succession et sont à la tête d'une quarantaine de succursales. Surnommé Godefroy de Bouillon, Alexandre devient une figure de la Belle Époque. Tout Paris connaît ses cravates à trois tours et son habit couleur prune. Il écrit des opérettes, dont certaines sont données au théâtre Caumartin, et on lui doit quelques mélodies fin de siècle comme *Crépuscule d'amour, Lèvres closes* ou *La Midinette*. On raconte qu'un soir, alors qu'il dîne chez un baron de Rothschild, le maître de maison lui demande de dénicher dans ses souvenirs une bonne histoire. Duval réplique : « Voici une histoire étonnante : mon père était boucher, ma mère était au comptoir, et moi, je dîne chez les Rothschild ! » Ses traits d'esprit se lisent jusque sur les cartes des bouillons Duval. « Beaucoup de Brie pour rien » est la devise qui figure en en-tête d'un menu où bouillons, bœuf garni, biftecks, œufs rôtis et autres plats simples et sains se voient attribuer des prix fixes et modiques. La qualité à tarifs concurrentiels est rendue possible par une organisation étonnamment moderne et rationnelle pour l'époque. Duval possède ses boucheries, ses propres centrales d'achat, sa boulangerie industrielle, sa société de lait, sa fabrique d'eau de Seltz, ses chais à Bordeaux et à Bercy et sa blanchisserie. Les Duval n'en accordent pas moins de l'importance au cadre. Témoin, le bouillon Duval de la rue Montesquieu, l'un des plus anciens de Paris, présente une spectaculaire architecture métallique. Le fils Duval, Alexandre, fera régulièrement appel à l'architecte Edmond Lecq, dont il ne subsisterait plus qu'un seul décor aujourd'hui. On peut l'admirer en se rendant au 84, rue de Clichy, siège actuel de l'Académie de billard[9]. L'originalité de l'offre des bouillons Duval repose aussi sur le service. À l'entrée, chaque client est accueilli par un préposé qui lui remet une carte où il choisit sa commande, ce qui permet de gagner du temps et de renouveler ainsi les services plus souvent. Il s'assied à une table étroite et sans nappe, où la « bonne » s'occupe de lui. Le personnage de la « bonne Duval » est très populaire à l'époque. On la reconnaît à son uniforme composé d'une robe de mérinos noire, d'un tablier blanc et d'un bonnet de tulle. Le profil type est une jeune mère de famille, façon très avant-gardiste de concilier les valeurs de féminité, de moralité et de progrès social.

Chapitre 7

Un bistrot pour étudiants
du boulevard Saint-Germain en septembre 1941.

Les mystères du Bistrot

« Le parisien chic des années 50, qui arrive tout aussi bien de l'avenue Foch que de Manhattan ou de Mayfair, n'aime rien tant que le bistrot un brin crapoteux où l'on fait l'équilibre sur une chaise bancale, où l'on déchiffre à la lorgnette les plats du jour griffonnés sur une ardoise, où la serveuse bon enfant vous rudoie en gloussant et si le patron ou la patronne vous engueulent, c'est carrément le bonheur », écrit Christian Millau dans *Paris m'a dit* (2000).

Dans ces temps d'après-guerre, pour oublier les années noires, on s'engouffre au Chateaubriand, rue de Tocqueville, chez Anna, boulevard Delessert, chez L'Ami Louis, rue Vert-Bois ou chez Roger la Grenouille, rue des Grands-Augustins…

Depuis cette époque, partout en France, le bistrot est l'institution populaire, le « p'tit resto » qui réchauffe les cœurs, quand le « grand restaurant » intimide et la « gargote » répugne… Le terme « bistrot » est très utilisé dans les noms de restaurants à partir des années 60. Cet engouement coïncide avec les renforts de clientèles que drainent les Trente Glorieuses : les couches sociales montantes, dont les déplacements professionnels et l'alimentation hors domicile s'accélèrent, sont en demande de lieux pas chers et familiers. Aujourd'hui, le nom bistrot est à tous les coins de rue, à Paris comme à New York ou à Londres, où on le préfère sans « t ». Le mot pourtant, n'a pas toujours connu le même succès. S'il fut *a priori* inventé dans les années 1880, il est quasiment absent des chroniques de cette époque et reste une énigme pour le linguiste. Selon le *Robert historique de la langue française*, on vit apparaître bistro en 1884, puis bistrot en 1892. Une des hypothèses évoquées voudrait qu'il soit l'adaptation du russe *bystro*, qui signifie « vite », dans une anecdote selon laquelle les cosaques occupant Paris en 1814 prononçaient ce mot pour être servis rapidement au cabaret. Mais elle doit être écartée pour des raisons chronologiques, en l'absence d'attestation du mot pendant près de trois quarts de siècle. On a aussi pensé à une origine poitevine, du mot *bistraud*, « petit domestique », qui aurait désigné l'aide du marchand de vins, du cabaretier. À moins qu'il ne faille rattacher le terme à *bisting*, « cabaret », et à *bistringue*, variant de *bastringue*, attestée également au Canada au sens de « cabaret ». Bistrot peut enfin être une dérivation progressive de bistrouille, variante de bistouille (fin XIXe siècle), mot familier désignant un mauvais alcool, une mauvaise boisson et, en français du nord de la France et de Belgique, un café mêlé d'eau-de-vie (du verbe *touiller*, mélanger deux ou plusieurs fois).

Menu du 5 septembre 1901 du Bouillon Boulant.
> Cet établissement copie à la fin du XIXe siècle la formule
> à succès des bouillons Duval.

Au moment du café, ce sont les « verseuses », généralement plus âgées, qui entrent en scène : elles abaissent le bec de leur cafetière sur la tasse du client, qu'elles remplissent à moitié. Pendant ce temps, des caissières timbrent les cartes et encaissent. Les pauvres gens ne sont plus seuls à se prêter au rituel. Il devient assez chic de s'y presser quand on est célibataire, provincial, rentier ou snob.

…au « Bouillon Chartier »

À la fin du XIXe siècle, de nombreux restaurateurs envient la réussite de la famille Duval et se mettent à copier l'idée : Boulant, Julien, Chartier, Wepler, Les Dix-huit Marmites… et même le fameux Brébant, jadis gloire des boulevards ! Le rendez-vous des écrivains converti en « bouillon »… Le *Journal illustré* ne manque pas d'ironiser : « La disparition de Brébant, successeur de Vachette et surnommé "le restaurateur des lettres", a, cette semaine, fait les frais des conversations boulevardières. Vachette et Brébant ont offert, pardon, vendu à dîner, et très cher, pendant trente ans, à toutes les célébrités du journalisme et aussi celles du demi et même du quart du

Chapitre 7

Chez Julien.
Cette magnifique brasserie de la rue du Faubourg-Saint-Denis, aux fresques inspirées de Mucha, fut un bouillon populaire jusqu'en 1975.

Page de droite. **Personnel du Bouillon Chartier,** de la rue des Petits-Champs, vers 1900. La famille Chartier possédait plusieurs succursales à Paris mais seule la maison mère de la rue du Faubourg-Montmartre a subsisté.

monde. Aller souper dans ce temple de la… bouche cela, pendant la durée du Second Empire, fut très à la mode et rapporta beaucoup d'argent à ces fabricants de sauces vertes et à ces exploiteurs de cabinets particuliers. Aujourd'hui que s'effondrent ces gloires culinaires et que, sur leurs ruines, va s'élever un démocratique établissement de bouillon, les vieux de l'ancien boulevard de Gand voilent leurs faces ridées, crient à la décadence de la cuisine française, pleurent Vatel et sa marée et déclarent la République en danger[10]. » Des bouillons, que reste-t-il aujourd'hui ? Quelques joyaux bien cachés…

Citons tout d'abord Chartier, le seul restaurant qui, depuis sa création en 1896, a su conserver non seulement son impressionnant décor d'origine, mais aussi sa vocation à nourrir les Parisiens pour pas cher. On doit cette adresse à un boucher d'Orgeval, qui s'inspira de la formule inventée quelques décennies plus tôt par Duval, le boucher des Halles. Contrairement à ce qu'affirme la légende, il n'y a jamais eu de Camille Chartier mais un Louis Isidore Chartier qui s'est prénommé Camille sur le registre du commerce. Peut-être avait-il déjà l'idée des deux « C » entrelacés, le signe distinctif que l'on peut encore observer dans les moulures du restaurant… Toujours est-il que ce Chartier créa le bouillon avec son frère Théophile Frédéric, qui lui-même se faisait appeler Frédéric ! Le restaurant ne connut que trois autres propriétaires : M. Françon, qui s'asseyait toujours au même endroit et qui, en attendant les plats, avait pour fâcheuse habitude de gratter avec ses ongles le dessous du marbre de la table (ses empreintes l'attestent) ; René Lemaire qui dirigea l'affaire de 1945 à 1996 ; puis son fils Daniel, encore patron aujourd'hui et intarissable sur la saga de son antre. Les deux frères fondateurs choisirent donc le 7, rue du Faubourg-Montmartre, où vécut le poète Isidore Ducasse, dit le comte de Lautréamont. Le jour de l'inauguration, l'un des premiers clients, ébahi par le décor, tomba dans la trappe qui mène à la cave ! Heureusement, il en sortit indemne. Aujourd'hui encore, on croit volontiers l'anecdote, tant on reste impressionné par ces lieux aux allures de hall de gare, classés au titre des monuments historiques. Fausses baies tapissées de miroirs, murs au soubassement de marbre, boiseries, moulures en stuc, spectaculaire verrière, globes lumineux… Rien n'a changé depuis les origines. Même les tables scellées au sol, les casiers à serviettes numérotés et les porte-bagages en cuivre sont encore en place. Jetez enfin un coup d'œil à la fresque qui orne un des murs latéraux. Elle date de 1929, et on la doit au peintre Germont. L'artiste ayant un

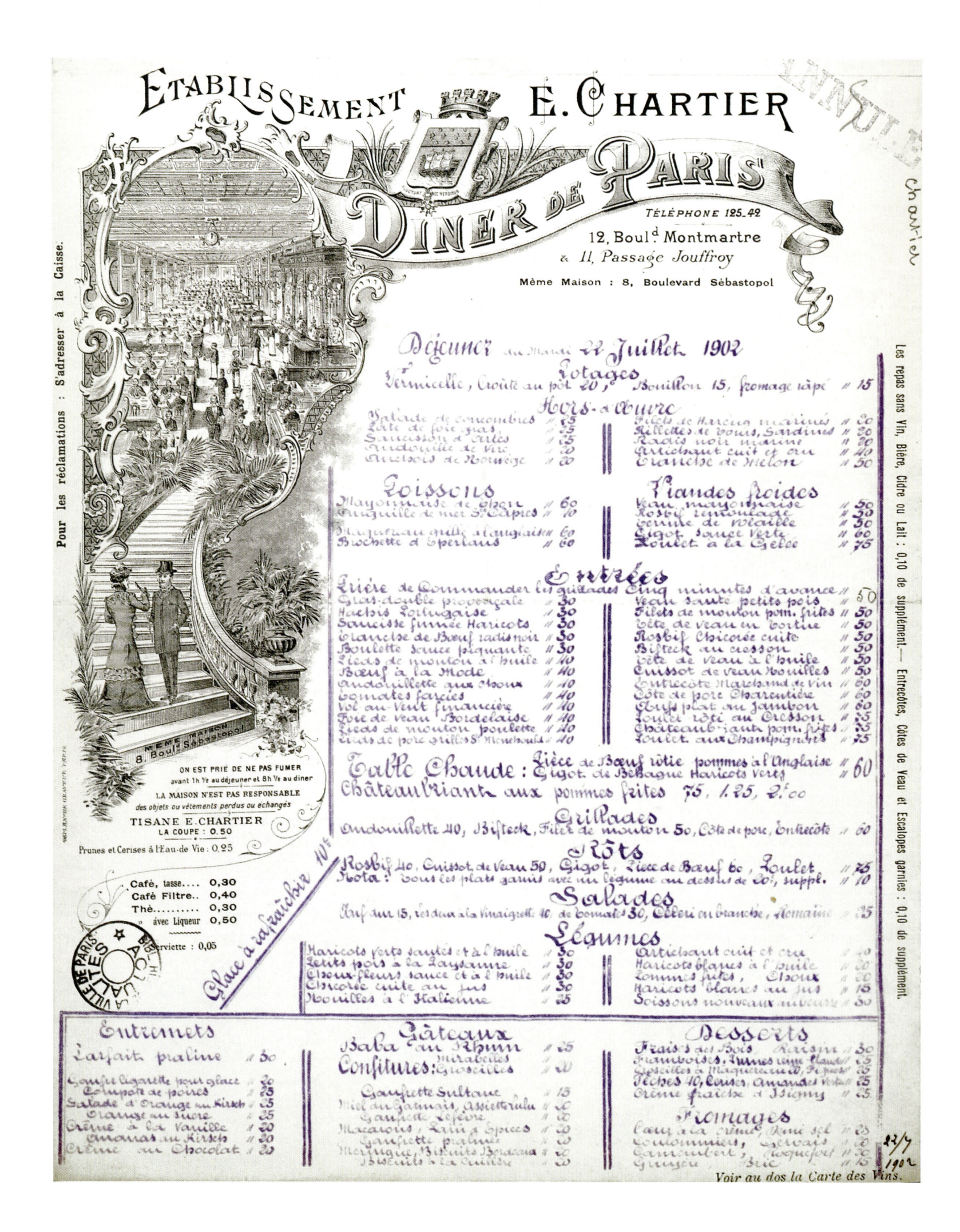

ÉTABLISSEMENT E. CHARTIER
Dîner de Paris

Téléphone 125-42

12, Bould Montmartre
& 11, Passage Jouffroy

Même Maison : 8, Boulevard Sébastopol

Pour les réclamations : S'adresser à la Caisse.

ON EST PRIÉ DE NE PAS FUMER
avant 1h ½ au déjeuner et 8h ½ au dîner

LA MAISON N'EST PAS RESPONSABLE
des objets ou vêtements perdus ou échangés

TISANE E. CHARTIER
LA COUPE : 0.50

Prunes et Cerises à l'Eau-de-Vie : 0.25

Café, tasse	0,30
Café Filtre	0,40
Thé	0,30
» avec Liqueur	0,50
Serviette	0,05

Glace à rafraîchir 10c

Les repas sans Vin, Bière, Cidre ou Lait : 0,10 de supplément. — Entrecôtes, Côtes de Veau et Escalopes garnies : 0,10 de supplément.

Déjeuner du Mardi 22 Juillet 1902

Potages
Vermicelle, Croûte au pot 20, Bouillon 15, fromage râpé 15

Hors-d'œuvre
Salade de concombres	25	Filets de harengs marinés	20
Pâté de foie gras	25	Rillettes de Tours, Sardines	20
Saucisson d'Arles	25	Radis noir mariné	20
Andouille de Vire	30	Artichaut cuit et cru	40
Anchois de Norvège	30	Tranche de melon	50

Poissons | Viandes froides
Mayonnaise de thon	60	Veau mayonnaise	50
Anguille de mer St Câpres	60	Rosbif remoulade	50
		Terrine de volaille	50
Maquereau grillé à l'anglaise	60	Gigot sauce verte	60
Brochette d'éperlans	60	Poulet à la Gelée	75

Entrées
Prière de commander les grillades cinq minutes d'avance

Gras-double provençale	30	Veau sauté petits pois	50
Hachis Portugaise	30	Filets de mouton pom. frites	50
Saucisse fumée Haricots	30	Tête de veau en tortue	50
Tranche de Bœuf radis noir	30	Rosbif Chicorée cuite	50
Boulette sauce piquante	30	Bifteck au cresson	50
Pieds de mouton à l'huile	40	Tête de veau à l'huile	50
Bœuf à la Mode	40	Cuissot de veau mouillé	50
Andouillette aux choux	40	Entrecôte Marchand de vin	60
Tomates farcies	40	Côte de porc Charentière	60
Vol-au-Vent financière	40	Œufs plat au jambon	60
Foie de veau Bordelaise	40	Poulet rôti au Cresson	75
Pieds de mouton poulette	40	Châteaubriant pom. frites	75
Pieds de porc grillés Ste Menehould	40	Poulet aux Champignons	75

Table Chaude : Pièce de Bœuf rôtie pommes à l'Anglaise 60
Gigot de Behague Haricots Verts
Châteaubriant aux pommes frites 75, 1.25, 2.00

Grillades
Andouillette 40, Bifteck, Filet de mouton 50, Côte de porc, Entrecôte 60

Rôts
Rosbif 40, Cuissot de Veau 50, Gigot, Pièce de Bœuf 60, Poulet 75
Nota : Tous les plats garnis avec un légume au dessus de 30c, suppl. 10

Salades
Œuf dur 15, les deux à la Vinaigrette 10, de tomates 30, Céleri en branche, Romaine 25

Légumes
Haricots verts sautés et à l'huile	30	Artichaut cuit et cru	40
Petits pois à la Paysanne	30	Haricots blancs à l'huile	20
Choux-fleurs sauce et à l'huile	30	Pommes frites, Choux	20
Chicorée cuite au jus	30	Haricots blancs au jus	15
Nouilles à l'Italienne	25	Soissons nouveaux au beurre	30

Entremets | Gâteaux | Desserts
Entremets		Gâteaux		Desserts	
Parfait praliné	30	Baba au Rhum	25	Fraises des Bois, Raisin	30
		Confitures : Mirabelles, Groseilles	20	Framboises, Reines-Claudes	25
Soufflé à la vanille pour glace	20			Groseilles à Maquereau, Figues	25
Compote de poires	25	Gaufrette Sultane	15	Pêches 40, Cerises, Amandes vertes	25
Salade d'Orange au Kirsch	25	Miel du Gâtinais, Assiette	20	Crème fraîche d'Isigny	25
Orange au sucre	25	Gaufrette Lefèvre	20		
Crème à la Vanille	20	Macarons, Pain d'épices	20	**Fromages**	
Ananas au Kirsch	20	Gaufrette praliné	20	Eau à la crème, demi-sel	25
Crème au Chocolat	20	Meringue, Biscuits Bordeaux	20	Coulommiers, Gervais	25
		Biscuits à la cuillère	20	Camembert, Roquefort	30
				Gruyère, Brie	25

Voir au dos la Carte des Vins.

Chez Chartier, rue du Faubourg-Montmartre, aujourd'hui.
Cette cantine est restée fidèle à son magnifique décor d'origine et à sa vocation bon marché.

Page de gauche. **Menu du déjeuner** du 22 juillet 1902 au restaurant Chartier du boulevard Montmartre à Paris.

Page 103. **Les garçons de chez Chartier** griffonnent la commande et l'addition sur les nappes en papier.

crédit dans l'établissement, Louis Isidore Chartier lui proposa de créer cette œuvre pour rembourser sa dette et avoir table ouverte pendant plusieurs semaines. On ne s'étonnera pas, au passage, que Chartier ait été le décor de quelques films célèbres, de *La Passante du Sans-Souci*, avec Romy Schneider et Michel Piccoli, à *Un long dimanche de fiançailles* de Jean-Pierre Jeunet, en passant par *Borsalino*, avec Alain Delon et Jean-Paul Belmondo. Il faut dire que Daniel Lemaire se targue d'avoir toujours prêté et non loué, son décor, à condition que les tournages se fassent la nuit, car le restaurant est ouvert tous les jours de l'année sans exception ! Combien d'étudiants, de fauchés, de journalistes, de touristes et de célébrités sont venus pour manger le pot-au-feu, la terrine de campagne, l'entrecôte ou la sole meunière de la formule économique… Seule la porte à tambour saurait répondre. Elle nous a toutefois glissé à l'oreille qu'Édith Piaf, Tino Rossi, Maurice Chevalier, les Compagnons de la chanson, Marcel Cerdan, Marcello Mastroianni, Jean Paul Gaultier, Hervé Bourges y ont eu leurs habitudes. Dernier petit secret : Chartier a bien failli ne plus jamais être Chartier : il fut question que la grande Fréhel rachète le fonds de commerce pour le transformer en salle de cinéma.

Les frères Chartier eurent d'autres bouillons au début du XXᵉ siècle. En 1904, ils installent un établissement populaire boulevard Saint-Germain ; il est devenu Vagenende, l'une des dernières brasseries parisiennes restées indépendantes. Son décor Belle Époque est resté en l'état : miroirs biseautés, boiseries dans le plus pur style « nouille », faïences aux motifs de fruits tressés, cloisons basses ouvragées qui soutiennent des piliers portemanteaux en bronze et les trente-six paysages peints sur pâte de verre créés et signés par Pivain… Après quelques années d'exploitation, ce bouillon Chartier fut repris par son grand concurrent Rougeot qui le céda à son tour, dans les années vingt, à la famille Vagenende ; celle-ci, durant plus de cinquante ans, s'évertua à conserver et à sauvegarder tout le cachet « début de siècle » de cet endroit populaire… qui faillit devenir un supermarché en 1966 ! Heureusement, à la suite d'une campagne de presse, l'intervention d'André Malraux, ministre de la Culture de Charles de Gaulle, fit échouer le projet de destruction en demandant son classement. Et depuis 1983, sa propriétaire, Monique Egurreguy, dort tranquille : l'inscription du plafond, des murs et des sols, à l'Inventaire supplémentaire des monuments historiques, garantit la préservation de ce bijou de la Belle Époque.

Signalons une autre succursale Chartier fondée en 1906 rue Racine. Ancienne cantine des personnels universitaires, elle fut magnifiquement restaurée en 1996, ouverte sur deux étages et rebaptisée bouillon Racine. L'enseigne sous verre, intacte, trahit toutefois ses origines : on y lit « Grand Bouillon Camille Chartier ». Dernière « relique » de l'empire Chartier, un repaire Art nouveau sis au 59, boulevard Montparnasse, qui a longtemps porté le nom de Bistro de la Gare. Il a été racheté en 1977 par le groupe Bistro Romain qui s'est chargé de sa restauration, et est devenu en 2003 le Montparnasse 1900, une brasserie indépendante. Les clients dînent dans un décor classé monument historique, avec des verrières couleur d'eau trouble, des faïences, des arabesques de fer forgé et des lampadaires en forme de volubilis.

On peut enfin dénicher un autre ex-bouillon dans les effluves épicés de la rue du Faubourg-Saint-Denis. Il s'agit de Julien, une perle de l'architecture Art nouveau signée Édouard Fournier. Ce lieu fut un restaurant populaire jusqu'en 1975, date à laquelle Jean-Paul Bucher, du groupe Flo, lui a redonné son lustre en le transformant en brasserie chic.

1. L. S. Mercier, *Tableau de Paris, op. cit.*
2. E. Briffault, *op. cit.*
3. É. Goudeau, *op. cit.*
4. E. Chavette, *op. cit.*
5. E. Briffault, *op. cit.*
6. Ce petit guide fut publié en 1854 par Taxile Delord et les auteurs des *Mémoires de Bilboquet*.
7. H. de Balzac, *op. cit.*
8. Berquet et Pétion, *Comme on dîne à Paris*, Berquet et Pétion, 1842.
9. Bruno Girveau fournit une foule de précieux détails sur l'épopée des bouillons Duval dans « Le restaurant pour tous », un chapitre du catalogue de l'exposition *A table au XIXe siècle*, musée d'Orsay, 2001.
10. Extrait cité par Robert Courtine, *op. cit.*

L'aventure du Ticket Restaurant®

S'il est une figure de la restauration populaire, c'est bien Jacques Borel. Créateur du premier fast food en France en 1961, du Syndicat national des chaînes d'hôtels et de restaurants en 1964, du premier restaurant d'autoroute en 1964, d'une chaîne de restaurants en Californie en 1977, Jacques Borel est aussi et surtout l'inventeur du Ticket Restaurant®.

Le concept du bon d'échange ne date pas d'hier, mais la création d'un titre spécialement conçu pour être utilisé au restaurant est un concept assez récent. La première tentative est d'origine anglaise et remonte à 1954. Les patrons d'entreprises cherchent une alternative à la lourde tâche de gérer un réfectoire (appelé plus tard restaurant d'entreprise) pour assurer l'alimentation de leur main-d'oeuvre au déjeuner. Certains d'entre eux décident alors de s'associer avec plusieurs restaurateurs pour créer un *Luncheon Voucher*, sorte de chèque que leurs employés peuvent échanger contre un repas sain et à prix avantageux dans des établissements situés à proximité de leur lieu de travail. Mais la formule, artisanale et confidentielle, n'en est qu'à ses prémices... Jacques Borel a le génie de l'importer en France au début des années soixante et de l'institutionnaliser pour en faire une véritable machine d'envergure mondiale. En 1957, l'homme d'affaires inaugure l'Auberge Express, un restaurant à libre service au 124, rue de la Boétie à Paris. Pour faire le plein à midi, il lui faut passer de 900 à 1 000 clients par service. Pour trouver les 100 couverts qui lui manquent, il fait la tournée des entreprises installées dans le quartier et leur propose d'accueillir leurs employés pour un déjeuner à prix compétitif (l'équivalent de 7 francs à l'époque) en échange d'un titre. Mais Borel n'en resta pas là. En 1962, il s'associe avec trois chaînes de restaurants pour créer la Société du ticket-restaurant et en 1967, il obtient du général de Gaulle et de Michel Debré, ministre des Finances, une ordonnance exonérant les tickets-restaurants des charges sociales et de l'impôt sur le revenu, après... 1 800 visites ! Mieux, Jacques Borel a négocié activement cette législation à l'étranger, permettant l'introduction du Ticket-Restaurant® dans une trentaine de pays dans le monde. Aujourd'hui, la société Ticket-Restaurant appartient au groupe Accor et émet plus de 21 millions de titres par an.

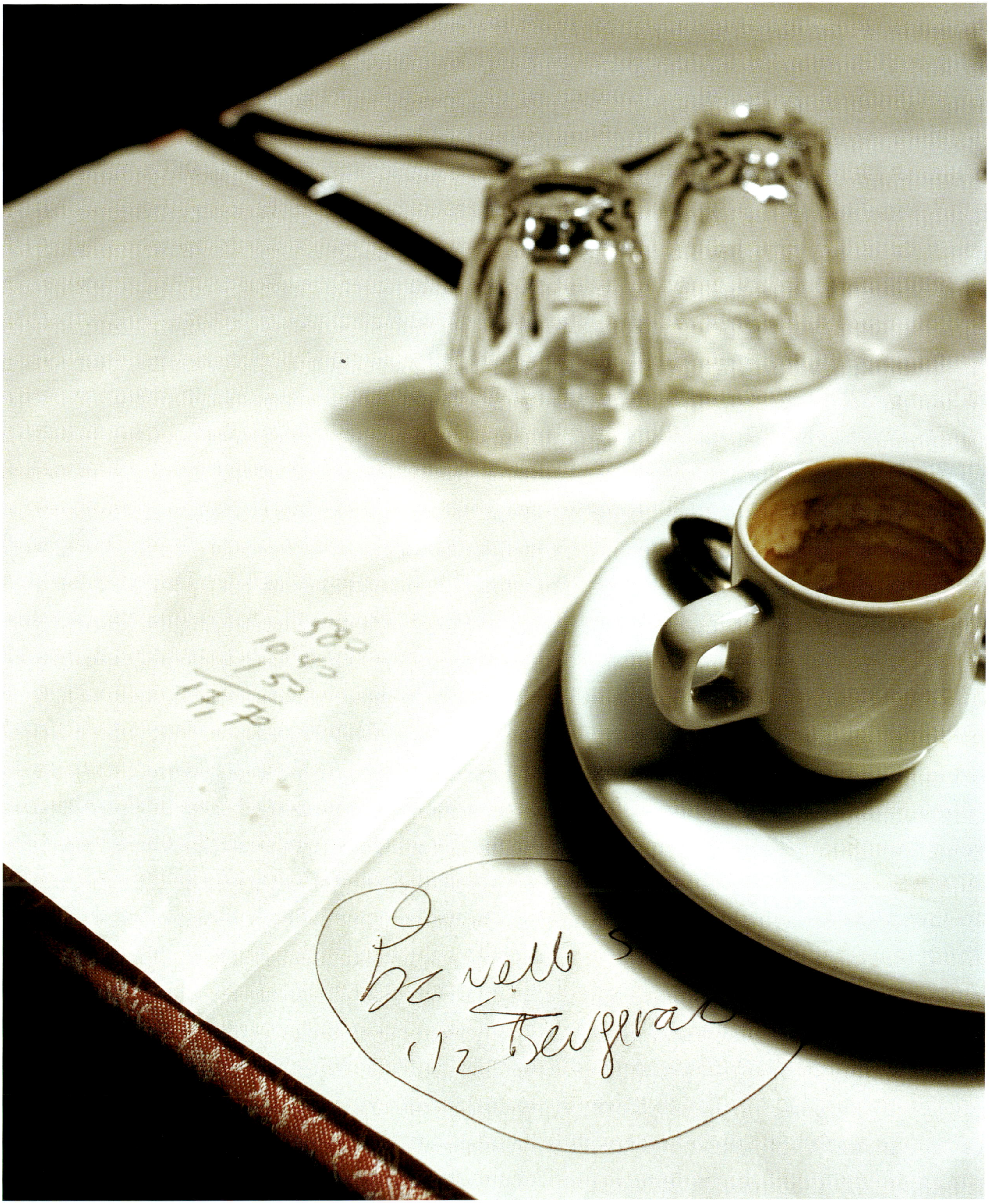
1/2 Bergerac

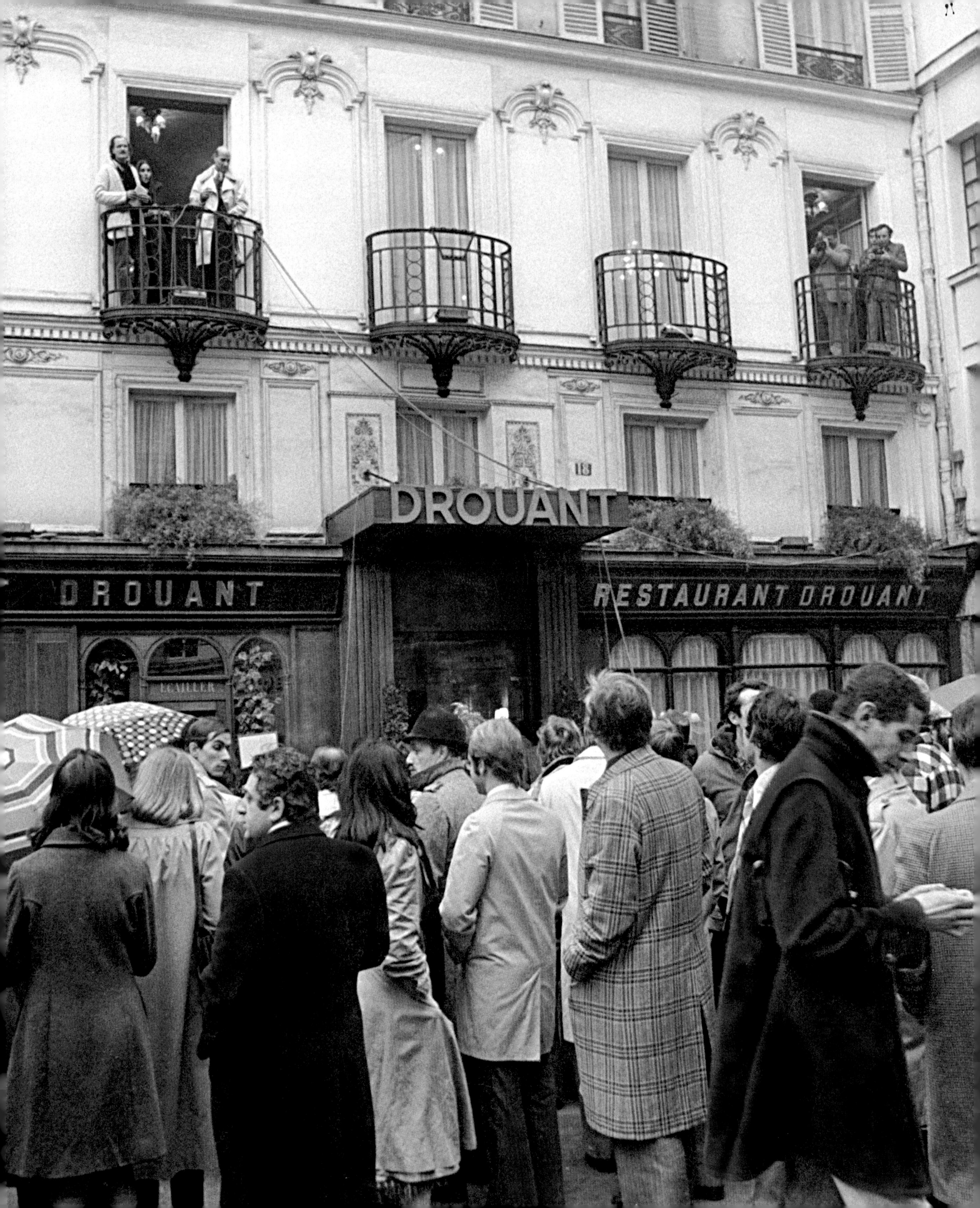
18
DROUANT
DROUANT
RESTAURANT DROUANT

Page de gauche. **Restaurant Drouant.**
Aux balcons et devant l'entrée, une foule de badauds et de journalistes se pressent en attendant l'annonce du palmarès du prix Goncourt.

✳ Chapitre 8
À la table des écrivains

« *La littérature et la cuisine ne sont-elles point des sœurs jumelles ?* »

Alexandre Dumas, cité dans *Les Mémoires de Mme Judith*

Selon une tradition bien française, la plume et la fourchette ont toujours fait bon ménage. Les exemples sont légion, de Balzac dînant avec son éditeur Edmond Werdet au Café Véry, à Alexandre Dumas qui maniait les casseroles aux fourneaux de la Maison Dorée. Temple des nourritures terrestres, le restaurant devient aussi, au XIXe siècle, l'ambassade des nourritures spirituelles. Ainsi le dîner littéraire est-il érigé en institution. En 1884, Paris en compte au moins trente-six.

Les « restaurateurs des lettres » sur les boulevards

Sous le Second Empire, les boulevards sont l'aorte de Paris, drainant dandys, marquis, lions, cocottes, courtisanes, politiques, journalistes et gens de la Bourse. Dans cette faune mondaine, les écrivains sont une espèce à part. S'ils savent se mêler au beau monde, ils ont aussi leurs adresses de prédilection. Ce ne sont pas forcément les meilleures, ni les plus chères, mais celles où les patrons savent les accueillir. Plusieurs d'entre eux ont eu le droit, dans les gazettes, guides et autres témoignages de l'époque, au surnom de « restaurateurs des lettres ».

Il y eut d'abord Pierre Fraisse, un petit cuisinier brun et nerveux originaire de Sète, qui revenait des États-Unis où il avait fait fortune. Les livres de cuisine lui attribuent l'invention du « homard à l'américaine » (et non à « l'armoricaine » !), dont la recette à base de tomate, d'ail, d'échalote, de beurre et de vin blanc, ressemble étrangement à celle de la langouste « à la sétoise ». Décidément tourné vers l'Atlantique, Pierre Fraisse jugea son nom tellement ordinaire qu'il prit celui de Peter's. Après avoir tenu une petite brasserie rue de Richelieu, il s'installa au début des années 1860 au 24, passage des Princes, une galerie nouvellement percée qui

Chapitre 8

Banquet du *Figaro*, donné le jeudi 4 février 1864 au restaurant Peter's.
Dans ce fastueux décor inspiré de l'Alhambra de Grenade,
on aperçoit Roqueplan et Villemessant, figures du journal,
Peter's, le patron, et Charles Monselet, poète et gastronome
illustre de l'époque.

donnait sur le 5 bis, boulevard des Italiens. Ses salons fastueux et orientalistes ne pouvaient passer inaperçus : ils étaient tout bonnement inspirés de l'Alhambra de Grenade, avec ses colonnades, ses stucs, et ses palmiers ! Les Goncourt notent que Théophile Gautier, lors d'un dîner en août 1862, juste après son retour de l'inauguration des chemins de fer algériens, eut ce commentaire acide : « Ils abîment le paysage ! » Toujours est-il que ce décor luxueux attira quelques figures de la presse et des lettres. Une gravure de l'époque représente un banquet du *Figaro* donné le 4 février 1864 dans ses salons richement décorés. On y aperçoit Villemessant (directeur du *Figaro*), Roqueplan (rédacteur en chef) ainsi que Peter's en conversation avec Charles Monselet. C'est certainement à ce poète et gastronome que l'on doit ce panégyrique anonyme : « La fortune de cet établissement est faite depuis longtemps : qui n'a pas déjeuner chez Peter's n'a pas lu une des pages les plus curieuses du livre de la vie parisienne. C'est là qu'entre onze heures et midi on est admis à contempler dans leur gloire et à entendre dans leur esprit : Timothée Trimm, Villemessant, Henri Rochefort, Alfred Quidant, Offenbach, Jules Prével, Albert Wolf, Guillaume, Noriac, Albéric Second, Victor Koning, et tant d'autres qui représentent la causerie française dans sa plus amusante expression. Les déjeuners de Peter's sont renommés par tout l'univers[1]. » Après une association avec un certain Noël (on viendra désormais déjeuner chez Noël Peter's, puis chez Noël tout court), Peter's prit peu à peu le large, puis inaugura en 1868, boulevard des Capucines, le Café Américain. *La Nouvelle Revue de poche* l'annonçait ainsi dans son numéro du 6 août 1868 : « Peter's, le restaurateur des lettres, vient d'ouvrir sur le Boulevard un nouvel établissement culinaire. Ce qui est, dit-on, le grand attrait, ce sont des fours d'invention américaine. Peter's a installé ses fameux fours à côté du nouveau Vaudeville !

elet.   G. Guillemot.   Siraudin.   Léo Lespès.   Carjat.   Nus..e.   H. de Villemessant.   A. Duchesne.   Bourdin.   L. de Neuville.   B. Jouvin.   Marcelin.

onné le jeudi 4 février, dans le salon du Restaurant du Passage des Princes (Péter's).

« Au Café Américain », par Pierre Vidal en 1893.
Cet établissement fut inauguré en 1868 par Peter's, l'ami des écrivains, sur le boulevard des Capucines.

Page de droite. **Caricature de Charles Monselet** par André Gill en 1879.
Cette figure boulevardière qui se prenait pour le « Brillat-Savarin » de son temps, fut souvent raillée par ses contemporains.

Page de droite. **Un menu de Noël 1870.**
Au temps du siège de Paris, on se met sous la dent du cheval, des rats et des animaux exotiques en provenance des zoos alentour.

L'imprudent ! Et la concurrence ? » Autre boulevard, autre « restaurateur des lettres » : Pierre Brébant, du Café Brébant, boulevard Poissonnière. Cette figure boulevardière succéda à cet endroit, en 1863, à François Vachette, qui avait ouvert quelques décennies plus tôt Vachette, à ne pas confondre avec son homonyme de la rive gauche. Il se distinguait par ses mets luxueux (carpe du Rhin farcie et truffée, escalopes de foie gras aux truffes...), ses prix vertigineux (poulet rôti entier à huit francs !) et sa cave élégamment garnie de 80 000 bouteilles (dont un laffitte de 1846, un pichon longueville 1857 et des beaunes des hospices 1858). Ce brave homme un peu replet aimait les gens de lettres, les accueillait à bras ouverts, leur faisait même crédit – ce qui explique en partie son déclin. Quelques-uns des plus prestigieux dîners gastronomico-littéraires y étaient organisés. Robert Courtine les passe en revue avec force détails[2] : le « Dîner des Spartiates » (fondé par les frères Goncourt avec Paul de Saint-Victor, Renan, Jules Claretie, futur administrateur de la Comédie-Française, des journalistes du *Moniteur* et du *Figaro*), le « Dîner Bixio » (fondé en 1853 par Bixio, le fondateur de *La Revue des Deux Mondes* qui fit venir des membres de l'Institut), le « Dîner des Vingt » (réunissant le 20 de chaque mois le petit monde des lettres et des arts comme Dumas, Labiche, Gounod, Gérome...)... sans oublier le « Dîner du Bœuf Nature ». Il réunissait les naturalistes autour de Zola : Flaubert, Daudet, Mirbeau, Maupassant, Tourgueniev, Cézanne... Zola a raconté celui d'avril 1877 où « l'école naturaliste » eut droit à un menu de circonstance :

Potage purée Bovary
Truite saumonée à la fille Élisa
Poularde truffée à la Saint-Antoine
Artichaut au cœur simple
Parfait naturaliste
Vins de Coupeau - Liqueurs de l'Assommoir

Le café comptait également quelques familiers. À commencer par Charles Monselet, qui se prenait pour le Brillat-Savarin de son temps. Un jour, Eugène Chavette[3] lui fit un canular minutieusement orchestré. Il l'invita à dîner pour lui faire déguster « Potage aux nids d'hirondelles, Barbue à la sauce crevette, Côtelettes d'isard sauce piquante et coq de bruyère aux olives, le tout arrosé, entre autres, de clos-vougeot ». Charles Monselet cria au génie, avant que Chavette, avec la complicité de Brébant, ne révèle la supercherie : les nids d'hirondelles n'étaient que des nouilles à la purée de flageolets, la barbue du cabillaud cousu sur deux peignes fins, les côtelettes d'isard de l'agneau mariné dans du bitter, le coq de bruyère un petit dindonneau sur lequel avait été versée de l'absinthe et le clos-vougeot un vin ordinaire accompagné d'une cuillerée de cognac. Monselet s'effondra en faisant jurer à l'auteur du piège qu'il ne divulguerait pas cette mésaventure. Sainte-Beuve était aussi un habitué : il y menait ses conquêtes en cabinet particulier. On raconte qu'un soir, alors que l'écrivain pressait tendrement l'une de ses invitées de choisir un mets des plus raffinés et des plus chers, l'ingénue répondit : « Je voudrais bien manger du gras-double, Monsieur ! »

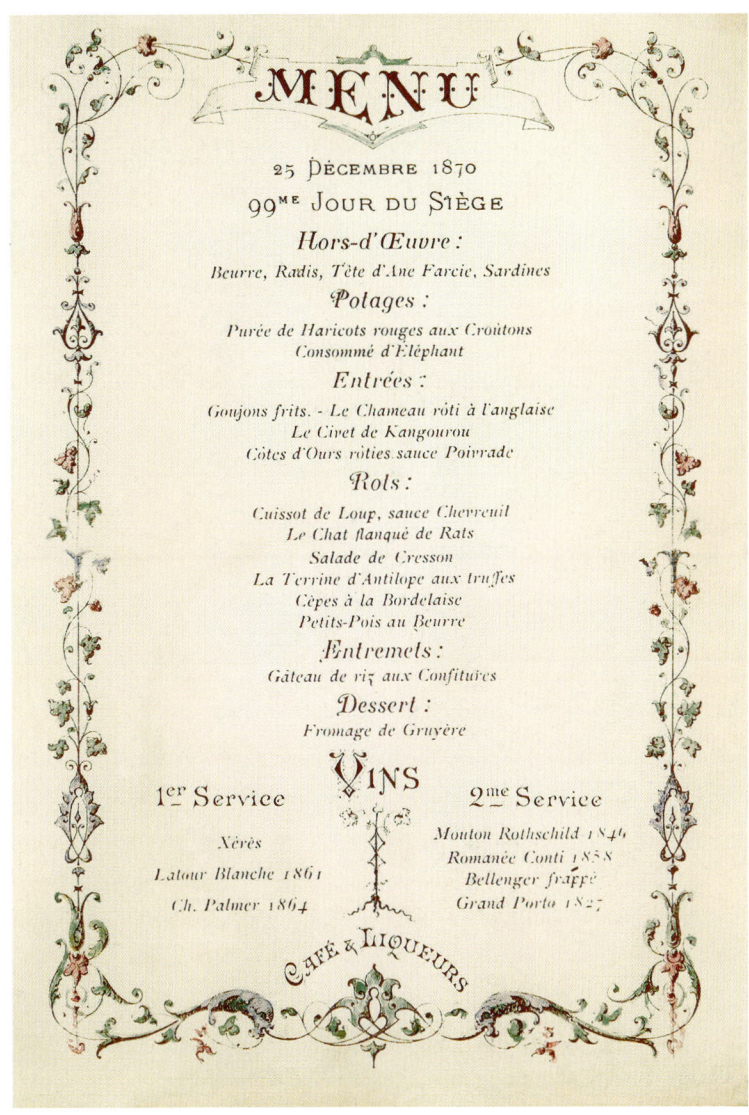

En 1870, lorsque les premières restrictions se font sentir, le fameux Dîner Magny passa de la rive gauche, où il était accueilli par Magny, qui n'était autre que le beau-frère de Paul Brébant, à la rive droite. Rude besogne que de nourrir ces esprits affamés à l'heure où Paris assiégé manque de tout. On se met à manger du cheval mais également des rats, dont on fait des pâtés, un éléphant du Jardin des plantes, et quelques huîtres à des prix exorbitants. Paul Brébant a même servi du chameau rôti et des côtelettes de loup à la purée de haricots. Ainsi, une fois la paix revenue, une quinzaine d'habitués, appartenant aux dîners des Spartiates et de Magny, se cotisèrent pour offrir une médaille d'or à Paul Brébant. Au revers, on lisait : « Pendant le siège de Paris, quelques personnes ayant accoutumé de se réunir chez M. Brébant tous les quinze jours, ne se sont pas une seule fois aperçu qu'elles dînaient dans une ville de deux millions d'âmes assiégées – 1870-1871. »

Le comble de ce restaurant huppé ? Il finira, dans les années 1890, en « bouillon » démocratique et la maison fermera définitivement ses portes en 1930.

Un troisième chef cuisinier des boulevards pouvait revendiquer le titre de « restaurateur des lettres ». Il s'agit de Jean-Nicolas Marguery, un Dijonnais arrivé à Paris en 1852, qui ouvrit son restaurant, probablement vers 1860, à l'actuel n° 36, boulevard Bonne-Nouvelle (appelé boulevard de la Porte Saint-Denis jusqu'à la fin du XVIIIe siècle), à l'emplacement de ce qui fut successivement un café puis une maison garnie. Dans son journal, à la date du 2 octobre 1870, Jules Claretie note : « Nous déjeunons devant le gymnase, derrière les sapins du restaurant Marguery – un ancien plongeur du restaurant Champeaux dont l'extrême amabilité, la gentillesse a déjà attiré une brillante clientèle. » Littérateurs, mondains, acteurs du théâtre du Gymnase voisin, les Goncourt, Zola, Paul Alexis, Oscar Méténier… Le succès fut tel que Marguery, entre 1887 et 1889, rénova et agrandit sa maison pour accueillir noces et banquets. À l'emplacement du dépôt des décors du théâtre du Gymnase, il fit construire le Grand Salon gothique, qui fut l'un des décors de restaurant les plus majestueux de la capitale. Le restaurant poursuivit son aventure à la Belle Époque. Marguery mourut le 27 avril 1910 et, le 8 mai suivant, on lui rendit cet hommage dans les *Annales* : « Nous l'appelions familièrement le "restaurateur des lettres". Ce titre, qu'il avait hérité du fameux Brébant, l'emplissait d'orgueil ; il le justifiait par sa sollicitude envers les littérateurs ; il aimait, il recherchait leur commerce. Et les littérateurs éprouvaient un réel plaisir à deviser avec lui. Sa conversation, aussi nourrissante que ses menus, abondait en souvenirs, en aperçus judicieux et ingénieux. Sur le chapitre de la

« **Place Clichy** » par Pierre Bonnard.
Le nord de Paris abrite, à partir de la fin du xixᵉ siècle, de nombreux cafés et restaurants fournissant le couvert à une nombreuse faune d'écrivains en devenir et d'artistes fauchés.

Page de gauche. **Éléphant du jardin d'Acclimatation.**
Il est abattu pendant le siège de Paris en 1870 pour être débité à l'attention des boucheries et des restaurants les mieux fréquentés des boulevards.

cuisine, il montrait une grande érudition ; il possédait une collection de précieux ouvrages relatifs à cet art […] Marguery était un commerçant avisé et pratique. Pourtant rien ne lui coûtait pour flatter la gourmandise des écrivains et des artistes célèbres qui tenaient chez lui leurs agapes. Il veillait en personne à la bonne ordonnance du "Déjeuner du Conservatoire" et du "Dîner du 20". Il déployait sa coquetterie à étonner Victorien Sardou et Adrien Hébrard, fins connaisseurs, gourmets exigeants. »

Autour des boulevards

Caché rue Cambon, au pied de l'église de l'Assomption, le restaurant Chez Voisin n'en abrite pas moins, derrière sa boiserie acajou filetée de cuivre et ses rideaux de guipure, quelques plumes illustres. Dans ses souvenirs, Léon Daudet raconte : « Il y a le restaurant Voisin dirigé par l'illustre Braquessac. Cave incomparable et chère excellente en commandant sans accent anglais ni américain. Tous les soupers après première d'Alphonse Daudet, de Goncourt, de Zola avaient lieu chez Voisin. Je me rappelle comme si j'y étais le morne souper des "Rois en exil", le joyeux souper de "Renée Pauperin", celui, mélancolique, de "Pot-Bouille". »
Il s'en passait aussi de belles chez Bignon. Souvenez-vous de ce nom, bien connu des dîneurs : Louis, l'aîné, tenait le Café

Riche, tandis que son frère Jules avait le Café Foy, rue de la Chaussée d'Antin, que les boulevardiers auront tôt fait de rebaptiser Chez Bignon. Le maître de maison y servait, outre les frères Goncourt qui vont partout, Villemessant, Offenbach, Rossini et Gambetta. Ce n'est qu'après avoir vendu son emplacement à M. Paillard en 1878 pour s'installer au 34, avenue de l'Opéra, qu'il se fit l'une des clientèles de lettres la plus « select » de Paris. Charles Monselet, Théodore de Banville, Aurélien Scholl et Dumas fils s'y abritent, loin de foules parisiennes, moyennant des additions astronomiques.

Complétons la cartographie gastronomico-littéraire du nord de Paris avec les rendez-vous du quartier des Martyrs. Le cabaret Dinocheau, au coin de la rue de Navarin et de la rue de Bréda, fut le point de ralliement des écrivains débutants et des artistes désargentés. Dans une interview sur ses débuts littéraires, Emmanuel Gonzalès, qui habita au 11, rue Bréda, évoque ce gargotier sympathique : « Murger [Henry Murger, l'auteur de *Scènes de la vie de bohème*] disait Dinocheau le Père, comme on dit Dieu le Père. Et il avait ses raisons pour cela. Le chantre de Musette devait 14 000 F à Dinocheau, quand il est mort. Le père nourricier de la Nouvelle Athènes ne s'en est jamais plaint, d'ailleurs, et n'en a pas moins continué d'être la

Au restaurant Bignon.
Établissement « select » et lettré des boulevards, une rixe éclata entre Aurélien Scholl, journaliste, poète et gastronome, et le marquis de Dion qui l'agresse avec une bouteille de champagne.

Page de droite. Caricature d'Émile Zola, par André Gill, publiée dans *La Nouvelle Lune* du 23 avril 1882.

TROISIÈME ANNÉE. — N° 17.   Un numéro hebdomadaire : **10** centimes   DIMANCHE 23 AVRIL 1882.

ADMINISTRATION
et Rédaction
167, rue Montmartre
DIRECTEUR
S. HEYMANN
ABONNEMENTS
Un an . . . **8** francs
Six mois . . **4** —
Les Annonces commerciales sont reçues chez M. de Lagrange, 28, rue St-Lazare.

La Nouvelle Lune

ADMINISTRATION
et Rédaction
167, rue Montmartre
DIRECTEUR
S. HEYMANN
ABONNEMENTS
Un an . . . **8** francs
Six mois . . **4** —
Les Annonces commerciales sont reçues chez M. de Lagrange, 28, rue St-Lazare,

Le POT-BOUILLE à ZOLA, par André GILL

Ce que ça sent bon !!!

Edmond de Goncourt

« *Je nomme pour exécuteur testamentaire mon ami Alphonse Daudet, à la charge pour lui de constituer dans l'année de mon décès, à perpétuité, une société littéraire dont la fondation a été tout le temps de notre vie d'hommes de lettres, la pensée de mon frère et la mienne, et qui a pour objet la création d'un prix de 5000 francs destiné à un ouvrage d'imagination en prose paru dans l'année.* »

Page de droite. **Déjeuner de l'Académie Goncourt**.
De gauche à droite, debout : Gaston Chéreau, Raoul Ponchon, Pol Neveu, Jean Ajalbert et Rosny jeune ;
de gauche à droite, assis : Léon Hennique et Rosny aîné.

Providence des gens de lettres. Baudelaire et Léo Lespès [Timothée Trimm, illustrateur du *Petit Journal*] le savaient assez. Champfleury, Tony Revillon et tant d'autres portent encore Dinocheau dans leur cœur ; Monselet lui en a gardé la reconnaissance de l'estomac[4]. » Nadar, Jules Vallès et Aurélien Scholl comptaient également parmi les piliers de l'établissement. Le repas coûtait en général trente-cinq sous, mais pouvait tripler ou quadrupler si on l'arrosait. Le patron savait suggérer la commande d'une bouteille de champagne à trois francs. Mais il ressentait aussi, à l'égard de ses protégés, une indulgence telle, que neuf fois sur dix, on ne la payait pas.

En descendant un peu, on trouvait au 3, rue Le Peletier, le Divan Lepeletier. Ses divans joufflus y attirèrent les journalistes de tout Paris, à commencer par ceux du *National*, dont les bureaux étaient situés dans le même immeuble. Lorsque l'endroit ferma, en 1868, Charles Monselet se chargea de son oraison funèbre, dans laquelle il dit notamment : « Et du premier coup, grâce à ses parrains, il se trouva élevé à la dignité d'un rendez-vous littéraire et artistique. On y vint des quatre coins du romantisme. » Balzac et Nerval y défilaient régulièrement ; Alfred de Musset y fit des mélanges audacieux de bière, d'eau-de-vie et d'absinthe ; Courbet y exposa ses théories, qui consistaient à peindre avec le plus de vérité possible ce qu'il voyait... Rue des Martyrs, à la Brasserie des Martyrs, frayait la « plèbe » littéraire. Les Goncourt n'ont pas de mots assez durs pour cet endroit, qu'ils considéraient comme « une taverne et une caverne de tous les grands hommes sans nom, de tous les bohèmes du petit journalisme, d'un monde d'impuissants et de malheureux tout entiers à se carotter les uns aux autres un écu neuf ou une vieille idée... ». Mais on y croisait aussi Champfleury, Delvau, Armand Barthet (l'auteur du *Moineau de Lesbie*, comédie jouée au Théâtre-Français en 1849) et Baudelaire.

L'Académie des Goncourt à Drouant

Le dernier survivant de cette époque mérite une place à part. Un peu à l'écart des boulevards, près de la fontaine Gaillon où s'étaient déjà installés Henry et Pierre, surgit, en 1880, celui que l'on connaît encore aujourd'hui comme « le restaurant du prix Goncourt ». Drouant ne fut pourtant à ses débuts qu'un modeste café-tabac, même si le concept était très moderne à l'époque. Charles Drouant propose à ses clients de beaux plateaux d'huîtres, qui séduisent journalistes et écrivains. Léon Daudet s'enthousiasme : « Les huîtres y sont, je ne sais pourquoi, meilleures et plus fraîches que partout ailleurs. La viande est d'excellente qualité […]. L'huile est bonne, le beurre parfait, les truffes sont des truffes. Le service est attentif et discret. » Le pourquoi des huîtres excellentes a une réponse : le frère de Charles, ostréiculteur en Bretagne, lui assure une livraison hebdomadaire. Autour de Gustave Geoffroy, le collaborateur de Clemenceau au journal *La Justice*, se retrouvent Jean Ajalbert, Octave Mirbeau, les frères Rosny, Pol Neveu… Clemenceau s'y rend de temps en temps et, à la veille du nouveau siècle, les artistes sont aussi de la partie, de Toulouse-Lautrec à Picasso, de Rodin à Monet et de Renoir à Pissarro. Mais Charles Drouant s'est déjà agrandi. Il a annexé la boucherie voisine et s'est étendu à toute la place Gaillon, par les caves qu'il rachète une à une. C'est qu'il faut de la place pour abriter les crus de vins blancs qui font la réputation de la maison ainsi que les âmes illustres de l'académie Goncourt. Pourtant, ses

membres ne se sont pas toujours réunis chez Drouant. Il ont attendu leur 72e réunion, le 31 octobre 1914, pour nouer des liens pérennes avec le restaurant de la place Gaillon.
Mais revenons sur les origines de cette académie. Les frères Goncourt avaient voulu reconstituer l'atmosphère des salons littéraires du XVIIIe siècle et celle des nombreux déjeuners ou dîners d'écrivains du XIXe siècle. La mort prématurée de Jules, en 1870, fera de son frère Edmond le créateur de l'académie. Sa vraie dénomination est « Société littéraire des Goncourt », par opposition à l'Académie française qui refuse l'immortalité à de grands esprits tels que Balzac, Flaubert, Zola, Maupassant ou Baudelaire… Edmond disparaît à son tour en 1896, et quarante-huit heures après sa mort, son notaire M. Duplan lit à Alphonse Daudet et Léon Hennique, ses légataires universels, le testament suivant : « Je nomme pour exécuteur testamentaire mon ami Alphonse Daudet, à la charge pour lui de constituer dans l'année de mon décès, à perpétuité, une société littéraire dont la fondation a été, tout le temps de notre vie d'hommes de lettres, la pensée de mon frère et la mienne, et qui a pour objet la création d'un prix de 5 000 francs destiné à un ouvrage d'imagination en prose paru dans l'année, d'une rente annuelle de 6 000 francs au profit de chacun des membres de la société. » Il est précisé que les dix membres désignés se réuniront pendant les mois de novembre, décembre, janvier, février, mars, avril, mai et que les prix seront décernés « dans le dîner de décembre ». Ce testament donne lieu à une véritable bataille juridique. La famille Huot de Goncourt plaidera en qualifiant l'idée d'Edmond « d'œuvre stérile d'un révolté appelée à devenir dans l'Armée des Lettres une institution qui tiendrait d'un côté de l'École des Enfants de Troupe et de l'autre du Palais des Invalides », mais les fondateurs de l'Académie, défendus par un certain Raymond Poincaré, jeune avocat, seront reconnus dans leur droit le 1er mars 1900. En fait de dix membres, ils n'étaient que sept, d'après le procès-verbal, à se réunir pour la première fois le 7 avril 1900 chez Léon Hennique, 11 rue Descamps, à Passy : Joris-Karl Huysmans, Octave Mirbeau, Rosny aîné et Rosny jeune, Léon Hennique, Paul Margueritte et Gustave Geffroy. Pour compléter l'assemblée, ils éliront Léon Daudet, en remplacement de son père Alphonse, Élémir Bourges et Lucien Descaves. Le premier dîner mensuel se tiendra le 26 février 1903 dans un « salon pour

Nature morte Les Nouvelles Littéraires, un menu de Chez Drouant.

Page de droite. L'entrée du restaurant Drouant aujourd'hui.

Page de droite, à droite. Les cuisines du restaurant Drouant.

noces » du Grand Hôtel, près de l'Opéra, où le cuisiner Escoffier tenait les fourneaux, et le premier vote aura lieu le 21 décembre suivant au restaurant Champeaux, près de la Bourse. John-Antoine Nau l'emporte au second tour pour son roman *Force ennemie* aux éditions de la Plume. Les trois journalistes qui s'étaient déplacés furent informés par la caissière du restaurant que le « prix des Goncourt » venait d'être attribué. Un tiers de colonne sera consacré à l'événement dans *Le Figaro*, qui n'apportera qu'une maigre notoriété à l'auteur, et on ne misa pas grand-chose sur la survie de cet épiphénomène. Et pourtant… À la veille de la Première Guerre mondiale, l'Académie, définitivement abritée chez Drouant, avait son salon avec le lustre à pampilles de cristal, sa table ronde couverte d'une nappe damassée et ses couverts gravés. Il y avait de sacrés coups de fourchette dans la bande, à l'instar de Huysmans, l'auteur d'*À Rebours*, qui appréciait le pot-au-feu, sucré à l'aide des seules carottes, et le hareng, dont la robe était « la palette des soleils couchants, la patine du vieux cuivre, le ton bruni des cuirs de Cordoue, les teintes de santal et de safran des feuillages d'automne[5] ». On ne l'a pas encore mangé, qu'on souffre déjà d'indigestion ! Léon Daudet, quant à lui, mettait son nez dans le détail des menus, imposant le blanc de blanc à l'apéritif et sur les huîtres, systématiquement servies les mois en « r ». Un exemple de menu, celui qui fut donné en 1933, année où le lauréat s'appelle André Malraux pour *La Condition humaine* : huîtres, brochet boulangère, dindonneau rôti pommes en liard, cèpes bordelaise, fromages, glacée pralinée et fruits.

Charles Drouant a préparé sa succession, en envoyant Jean, un de ses quatre fils, en apprentissage dans les meilleurs établissements d'Angleterre, d'Allemagne et d'Amérique. À la tête de Drouant, celui-ci sera très actif dans la profession, naviguant entre le Syndicat des Restaurateurs, dont il deviendra le président, et la première École hôtelière de Paris qu'il fondera, et qui porte encore son nom. Il fera enfin fusionner Drouant avec le groupe Barayat (le mari de sa sœur) qui compte le Fouquet's, le Pré Catelan, le casino d'Ermenonville, le Café de Paris, le Pavillon Royal et la restauration du champ de courses d'Auteuil. Après la Seconde Guerre mondiale, le neveu de Jean Drouant, deuxième du nom, prendra la suite. En 1986, le groupe Élitair, qui changera de nom pour Élior, s'empara de l'établissement, avant de s'en séparer en novembre 2005 au profit du chef alsacien étoilé Antoine Westermann, qui n'en est pas à son premier coup parisien, et compte bien redonner une nouvelle jeunesse au plus littéraire de nos restaurants.

Pendant ce temps-là, rive gauche…

De l'autre côté de la Seine, le monde des lettres a aussi ses quartiers, bien qu'ils soient plus isolés. Il y a bien sûr le Procope, rue de l'Ancienne-Comédie, l'un des phares intellectuels de la capitale, que l'on ose à peine présenter. On ne s'y attardera guère car il s'agit moins d'un restaurant que d'un café : on y consomme surtout du café, servi par des garçons âgés de 10 à 12 ans, selon une tradition importée d'Italie, et des nourritures spirituelles. Aujourd'hui, l'endroit est une brasserie à touristes depuis que les frères Blanc l'ont racheté en 1987, et une plaque de marbre un tantinet racoleuse rappelle ses heures de gloire : « Ici Procopio Dei Coltelli fonda en 1686 le plus ancien café du monde et le plus célèbre centre de la vie littéraire et philosophique aux XVIIIe et XIXe siècles. Il fut fréquenté par La Fontaine, Voltaire, les Encyclopédistes, Benjamin Franklin, Danton, Marat, Robespierre, Napoléon Bonaparte, Balzac, Victor Hugo, Gambetta, Verlaine et Anatole

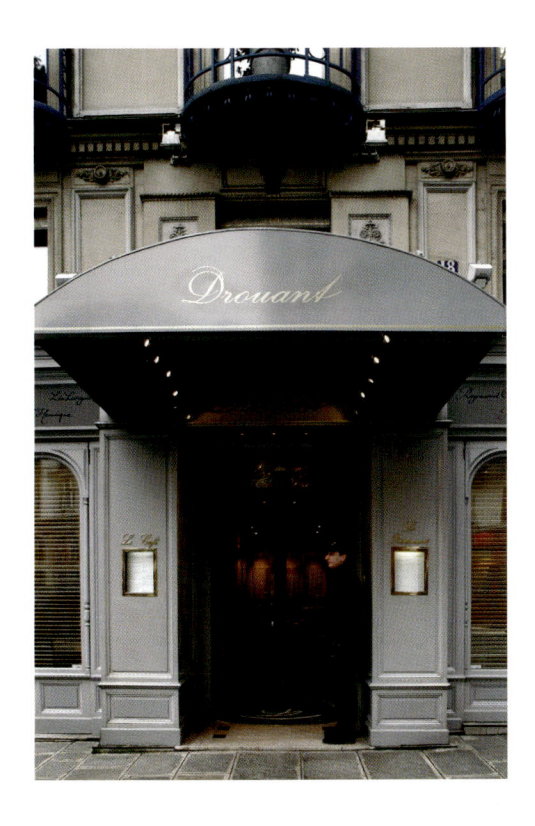

Le Procope, premier café fondé en 1686, est le plus célèbre centre de la vie littéraire et philosophique aux XVIIIᵉ et XIXᵉ siècles.

Page de droite. **Enseigne du café Procope.**
Rue de l'Ancienne-Comédie, dans le 6ᵉ arrondissement de Paris.

France. » Sous le Second Empire, une foule très hétéroclite y défilait. Le rez-de-chaussée était réservé à une clientèle sérieuse, aux joueurs de dominos, aux libraires, aux universitaires et à des écrivains, parmi lesquels on remarqua le jeune Anatole France et son ami Étienne Chavaray. La salle du premier étage accueillait des étudiants noceurs, qui y fumaient et jouaient au billard.

À quelques encablures de là, rue Contrescarpe-Dauphine (aux 7 et 9 de l'actuelle rue Mazet), le restaurant Magny n'avait rien à envier aux plus littéraires des restaurants des grands boulevards. En 1842, un cuisinier de Chez Philippe, la fameuse table de la rue Montorgueil, avait eu l'audace de s'exiler de l'autre côté de la Seine, dans une maison que l'on surnomma vite la « Maison Dorée du Quartier latin ». Qu'est-ce qui attirait Gavarni, George Sand, Sainte-Beuve, Renan loin du centre névralgique de la capitale ? Difficile à dire. Peut-être les pieds de mouton à la poulette ou la « petite marmite » que Magny concoctait deux fois par semaine, et qui se composait de petits paquets de bœuf et de volaille attachés avec une ficelle et réunis dans un grand caquelon en terre avec de la queue de bœuf, un morceau de pointe de culotte, une volaille, de l'eau et du sel gris. Théodore de Banville préférait cependant le chateaubriand, dont il fit une description émue : « C'est, entouré de pommes soufflées en beignets, un filet double en épaisseur du beefsteak ordinaire, nullement rouge, mais lorsqu'on y met le couteau, le jus de la viande ruisselle et se mêle à la maître d'hôtel de façon à en faire quelque chose d'animé et de vivant. » Mais Magny ne serait Magny sans le dîner littéraire le plus célèbre de cette époque qui réunissait une brochette de littérateurs tous les vendredis, à cinq francs par tête. C'est Gavarni qui eut l'idée du Dîner Magny, idée approuvée par Sainte-Beuve et les frères Goncourt. Tous prirent part au dîner d'inauguration le 22 novembre 1862. Théophile Gautier et son fils, le Dr Veyne, Chennevières (inspecteur des Beaux-Arts), Charles Edmond, Paul de Saint-Victor, Taine et Nefftzer (le directeur du *Temps*) comptèrent parmi les premiers habitués. D'autres convives les rejoignirent plus tard : Renan, Berthelot, le docteur Robin (membre de l'académie de Médecine), le peintre Baudry…

L'agitation intellectuelle et littéraire de la rive gauche n'est en qu'à ses prémices. Elle prendra le relais de l'effervescence boulevardière à partir des années vingt. Nous aurons l'occasion de revenir sur les années Saint-Germain et Montparnasse.

1. Extrait cité par R. Courtine, *op.cit.*
2. *Ibid.*
3. Auteur de *Restaurateurs et restaurés*, un guide d'humeur sur les tables parisiennes publié en 1867.
4. Interview extraite de *Les Parisiens chez eux* de Jules Hoche, 1883.
5. Léon Daudet, *Souvenirs*.

LE PROCOPE
FONDÉ EN
1686

Réveillon à la Brasserie de la Chope d'Alsace à Paris, carte postale de 1915.

✱ Chapître 9

Au temps des brasseries

« À la Brasserie, on prend un bock, deux bocks, trois bocks, quatre bocks, cinq bocks, dix bocks. Et l'on ne sort plus. Le dîner finit par se trouver relié au déjeuner et le souper au dîner par une chaîne ininterrompue de bocks. »

Émile Goudeau, *Paris qui consomme*, 1893

Brasserie : voilà un mot si employé qu'il est presque vidé de son sens. De quoi parle-t-on ? Du lieu où l'on fabrique la bière ? De l'établissement à connotation germanique où l'on consomme une choucroute arrosée de bière ? Du grand café-restaurant parisien flanqué de bancs de fruits de mer, avec ses garçons en livrée et ses moulures d'époque ? Ou du bar-tabac du coin de la rue scintillant de mille néons ?

Dans les années 1860, on en avait une idée plus précise. À la préfecture de police, les formulaires de recensement des débits de boissons distinguent les « Cafés et Brasseries » des « Marchands de vins détaillants ou Cabaretiers et liquoristes » et des « Restaurants, Gargotes, Crémeries, Tables d'hôtes, Épiciers, etc. ». La brasserie est donc un débit dévolu à la consommation de la bière. Cette boisson n'est pourtant pas une invention récente. Les Gaulois buvaient son ancêtre, la cervoise, un breuvage fermenté à partir de différentes céréales, de miel et d'épices ; les moines, bénédictins ou trappistes, se font brasseurs de houblon au XVe siècle. Au XVIIe siècle, Louis XIV a bien failli lui assener le coup de grâce en instituant un monopole de fabrication, mais la Révolution a supprimé le corporatisme et autorisé la vente de bière par d'autres professions que les brasseurs. Presque un siècle plus tard, en 1860, le phylloxéra ravage les vignobles et fait monter

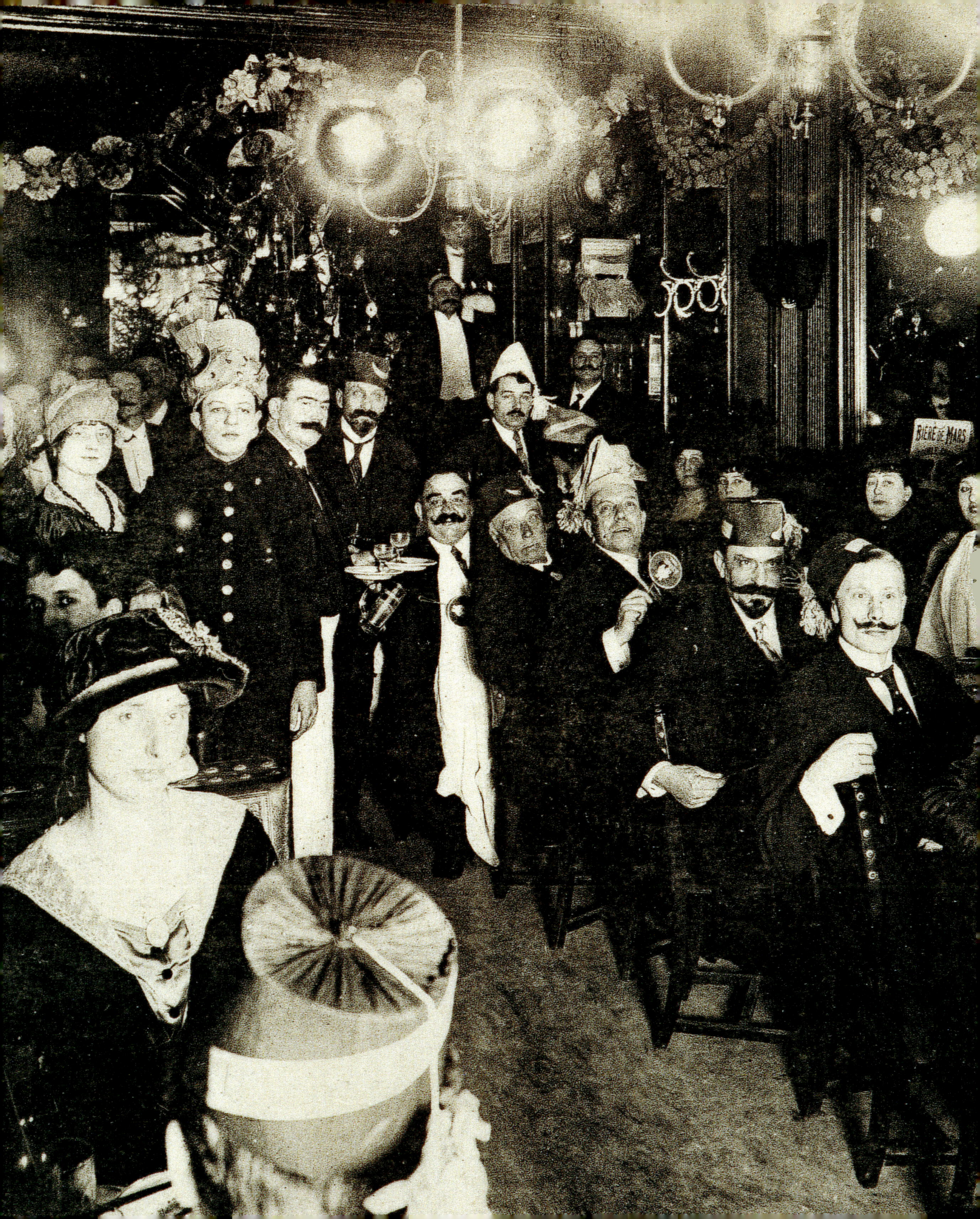
BIÈRE DE MARS

Chapitre 9

Affiche publicitaire pour la bière de Lorraine vers 1910.

Portrait de Gustave Courbet par André Gill, publié dans *La Lune* du 9 juin 1967. Le peintre, surnommé le « ventre esthétique » par Alexandre Dumas, était grand amateur de bière.

Page de droite. **Une serveuse** revenue de la boulangerie devant une brasserie parisienne.

le prix du vin. Voilà qui fait l'affaire des marchands de bière et marque la naissance d'un lieu nouveau, la brasserie moderne. Son profil compte trois caractéristiques. Tout d'abord, on y boit de la bière : la maîtrise des techniques du froid en améliore la qualité et les progrès des transports (à partir de 1860, la bière est acheminée d'Alsace par la compagnie des Chemins de fer de l'Est) offrent aux bières alsaciennes, en concurrence avec les bières munichoises, de nouveaux débouchés. Ensuite, on y fume, lors que la plupart des cafés interdisent le tabac. Enfin, on y mange des plats simples, généralement associés à la consommation de la bière en Alsace (la choucroute est le plat emblématique) et cette prestation comble un vide entre le restaurant huppé et la taverne douteuse.

Les brasseries du dévergondage

La bière souffre d'une réputation de boisson épaisse et populaire, destinée à accompagner des plats grossiers et roboratifs comme la saucisse et le chou. La brasserie fait l'objet de critiques féroces : « On est assis sur des bancs durs devant des tables de bois verni, sur lesquelles inamoviblement se prélassent, en des assiettes de faïence, ces gâteaux contournés en huit, secs comme un jour d'échéance, et saupoudrés de sel, les bretzel, qui aident l'estomac du buveur fanatique à s'archi-remplir alors qu'il est déjà plein[1]. »

Le premier établissement de ce nouveau type est apparu à Paris en 1847 au rez-de-chaussée d'un immeuble du 26, rue Hautefeuille. On le doit à un Allemand naturalisé français, Louis Andler, qui n'a que les moyens d'un décor réduit au minimum – murs blanchis à la chaux, tonneaux, meules de fromage, chaises et bancs en chêne rustiques – mais compense par sa bonne humeur et son sens de la convivialité. Il joue aux dominos avec les clients, sa femme est au comptoir et sa nièce en salle. Cette brasserie serait certainement tombée dans les oubliettes de l'Histoire si elle n'était devenue le quartier général d'un certain Gustave Courbet. Un an après l'ouverture du lieu, l'artiste s'installe en voisin au 30, rue Hautefeuille. Il ne tarde pas à y tenir salon. Courbet attire quelques fidèles de renom : le critique d'art Champfleury, Baudelaire, Nerval, Vallès, Proudhon. Mieux, celui qui scandalise le Salon y fonde sa théorie du « réalisme » qui rallie autour de lui les peintres Corot, Daumier ou Decamps. Il faut les imaginer refaisant le monde, alignant les bocks et écoutant des chansons paillardes au milieu des étudiants de la faculté de médecine toute proche. Courbet est raillé de toutes parts. Jugez plutôt : « M. Courbet, – le peintre *réalichte* – qu'on a comparé à tort à un bas-relief assyrien ou niniviste, ressemble, lui aussi, à un ours noir de la Louisiane. Il en a l'œil malin, la lèvre sensuelle – et les dents désobligeantes. […] Rien n'empêche alors de supposer qu'il boit de la bière de Strasbourg et mange de la choucroute du même pays. Fait, du reste, de la peinture excellente, – comme solidité. Courbet se construira un jour une maison avec[2]. » Alexandre Dumas le surnommera le « ventre esthétique », preuve que l'art de Courbet est étroitement associé à ce qu'il ingurgite. Toutefois, la complicité entre

Émile Goudeau

« La brasserie à femmes a essayé du travestissement comme élément de succès. Elle a déguisé ses verseuses en "reines de France"… »

Andler et le peintre ne tarde pas à tourner court, le premier reprochant au second de ne pas payer les consommations prises à sa table. Il y a procès et le limonadier obtient gain de cause. Dès lors, Courbet change ses habitudes et opte désormais pour les bières de Munich servies à la Brasserie des Martyrs, près de Notre-Dame-de-Lorette, entraînant les réalistes dans son sillage, ainsi que Villiers de l'Isle-Adam, Hérédia et Monet, qui étudie à l'Académie Suisse voisine avec Pissarro. De nombreuses brasseries ouvrent leurs portes aux quatre coins de la capitale. Hoffmann, place de l'Observatoire, à l'angle du boulevard Montparnasse, propose de la bière blonde de Strasbourg, la grande nouveauté du moment, sur ses tables de noyer ciré et dans son jardin ouvert aux artistes du quartier. Située rue Saint-Séverin, au cœur du Quartier latin, la Brasserie Glaser, du nom d'un instituteur alsacien révoqué pour ses opinions républicaines, accueille, autour de ses tables au plateau de marbre blanc, Édouard Vaillant, Charles Longuet, Raoul Rigault, Maxime Vuillaume, etc. : autant de figures subversives qui prendront part à la Commune.

Tout aussi subversive, quoique dans un autre registre, la « brasserie à femmes », appellation délicate accordée à un nouveau type d'établissement qui apparaît dès 1867, année de l'Exposition universelle où voit le jour la bière à fermentation basse (de 0° à 10°). Jusqu'alors, faute de réfrigérateur, les amateurs de bière se contentaient de boissons qui fermentaient à des températures élevées, entre 15 et 25°. Elles étaient généralement troubles et ambrées. Le nouveau breuvage en provenance d'Allemagne s'appelle Pilsener, ou « Pils », et affiche une belle robe dorée. Pour en faire la promotion auprès d'un large public, les limonadiers du Quartier latin ont eu l'idée de faire appel au charme aguicheur de serveuses très en « formes ». Ainsi en va-t-il de la Brasserie de l'Espérance, surnommée Les Quatorze Fesses par les étudiants, la Brasserie des Nanas ou encore la Brasserie des Odalisques. Les serveuses sont souvent d'origine étrangère, vêtues de baigneuses provocantes ou de costumes extravagants, et il n'est pas rare qu'elles attirent les clients les moins farouches dans des arrière-salles discrètes. De quoi choquer Émile Goudeau : « La brasserie à femmes a essayé du travestissement comme élément de succès. Elle a déguisé ses verseuses en "reines de France". Si on n'y avait mis ordre, elle les eût habillées en religieuses. Aujourd'hui tombée au dernier degré de l'abjection, logée dans des boutiques étroites et misérables dont un charbonnier ne voudrait pas ; portant des noms à éloigner tout client sérieux, *Le Chat blanc*, *Le Lapin poseur*, *Le Temple de Vénus*, *Les Parfums*, *Le Jardin d'Armide*, etc., et encore *Le Village*

« Brune et blonde ».
> Cette publicité de 1910 pour la Brasserie Nationale de Saint-Etienne joue sur l'ambiguïté entre les serveuses pimpantes et leurs chopes coiffées de mousse.

Page de gauche. **Affiche de la Grande Brasserie de la Perle**, en 1890. Les serveuses de bière aguicheuses sont l'un des principaux arguments publicitaires de ce genre d'établissement.

Page de gauche. **Terrasse de la Brasserie Alsacienne à Reims**, vers 1905.

d'Albouy dont les réclames encombrent les rambuteaux ; possédant quelquefois un étage supérieur d'un usage suspect ; servie par des "roulures" qui stationnent sur la porte et clignent de l'œil au passant, la brasserie à femmes a si bien conscience de ce qu'elle est, que d'instinct elle éprouve le besoin de se clore, sinon précisément de volets fermés, au moins de vitraux rigoureusement dépolis[3]. »

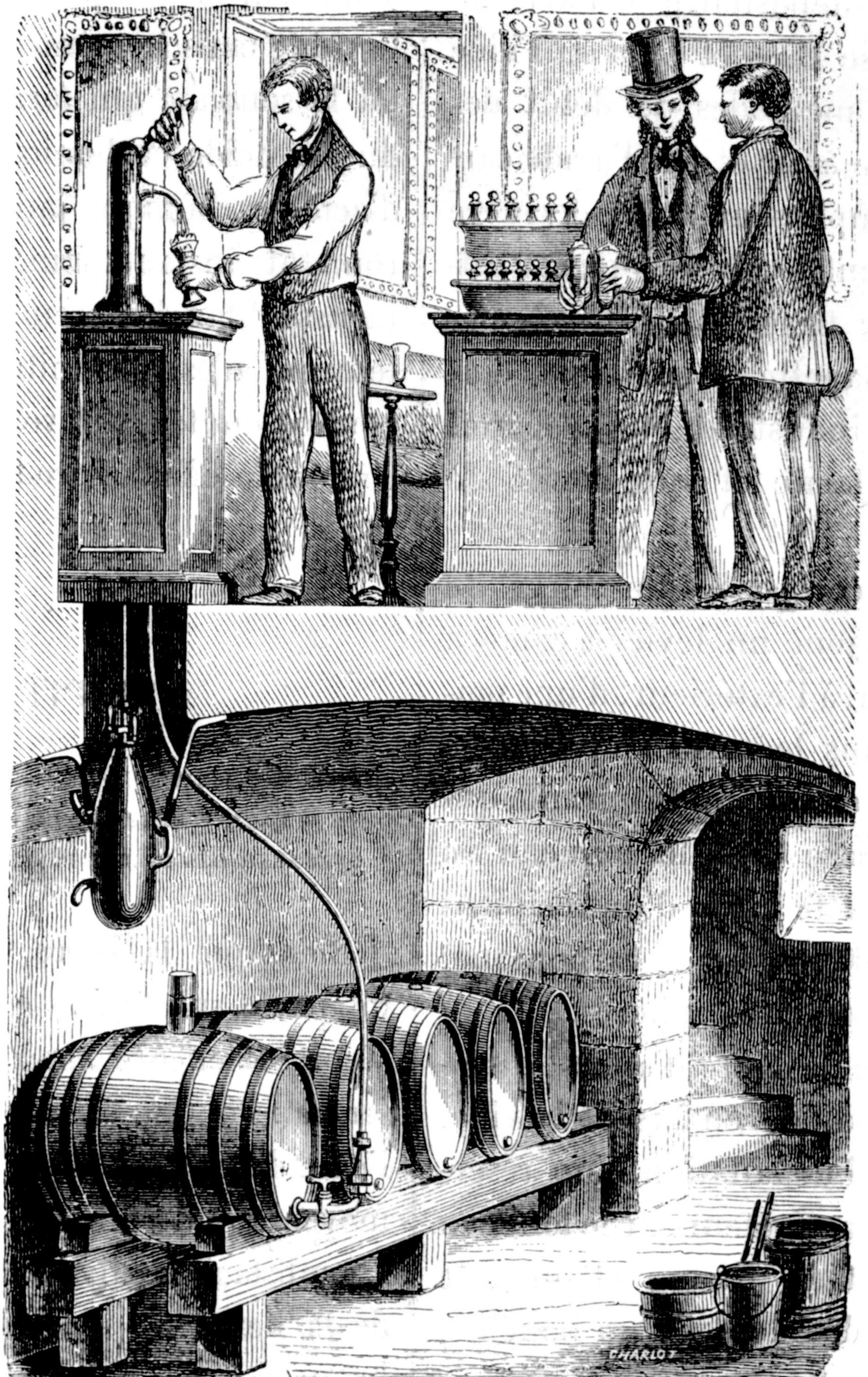
L. BOURDELIN
CHARLOT

La filière alsacienne

Parallèlement à ce mouvement d'encanaillement, quelques Alsaciens entreprenants « embourgeoisent » la formule. Inauguré en 1862, Le Zimmer vise le raffinement. Et pour cause : cette brasserie jouxte le théâtre du Châtelet et reçoit spectateurs et artistes sur trois étages élégamment décorés. L'adresse existe encore aujourd'hui, même si elle est tenue par des Aveyronnais depuis les années soixante-dix ; elle a été entièrement reliftée façon Napoléon III par le décorateur Jacques Garcia, tout en conservant son superbe plafond à fresques. La place du Châtelet accueillera en 1867 une autre brasserie, le Dreher, qui deviendra vite un rassemblement de notaires (la chambre des notaires est en face), de magistrats et d'avocats.

Bofinger.
Entre panneaux de marqueterie et coupole à motifs floraux, ferronneries et miroirs biseautés, cette brasserie parisienne est un modèle du genre.

Page de gauche. Pompe à bière.
La maîtrise des techniques du froid et les travaux de Pasteur sur la fermentation améliorent la qualité de la bière. Bofinger fut la première brasserie parisienne à être équipée d'une pompe à bière.

Quelques années plus tôt, en 1864, Bofinger avait ouvert ses portes près de l'ancienne gare de la Bastille. Ce nom évoque encore aujourd'hui élégance et tradition alsacienne, pour qui vient déguster une choucroute fumante et une bière tirée dans les règles de l'art, entre panneaux de marqueterie de l'ébéniste

Panzani et coupole à motifs floraux, rampes d'escalier en ferronnerie et miroirs biseautés. Si cet antre fut agrandi et rénové au fil des années, on le doit à l'origine à Frédéric Bofinger, qui avait de la suite dans les idées. Cet Alsacien qui fit goûter le kugelhof aux Parisiens est aussi le pionnier de la « pression ». Il fut en effet le premier à servir, dans un restaurant, des demis grâce à une pompe à bière qui remplit délicatement les verres d'une boisson fraîche coiffée d'un col de mousse. Aujourd'hui, l'instrument fonctionne encore et appartient (avec le reste de la brasserie !) au groupe Flo.

Une révolution scientifique de plus grande ampleur s'apprête à accélérer le mouvement. Au début des années 1870, le biologiste Louis Pasteur étudie la fermentation de la bière et parvient à mettre au point le fameux procédé de la « pasteurisation », qui permet de produire une boisson stable, de qualité et de goût constants, qu'il est possible de stocker et de transporter dans les meilleures conditions. Dans un contexte de forte tension franco-allemande, cette découverte n'est pas dénuée de patriotisme économique. Jusqu'alors dominé par les bières allemandes et autrichiennes, « poisons » auxquels on prête tous les vices, le marché encourage désormais la bière française, obtenue à partir d'une levure artificielle expérimentale. Après Sedan, les Alsaciens se mettent à fabriquer la bière nouvelle formule et sont nombreux à fuir leur région occupée. Dès lors, les brasseries alsaciennes, dévolues à la cuisine de terroir et à la « bière de la revanche », vont se multiplier à Paris et en province.

En 1880, l'Alsacien Léonard Lipp s'installe avec sa femme Élise dans un petit bistrot d'une dizaine de tables, au 151, boulevard Saint-Germain. L'enseigne – Brasserie des bords de Rhin – est éloquente et la carte propose choucroute, bretzels, vins et bières d'Alsace. Élèves des Beaux-Arts, acteurs et écrivains ne tarderont pas à assiéger le lieu. C'est à deux autres Alsaciens exilés après l'annexion par les Allemands que l'on doit Flo,

GRANDE BRASSERIE
F. BOFINGER
5, rue de la Bastille, 5

BIÈRE BRUNE & BLONDE
DE H. HENNINGER A ERLANGEN (BAVIÈRE)

GRANDES MÉDAILLES D'OR à toutes les EXPOSITIONS SPECIALES

IL FAUT LE VOIR POUR LE CROIRE !…

Le Génie de la Bastille ne pouvant résister au désir de venir boire un Bock de la FAMEUSE BIÈRE d'Erlangen, à la Brasserie F. Bofinger, 5, rue de la Bastille, lâche sa COLONNE et sa BOULE ; son gardien en perd la sienne !… qu'on se le dise !…

Publicité pour la Grande Brasserie Bofinger, 1883.
Le génie de la Bastille vient trinquer avec M. Bofinger.

Page de gauche. La Brasserie Lipp.
Elle fut fondée en 1880 par Léonard et Élise Lipp, un couple d'Alsaciens, à deux pas de l'église Saint-Germain.

l'une des plus prestigieuses brasseries de Paris. En 1886, un certain Jean Voitenleitner ouvre un dépôt de bière dans la cour des Petites-Écuries ; il deviendra la brasserie Hans en 1901. Il cède son établissement à un certain Floderer en 1909. Puis la Première Guerre mondiale survient, avec ses manifestations de germanophobie. Comme celle d'autres boutiques au nom à consonance germanique, la vitrine de la brasserie Hans vole en éclats ; l'intérieur est saccagé. Floderer la reconstruit et prend soin de l'appeler par le diminutif de son nom : Flo. C'est le décor de cette époque – lambris sombres, vitraux colorés, plafonds à caissons, mobilier massif, pompes rutilantes et fresques figurant des maisons coiffées de nids de cigognes – que l'on peut encore contempler aujourd'hui. En 1968, pendant les événements de mai, le restaurant est cédé à Jean-Paul Bucher, un jeune homme originaire de Molsheim qui a déjà fait de nombreuses maisons comme Lucas-Carton ou Maxim's. Il n'en est qu'au début de son aventure, qui le poussera à collectionner les brasseries parisiennes : Terminus Nord (1972), Julien (1975), Vaudeville (1979), Le Bœuf sur le toit (1985), La Coupole (1987), Bofinger (1996)…

Deux autres reliques célèbres de cette tradition alsacienne méritent d'être signalées. Tout d'abord, le Terminus Nord. Cette brasserie n'était qu'un modeste café inauguré en face

Terminus Nord.
Cette brasserie face à la gare du Nord date de 1870 et accueillait Alsaciens et Lorrains fuyant la « prussification ».

Page de gauche. **Intérieur d'une brasserie.**
Bois gravé de Masereel, 1925.

de la gare du Nord, quand celle-ci fut achevée en 1863. En 1870, Alsaciens et Lorrains fuyant la « prussification » de leur province y trouvent refuge. L'un d'eux racheta le café, pour le transformer peu à peu en brasserie. Si, contrairement à ce que l'on croit, le décor ne fut pas réalisé par l'architecte Jacques Hittorff, responsable de l'aménagement de la gare du Nord (et pour cause : il est mort en en 1867…), il n'en reste pas moins imposant. Ses banquettes de cuir capitonnées, ses vitraux floraux, ses fresques à la gloire de l'automobile et de la danse signées Nifontoff, et ses appliques années trente s'y font écho dans un subtil mélange d'Art nouveau et d'Art déco. Aujourd'hui, l'endroit n'a rien perdu de son animation, ralliant à la fois les gens de théâtre (c'est l'une des annexes du cours Florent voisin), les élus du Nord de la France (Pierre Mauroy ou Martine Aubry) et les médecins de l'hôpital Lariboisière. À noter aussi : Claude Sautet y tourna quelques scènes de son film *Garçon !*

L'autre ambassade alsacienne qui a traversé les âges est Chez Jenny, à un jet de pierre de la place de la République. C'est un certain Robert Jenny qui fonda l'endroit à la suite de l'Exposition coloniale de 1930 où il tenait un kiosque de produits de son terroir (choucroute, saucisse, bière…). Fort de son succès, ce Strasbourgeois voulut ouvrir une brasserie et trouva un emplacement au 39, boulevard du Temple, où l'ancien bal Victor, puis des restaurants russe et belge s'étaient succédé. En 1932, Chez Jenny ouvre ses portes. Le clou de cette brasserie aux allures de winstub alsacienne, ce sont les panneaux en marqueterie de Charles Spindler représentant des scènes folkloriques dans un mélange d'essences de bois diverses (loupe de Birmanie, thuya du Maroc, érable du Canada, bouleau de Finlande…). En 1934, Jean-Baptiste Fleck, de Colmar, remplace Robert Jenny, agrandit l'endroit et fait sculpter en bois, au pied de l'escalier, une statue représentant une Alsacienne en costume traditionnel brandissant une grappe de raisin. Touristes et journalistes de *Libération* viennent toujours y consommer de belles choucroutes fumantes.

La vitrine de l'Art nouveau

Jadis méprisée, populaire, souvent mal famée, associée à une boisson à laquelle on attribuait tous les vices, la brasserie prend définitivement sa revanche quelques décennies plus tard. Au point de devenir non seulement le haut lieu d'un certain art de vivre mais aussi la vitrine privilégiée des arts décoratifs où de grands noms rivaliseront.

L'une des premières brasseries à mettre l'accent sur la magnificence de son cadre fut paradoxalement l'œuvre d'un Savoyard, Louis Mollard. Depuis 1867, ce limonadier possède un café dans un quartier Saint-Lazare en pleine mutation.

La gare draine de nombreux voyageurs de banlieue, les grands magasins font le plein et le trafic d'omnibus est à son comble. En 1895, Mollard agrandit son établissement pour le transformer en brasserie. La revue *Gil Blas* s'en fait l'écho à l'époque : « Au début, les brasseries n'étaient ni plus ni moins que les vieux cafés de jadis, de grandes salles assez obscures, sans air, sans gaieté. Mais bientôt, Paris, humilié de ne pouvoir comparer ses établissements publics à ceux de la province, opère un mouvement de transformation. C'est alors que sont édifiées quelques tavernes Renaissance, copies parfois intéressantes de ce que l'on voit depuis longtemps en Allemagne. Ces brasseries d'aspect germanique se multiplient à tel point que le public demande vite autre chose. Et les architectes s'ingénient à trouver des formules nouvelles, originales, et surtout bien parisiennes. C'est à ce but que l'un d'eux, Édouard Niermans, consacre ses efforts, couronnés d'ailleurs d'un plein succès. » Cet architecte d'origine hollandaise, qui avait conçu à la même époque le décor de la taverne Pousset, est l'un des premiers à appliquer l'esthétique Art nouveau. Classé au titre des monuments historiques en 1988, ce décor est un enchantement, depuis le plafond orné de mosaïques rehaussées d'or figurant des motifs empruntés à la faune et la flore, à la céramique décorée des sols, en passant par le marbre des colonnes, la faïence de Sarreguemines des panneaux, le teck sculpté du comptoir – sans oublier le granit d'Écosse et les émaux transparents de la façade ! Les clients qui viennent y manger des fruits de mer sont encore aujourd'hui émerveillés.

Le style Art nouveau fait fureur en 1900. Il s'inspire de la nature, à grands renforts de formes stylisées et d'arabesques (qui lui vaudront le surnom péjoratif d'« art nouille »)

Chapitre 9

L'intérieur de chez Maxim's est un écrin Art nouveau de style flamboyant, tout en arabesques d'acajou et de cuivre.

Page de droite. Le bar Art nouveau de Chez Maxim's.

évoquant l'univers végétal. Un large éventail de matériaux et de techniques artisanales appuie cette esthétique : bois précieux (sculpté ou ciré), céramique, marbre, faïences, vitraux, pâte de verre, peinture sur émail, mosaïque… Si l'Art nouveau devait avoir un conservatoire parisien, ce serait sans doute Chez Julien. C'est un bouillon populaire baptisé Gandon-Fournier (le nom de Julien date de 1924) depuis les années 1860 mais en 1902, le propriétaire de l'immeuble, l'architecte Édouard Fournier, réaménage l'établissement en faisant appel aux meilleurs artistes et artisans de l'époque. Le résultat n'a rien à envier aux plus beaux restaurants des grands boulevards. Tout en boiseries sombres et lignes sinueuses, la devanture n'est qu'un avant-goût de cette splendeur, aujourd'hui perdue au milieu des échoppes exotiques de « Little India ». Passé la porte, une grande harmonie se dégage. Ce sont sûrement les quatre panneaux répartis de part et d'autre de la salle qui donnent cette impression. Ils représentent quatre jeunes femmes incarnant les saisons. Inspirées de l'art du peintre tchèque Mucha, ces compositions furent réalisées par Louis Trézel avec les techniques des émaux colorés sur pâte de verre, sertis de cabochons et de perles. Ces œuvres, ainsi que les miroirs, sont encadrées de majestueuses moulures de staff. Le sol, remarquable de finesse, dessine un véritable champ aux motifs végétaux. Quant au comptoir en acajou de Cuba, tout en courbes sensuelles, recouvert d'un tablier d'étain, il fut dessiné par le célèbre décorateur ébéniste Louis Majorelle, membre de l'école de Nancy. Aujourd'hui, l'endroit est classé au titre des monuments historiques.

Citons également La Fermette Marbœuf. Lorsque Jean Laurent rachète cette gargote installée depuis 1950 au 5, rue Marbœuf, il n'est pas au bout de ses surprises. En entamant les travaux, il découvre, sous des cloisons rustiques, un magnifique décor de colonnes en fonte, de panneaux de céramique ou vitrés ornés de tournesols et d'iris stylisés. Ce joyau était en fait le jardin d'hiver de l'ancien hôtel Langham, réalisé en 1898 par l'architecte Émile Hurtré et le peintre Jules Wielharski dans le plus pur style Art nouveau.

Nous ne pouvons faire l'impasse sur Maxim's, redécoré au début du XXe siècle par l'architecte Louis Marnez. Son interprétation de l'Art nouveau est pour le moins flamboyante, tant les circonvolutions de ses boiseries d'acajou, de ses éléments en cuivre et de ses miroirs sont audacieuses. À côté de ces excentricités, dont quelques mauvaises langues affirment qu'elles donnent le tournis, l'Art nouveau tel qu'il fut pratiqué chez le voisin Lucas-Carton passerait presque pour rigoriste ! Autre show-room de l'époque dédié à cet art (et également fleuron du groupe Flo), mais en province cette fois : l'Excelsior à Nancy. La capitale lorraine, berceau de l'Art nouveau français, où œuvrèrent de grands artistes comme Gallé, Daum, Majorelle et Lalique, se devait de posséder une vitrine populaire. C'est chose faite le dimanche 26 février 1911, quand un quatuor composé d'un brasseur, d'un hôtelier et de deux architectes inaugure une brasserie au rez-de-chaussée de l'Hôtel d'Angleterre. L'endroit est vaste : une salle de 25 mètres sur 12, avec 15 mètres de hauteur sous plafond, divisée en cinq travées.

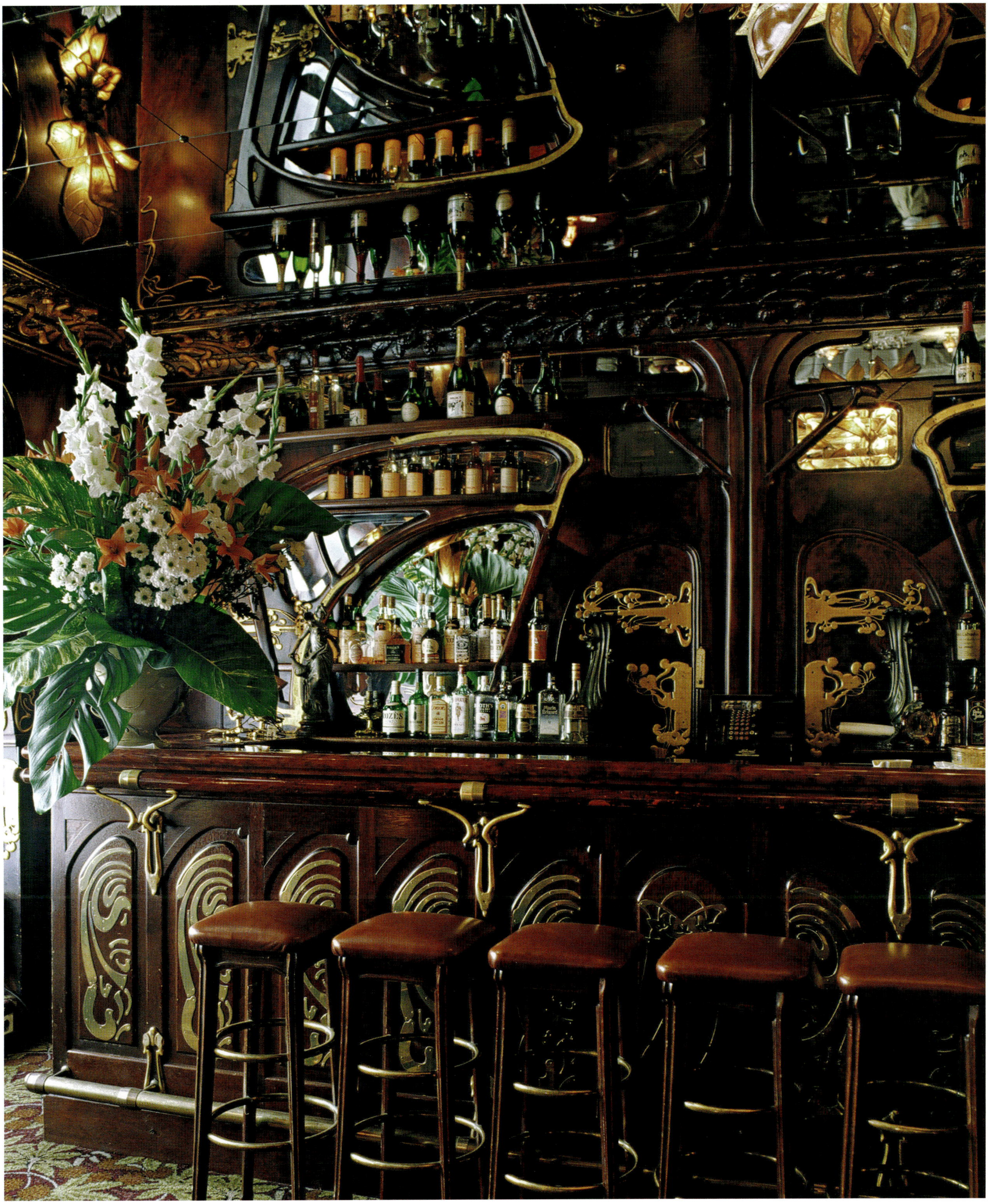

Chapitre 9

Le Bœuf sur le toit.
L'expression « faire un bœuf » viendrait de cette brasserie qui a connu plusieurs déménagements et autant de générations d'artistes, d'André Gide à Maurice Chevalier et de Picasso à Jean Cocteau.

Page de droite. **Le Vaudeville.**
Il déploie ses atours Art déco face au Palais Brogniart à Paris.

Les meilleurs artistes de l'école de Nancy œuvrent chacun dans son domaine. Jacques Grüber réalise les verrières présentant fougères, pin et ginkgo biloba traités dans des tonalités sépia. Auguste et Antonin Daum créent les trois cents becs lumineux, lustres et appliques en cuivre ciselé et pâte de verre. Quant à Louis Majorelle, il signe les meubles en acajou de Cuba (comme le comptoir de Chez Julien) qui épousent les lignes onduleuses des moulures en staff. En 1928, la maison opère quelques ajouts, dont l'escalier résolument Art déco du ferronnier d'art Victor Prouvé. Cette brasserie reste l'un des points de ralliement du Tout-Nancy. Les jazz bands qui s'y sont produits sont d'ailleurs à l'origine de la création du festival de jazz de Nancy.

La vitrine de l'Art déco

En 1925, l'Exposition internationale des arts décoratifs et industriels moderne enterre définitivement l'Art nouveau. Par réaction, on plaide désormais pour un style sobre et dépouillé, fondé sur la ligne droite, la forme géométrique et la surface plane. C'est la naissance de l'Art déco, qui se décline dans le design de meubles et d'objets du quotidien, mais aussi dans la décoration intérieure. Certaines brasseries en sont des témoignages intacts et toujours vivants.

Commençons par Le Vaudeville, qui déploie ses placages de marbre multicolores, ses vitres gravées, ses boiseries stylisées et ses appliques géométriques gainées de cuivre face au Palais Brogniart. Avant de devenir brasserie, l'endroit fut un café ouvert en 1827, qui empruntera quelques années plus tard son nom au théâtre installé en 1838 place de la Bourse, avant d'en être délogé en 1868 par le percement de la rue du Quatre-Septembre. Le Vaudeville n'en resta pas moins fidèle à sa tradition théâtrale, recevant, au faîte de sa gloire, Louis de Funès, Alice Sapritch et Jacques Villeret qui en firent leur cantine. Aujourd'hui, ce sont les journalistes de l'AFP voisine, les boursiers et les Parisiens en quête d'un copieux plateau de fruits de mer qui foulent sa mosaïque aux teintes bleutées. Il faut ajouter à ce noyau dur les membres du jury du prix littéraire du Vaudeville (François Armenet, Guillaume Durand, Marc Lambron) qui se rassemble chaque année depuis 2004.

Citons aussi le Balzar, brasserie fétiche des Sorbonnards sise rue des Écoles, fondée en 1931, habillée d'un style Art déco moderniste tout en globes d'opaline, boiseries et moleskine sombre conçu par l'architecte Louis Madeline ; elle fut fréquentée par Roland Barthes, Jacques Lacan, Jean-Paul Sartre, Simone de Beauvoir ou Pierre Boulez. Mais aussi Le Bœuf sur le toit, dont le nom fait référence à un ballet-pantomime créé le 21 février 1920 à la Comédie des Champs-Élysées par la troupe des Fratellini. Un monument des Années folles auquel collaborèrent Darius Milhaud, Jean Cocteau et Raoul Dufy. Gide, Satie, Fargue, Léger, Tzara, Radiguet et bien d'autres applaudissent et se retrouvent après le spectacle au Gaya, un bar de la rue Duphot appartenant à Jean Myosès, où Jean Wiener joue au piano des airs à la mode. Lorsque le patron déménage rue Boissy-d'Anglas, il adopte logiquement l'enseigne du Bœuf sur le toit. L'ambiance redouble d'intensité : Picasso, Mauriac, Maurice Chevalier, Joseph Kessel sont de la partie et le jazz s'en donne à cœur joie, au point que l'expression « faire un bœuf » restera… Puis la brasserie connut une succession vertigineuse de déménagements : rue de Penthièvre, avenue Pierre-Ier-de-Serbie puis rue du Colisée. Mais la magie n'opère plus. Jean-Paul Bucher, président-directeur général du groupe Flo, a bien tenté de lui offrir une nouvelle vie quand il l'a rachetée en 1985. Mais le décor Art déco un peu poussif et la sculpture de Jean Marais en hommage à Cocteau ne parviennent que timidement à réveiller la tradition d'antan.

L'histoire de la brasserie parisienne ne serait pas complète sans la contribution récente des frères Costes, Aveyronnais partis de rien et devenus en un quart de siècle les rois du zinc. Depuis le milieu des années quatre-vingt, Gilbert et Jean-Louis Costes ont créé une dizaine de « néo-brasseries » (sans compter tous les bistros dans lesquels ils ont des parts), sans rechigner aux investissements architecturaux. Leur premier coup de maître, le Café Costes, remonte à 1984 : Jean-Louis rachète un immeuble place des Innocents, s'endette jusqu'au cou et confie le décor à un certain Philippe Starck. Gilbert renchérit avec le Café Beaubourg, dessiné par Christian de Portzamparc. Puis, il y aura le Café Marly par Olivier Gagnère, la Grande Armée par le décorateur Jacques Garcia, et bien d'autres écrins design.

1. É. Goudeau, *op. cit.*
2. *Ibid.*
3. *Ibid.*

La Brasserie Lipp

« La Brasserie Lipp, ce n'est pas de la petite bière, croyez-moi. Pour fabriquer de la bière, il suffit de houblon, d'orge et d'un quelconque tour de main. Pour faire La Brasserie Lipp, il faut non seulement un brasseur qui sache brasser des personnalités, mais plus d'un demi-siècle de tradition. »

Georges Elgozy, Livre d'Or

Le petit Roger Cazes, visitant la brasserie que ses parents viennent d'acquérir, s'exclame en patois auvergnat : « C'est une belle maison ! » Nous sommes en 1920 et son père, Marcellin Cazes, vient d'acheter cet établissement de dix couverts fondé en 1880 par Léonard et Élise Lipp, 151, boulevard Saint-Germain. Par patriotisme et nostalgie, ce couple alsacien l'avait baptisé Brasserie des bords du Rhin. Pendant la Première Guerre mondiale, l'établissement prit le nom de ses fondateurs : Lipp est facile à retenir et se prononce dans toutes les langues. Avec Marcellin Cazes puis son fils Roger, la brasserie inaugure un nouveau cycle, plus prestigieux, qui fera sa réputation. D'autant qu'en 1914, un propriétaire de transition a installé un décor de céramiques des frères Fargue, qui fit dire à l'un de leurs petits-fils, Léon-Paul, fidèle pratique de la brasserie : « Aujourd'hui quand je m'assieds devant ces panneaux que je considère chaque fois avec tendresse et mélancolie, je me pense revenu à ces jours anciens où je ne connaissais personne à la brasserie[1]. » En 1924, l'établissement est agrandi par la cour, le nombre de ses tables multiplié par neuf, et le décor de céramique complété de nouveaux panneaux de mosaïque, de peintures aux plafonds, de lustres et de miroirs. D'aucuns prétendent que ces glaces, judicieusement inclinées, permettaient de voir et d'être vu tout à loisir. C'est alors que la brasserie prend la tonalité Art déco et chaleureuse qu'elle possède encore. « La famille avait bâti sa cathédrale. Lipp, désormais fixé dans son décor, n'allait plus bouger de longtemps[2]. »

Depuis les origines, cette brasserie a su se distinguer. À commencer par le personnel : le premier bail signé en 1880 en faveur de la famille Lipp stipulait que " le service y serait exclusivement assuré par des hommes ", sous peine de résiliation. La gent féminine est préposée à la caisse, à l'étagère (buffet de hors-d'œuvre), et surtout au vestiaire et au service des cigares. Marcellin Cazes a également imposé des règles de bienséance draconiennes – interdiction de retirer sa veste, de fumer la pipe, obligation de couper son millefeuille par la tranche –, règles reprises et complétées par son fils Roger et toujours en vigueur. Bill Clinton s'est heurté à une prohibition d'un genre particulier : boire du Coca-Cola. Il a dû boire du vin comme les autres, et renoncer au soda qu'il avait commandé. Certaines de ces règles, pour que nul n'en ignore, sont placardées dans les salles du restaurant : « AVIS. L'odeur de certains tabacs parfumés incommodant la plupart de nos clients, amateurs de pipe (en rouge), ayez la courtoisie de renoncer à les fumer » ; « AVIS : par mesure d'hygiène, messieurs les clients sont priés de ne pas faire manger les chiens dans le matériel de la maison ». Et Roger n'en reste pas là qui, tel saint-Pierre, attribue à sa clientèle les tables du paradis (en bas) ou de l'enfer (en haut) selon des critères très personnels. Il lui arrive même de décourager volontairement certains clients en leur imposant, en guise de purgatoire sans doute, et même si des tables sont disponibles, une attente d'une heure et demie. Ainsi testés, les plus obstinés et les plus gracieux finiront par obtenir une table. Pour autant Roger n'est pas un triste. Il accepte un chahut bon enfant, quitte à le tempérer avec sa cloche légendaire et à déplorer devant la journaliste Christine Clerc que « les jeunes ne savent plus s'amuser comme autrefois[3] ». Mais quelle est cette clientèle qui résiste à pareil traitement ? En passant de dix à quatre-vingt-dix tables, Marcellin Cazes en a clairement fixé les contours : « À midi, des hommes d'affaires, des commerçants du quartier qui veulent déjeuner dans un endroit calme et sérieux ; de 5 heures à 8 heures, des écrivains, libraires, éditeurs, magistrats et artistes qui se réunissent pour bavarder ou se délasser de leurs travaux devant des demis ou des apéritifs ; et, le soir, le Tout-Paris. » Quelques noms ? Léon Blum, François Mitterrand, Antoine Pinay, Louis Jouvet, Michèle Morgan… En accueillant les membres de la NRF, le personnel de Gallimard et des maisons d'édition qui foisonnent dans le quartier, la brasserie s'est rapidement taillé une réputation de « café littéraire ». Les auteurs qui l'ont fréquentée ne sont pas des moindres : Verlaine, Hemingway, Saint-Exupéry, André Malraux… À telle enseigne que Marcellin Cazes accepta en

La Brasserie Lipp, sur le boulevard Saint-Germain, à l'époque où on l'appelait encore la Brasserie des Bords de Rhin.

1935 de créer un prix littéraire à son nom. Le prix Cazes serait attribué chaque année à de jeunes écrivains (moins de 40 ans) n'ayant jamais été primés. On relève, parmi les noms des lauréats, ceux de François de Closets (1974), Olivier Todd (1981), Gérard de Cortanze (2002) et, pour 2006, Emmanuelle Loyer pour son roman *Paris à New York*. La mémoire oblige à mentionner l'incendie qui embrasa le gâteau d'anniversaire de la

Enseigne actuelle de la Brasserie Lipp.

Page de droite. Bernard Pivot à la Brasserie Lipp, dont le gâteau d'anniversaire pour la deux centième de l'émission « Apostrophes » s'embrasa au grand dam des serveurs.

deux centième de l'émission littéraire télévisée « Apostrophes », au grand dam des serveurs et de son présentateur Bernard Pivot. Enfin, une proximité géographique a fait de Lipp « une sorte de succursale de l'Assemblée Nationale ». Jean Diwo note plaisamment que sous la IVe République « les gouvernements se faisaient chez Lipp et se défaisaient à l'Assemblée Nationale ». La Ve République retiendra que François Mitterrand dînait sous la rotonde lorsque Roger Cazes lui annonça un coup de téléphone de l'ambassadeur de Suisse : le président Pompidou venait de mourir. François Mitterrand en resta là de son dîner. Et c'est en sortant de chez Lipp que Ben Barka fut enlevé… Tout le personnel politique se retrouvait aisément chez Cazes. Grâce à un art consommé du plan de table et à sa bienveillante neutralité, aucun incident politique n'a jamais été à déplorer dans sa salle à manger où, pourtant, se côtoyaient les extrêmes. On se souviendra même d'un voisinage paisible entre Léon Daudet et Maurice Thorez. Depuis bientôt cent vingt-six ans, la brasserie Lipp « alimente » la chronique. Il n'est que de consulter le *Cahier des personnalités et vedettes* tenu depuis 1955. Il n'est pas surprenant qu'elle ait été classée « lieu de mémoire » par le ministère de la Culture. Ce restaurant très en cour ne serait rien sans un service parfait et sa table. En parodiant La Fontaine, on pourrait parler ici de franche et savoureuse « lippée ». « La bonne cuisine c'est celle que l'on peut manger tous les jours, a déclaré Roger Cazes, c'est une cuisine simple avec de bons produits. D'ailleurs, toute la cuisine servie chez moi est légère : pas de fonds de sauce, pas de graisses en excès. La cuisine nouvelle, il y a cinquante ans qu'on la pratique chez Lipp[4]. » Claude Guittard, l'actuel directeur, ne dirait pas autre chose puisqu'il affirmait récemment au *Journal du Dimanche*[5] : « La difficulté de mon métier c'est d'être toujours à la hauteur des attentes de mes clients et d'être meilleur qu'hier. » Il n'y a jamais eu de course à l'étoile, mais le souci constant de proposer une bonne cuisine de brasserie. À la choucroute et aux saucisses de Strasbourg arrosées de bière de ses débuts, la carte a progressivement ajouté le bœuf gros sel, les fameux harengs de la Baltique, la tête de veau, la brandade, la côte de bœuf, le céleri rémoulade et la blanquette de veau à l'ancienne. Au dessert, le millefeuille passe pour être le meilleur de Paris.

1. Léon-Paul Fargue, *Le Piéton de Paris*, 1932-1939.
2. Jean Diwo, *Chez Lipp*, 1981.
3. *Le Point*, 22 novembre 1982.
4. J. Diwo, *op. cit.*
5. 22 février 2006.

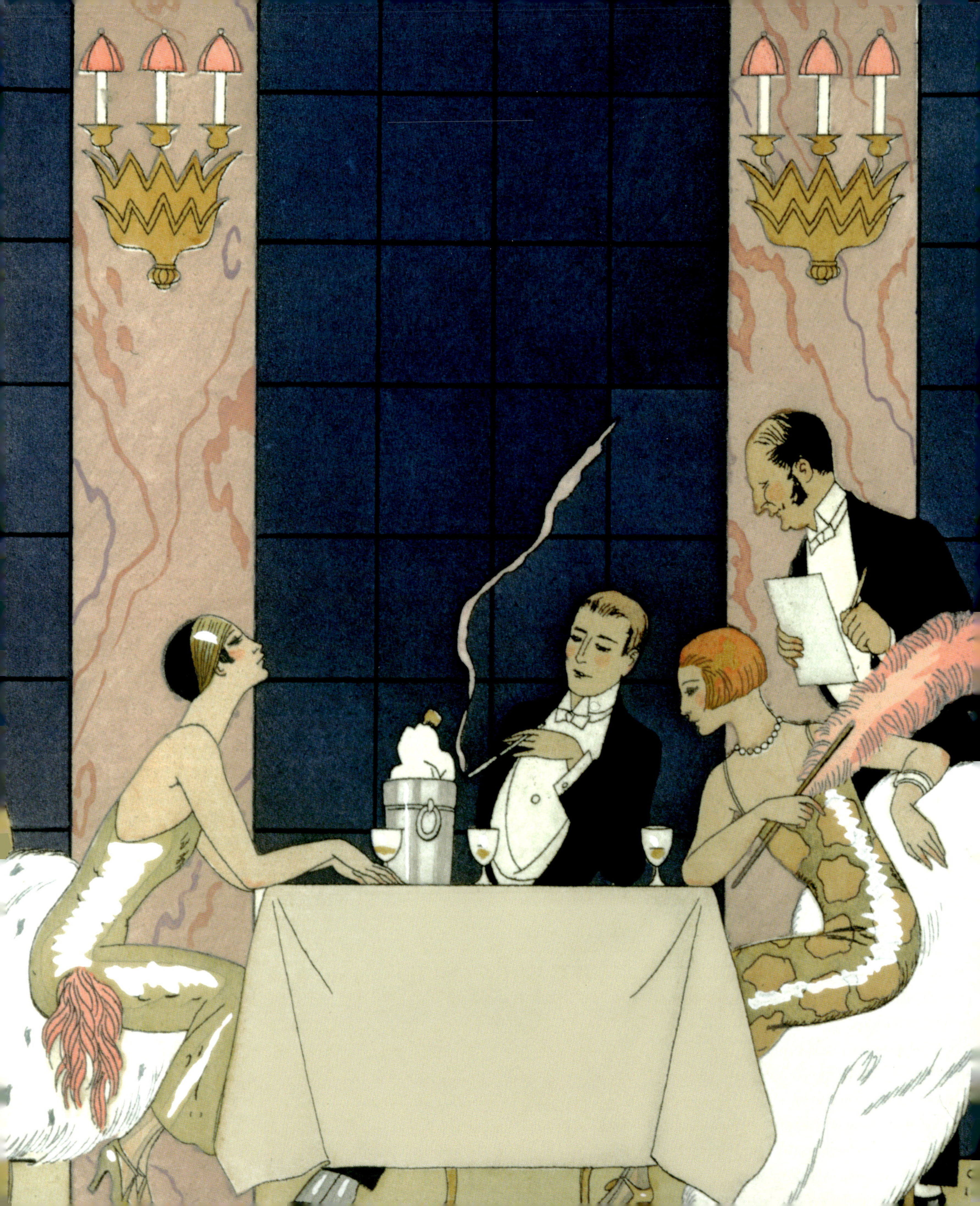

Page de gauche. **Atmosphère « Années folles ».** Dans cette scène élégante de restaurant, deux femmes et un homme attablés fument et boivent du champagne pendant que le garçon prend leur commande.

✹ *Chapitre 10*

De la Belle Époque aux années trente

« Les lois gourmandes d'il y a cent ans étaient principalement faites pour un cénacle de hauts dignitaires politiques, de magistrats, médecins, chanoines et bourgeois solidement établis. Aujourd'hui, le champ des amateurs s'est largement agrandi. »

Prosper Montagné, 1907

La France entre dans le XXe siècle le sourire aux lèvres et l'estomac dans les talons. La blessure de Sedan est cicatrisée, le « chat flanqué de rats », le civet de kangourou et les rôtis de dromadaire, servis dans les restaurants pendant le siège de Paris, ne sont plus que de cuisants souvenirs… Le pays est à présent sûr de sa supériorité dans tous les domaines, de la gastronomie à la science, de l'industrie à l'art officiel.

Paris s'exhibe en capitale du monde. Déjà, à l'occasion de l'Exposition universelle de 1889, la ville avait montré ses muscles, fière de sa tour Eiffel flambant neuve tutoyant les nuages à 324 mètres d'altitude. En 1900, la ville organise à nouveau l'Exposition universelle. La gare d'Orsay, le Petit et le Grand Palais, le pont Alexandre III sont inaugurés, une roue de 100 mètres de diamètre est montée avenue de Suffren, la première ligne de métro est mise en service.

Les habitudes et la géographie gourmandes de la capitale s'en trouvent bouleversées. Certes, la tradition d'abondance persiste : l'embonpoint ne se réduit guère sous les redingotes et l'on mange beaucoup de viande rouge, signe de richesse et de

La Grande Roue.
Installée avenue de Suffren, dans le 7ᵉ arrondissement de Paris, à l'occasion de l'Exposition universelle de 1900.

Page de gauche. **Restaurant de la tour Eiffel.**
Menu du banquet donné à l'occasion d'une réception officielle le 17 juillet 1896.

bonne santé. Mais la bonne chère se démocratise, sous l'assaut des « bouillons » et des brasseries qui se multiplient, et sous l'influence des valeurs de la IIIᵉ République qui encourage, avec force Légions d'honneur et médailles d'or, les épiciers aussi équitablement que les artistes. Auguste Escoffier et Prosper Montagné, les nouveaux docteurs de la loi culinaire, s'extasient devant la qualité des produits modernes (conserves, végétaline, endives, bananes, jambon d'York, etc.), et prennent en compte cette volonté de faire partager au plus grand nombre les bienfaits du confort et de l'hygiène. Depuis quelques années déjà, le pouls des boulevards est faible. Les plus prestigieux établissements font grise mine : Brébant est un bouillon, Tortoni, un souvenir et la Maison Dorée une improbable taverne qui ne tardera pas à devenir un bureau de poste. L'Exposition universelle va permettre l'éveil des quartiers de la Madeleine et des Champs-Élysées. Son entrée principale, place de la Concorde, est un véritable monument, surmonté d'une statue de la Parisienne signée Moreau-Vauthier, juchée sur une boule d'or, coiffée de la nef de la Ville de Paris et entourée d'ampoules électriques. Plus de 76 000 exposants rivalisent d'audace dans la conception de leurs pavillons.

RESTAURANT DE LA TOUR EIFFEL

Menu
du Banquet offert à Li-Hung-Chang

PAR

M. HANOTAUX
MINISTRE DES AFFAIRES ÉTRANGÈRES

le 17 Juillet 1896.

MELON RAFRAICHI

HORS-D'ŒUVRE
CROUSTADES DU TCHI-LI
TOMATES ET CONCOMBRES

FILETS DE SOLES TOUR EIFFEL
CÔTES D'AGNEAU AU RIZ DE CHINE
CANETONS DE ROUEN A LA TIEN-TSIN
CAILLES DE HO-FEI EN CHAUDFROID
ÉCREVISSES DU NGAN-HOEI EN BUISSON

BOMBE PARISIENNE
GAUFRETTES — PETITS GATEAUX
FROMAGES — FRUITS
CAFÉ — LIQUEURS

VINS
XÉRÈS 1884 — CHAMPAGNE ET PAUILLAC EN CARAFES
CHAMBERTIN 1876
IRROY CARTE BLANCHE FRAPPÉ

La salle du restaurant de la tour Eiffel, vers 1900.

« À la tour Eiffel », illustration par Pierre Vidal, 1893.

Page de droite. Photo d'un pavillon éphémère, installé à l'occasion de l'Exposition universelle, prise par Émile Zola depuis le restaurant de la tour Eiffel.

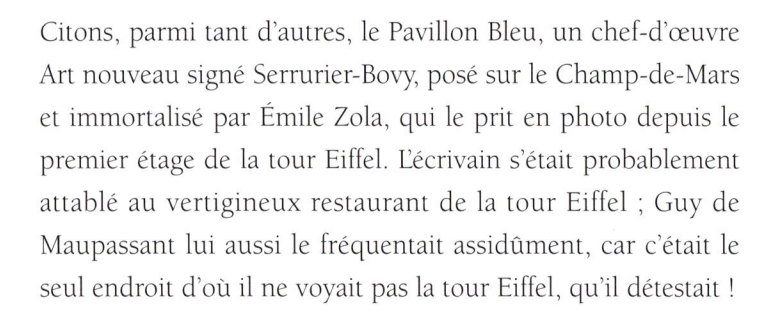

Citons, parmi tant d'autres, le Pavillon Bleu, un chef-d'œuvre Art nouveau signé Serrurier-Bovy, posé sur le Champ-de-Mars et immortalisé par Émile Zola, qui le prit en photo depuis le premier étage de la tour Eiffel. L'écrivain s'était probablement attablé au vertigineux restaurant de la tour Eiffel ; Guy de Maupassant lui aussi le fréquentait assidûment, car c'était le seul endroit d'où il ne voyait pas la tour Eiffel, qu'il détestait !

La Madeleine… de Proust !

L'église de la Madeleine a failli devenir bourse, tribunal de commerce, banque de France et théâtre mais une chose est sûre : elle est cernée depuis la fin du XIXe siècle par toutes les tentations de bouche, dont il reste aujourd'hui quelques épiceries prestigieuses et Lucas-Carton. On ne devrait d'ailleurs plus dire Lucas-Carton : en 2005, Alain Senderens a procédé à un lifting complet du lieu et en a profité pour le rebaptiser Le Senderens. Mais rassurons-nous, l'esprit Belle Époque de la salle à manger est sauf, le jeune designer Noé Duchaufour-Lawrance s'étant contenté d'insuffler au décor Art nouveau historique une sorte de « nouvel Art nouveau » tout en courbes, sensualité et matériaux high-tech.

Retour en 1902 : le propriétaire, un certain Scaliet, qui avait acheté l'établissement en 1890, décide de le remettre au goût du jour, à grand renfort de boiseries blondes sculptées de motifs végétaux, d'appliques de bronze aux tulipes lumineuses et de chaises aux formes effilées. Le restaurant fait sensation. À l'époque, il s'appelle Lucas, en hommage à l'Anglais

Robert Lucas qui avait ouvert à la même adresse, en 1732, La Taverne Anglaise. Ce n'est qu'en 1925 que Francis Carton rachète Lucas et y accole son nom : Lucas-Carton est né. Le nouveau propriétaire procède à quelques réaménagements, comme l'entrée qu'il habille d'une porte à tambour et d'une grille dans le plus pur style Art déco. Sept petits salons sont installés au premier étage ; on peut y accéder tant par le restaurant que par une entrée clandestine, de sorte que deux convives peuvent arriver séparément sans attirer l'attention des curieux. Ce stratagème est d'ailleurs moins réservé aux époux infidèles qu'aux comploteurs des partis politiques. En 1945, Francis Carton laisse les fourneaux à son gendre Gaston Richard qui aura notamment sous ses ordres Paul Bocuse et les frères Troisgros. L'assiette ne démérite pas, si l'on en juge par le « menu bien conçu avec sagesse et subtilité » que Robert Courtine y savoure : Marennes / Potage Germiny / Timbale de homard Newburg / Noisettes d'agneau Madeleine / Granité Cristal / Bécasses flambées / Fromages / Soufflé Lucas / Fruits[1]. Mais le restaurant s'endort sur ses lauriers et finit par tomber dans l'oubli. En 1984, le même Courtine écrit : « Aujourd'hui on ne peut plus servir de bécasses au restaurant mais les autres spécialités demeurent, poussiéreuses un peu, sclérosées comme la maison sombrant dans la tristesse. Il faut dire que l'on ne défait plus aussi facilement les ministères[2] ! » C'est peut-être cette lamentation nostalgique qui donne au groupe Henri Martin l'idée de racheter l'endroit en 1984, de restaurer le décor noirci par la fumée des cigares et des homards flambés, et de placer Alain Senderens en cuisine. Trois étoiles au *Guide Michelin*, doublées d'une inscription à l'Inventaire des monuments historiques, ne tardent pas à récompenser ces efforts.

Au 3, place de la Madeleine, il y a aussi Larue, du nom d'un cuisinier qui ouvrit ici son restaurant en 1886. À la veille de 1900, on y croise l'auteur dramatique Robert de Flers ou la comédienne Marthe Mellot. Larue s'éclipse en 1908, laissant la place à Édouard Nignon, arrivant tout droit de l'Ermitage, à Moscou, où il servait la famille impériale. Celui que de nombreux chroniqueurs tiennent pour le plus grand cuisinier de son époque raconte dans ses *Éloges de la Cuisine française* : « Ayant pris la succession en 1908, au mois de novembre, la plus haute clientèle parisienne m'honora bien vite de sa confiance. Privilège exceptionnel, joie inexprimable de ma carrière ; je retrouvais à mes tables la plupart des gourmets éminents et des illustres personnalités mondiales que j'avais autrefois dans les grandes maisons disparues… » Toute la

Menu du restaurant Larue.
L'un des rendez-vous phares du quartier de la Madeleine à Paris.

Page de droite. **« Un coin de table au restaurant ».**
Peinture de Paul Chabas évoquant un élégant dîner parisien au temps de la Belle Époque.

IIIe République y défile, de Freycinet à Grévy, de Clemenceau à Briand. Proust est l'un de ses clients les plus fidèles, même s'il n'a jamais évoqué le restaurant dans son œuvre. Céleste Albaret, dans son *Monsieur Proust*, n'en rapporte pas moins qu'un soir Jean Cocteau, l'apercevant dans la salle, sauta et courut de table en table en criant : « C'est Marcel ! C'est Marcel ! » Proust fut couvert de honte.

De l'autre côté de la rue Royale, juste en face de Larue, se trouve le café Durand, lieu historique s'il en fut. En 1848, les députés de l'opposition s'y réunissaient. La barricade défendant l'accès des grands boulevards étant toute proche, le restaurant fut criblé de balles et une pendule percée fut longtemps conservée en souvenir, sur la cheminée de l'une des salles à manger. C'est aussi sur une table de cet établissement qu'Émile Zola écrivit son « J'accuse ». Le 13 janvier 1898, son texte en faveur de Dreyfus fut publié dans *L'Aurore*.

Dans les parages, deux autres adresses, Maxim's et Weber, sont particulièrement courues à la Belle Époque. Ces établissements sont tous deux situés rue Royale et ils illustrent à leur manière une certaine fascination pour l'Angleterre : le premier par son nom – Maxime Gaillard, qui baptisa, avec un certain snobisme, son restaurant Maxim's, sera imité par Louis Fouquet et son Fouquet's sur les Champs-Élysées –, le second par son répertoire culinaire. Comme Lucas jadis, Weber était anglais. Et Charles Thiéblemont, qui lui succéda, servait du jambon d'York, du bœuf mode en gelée, du *welsh-rabbit*, des saucisses de Cambridge grillées, des os de côte de bœuf passés au gril et servis avec des chips et, *last but not least*, les premières assiettes anglaises ! Si Maxim's attire la plus belle clientèle, Weber n'est guère en reste : Aurélien Scholl, Léon Daudet, Paul Déroulède et toujours Marcel Proust, décidément abonné au quartier. George Painter, dans son *Marcel Proust*, raconte la rencontre manquée entre l'écrivain et Debussy. Alors qu'ils se croisèrent chez Weber, le premier invita le second à dîner, lequel refusa : « Moi, vous savez, je suis un ours, j'aime mieux vous revoir au café, ne m'en veuillez pas, cher Monsieur, c'est de naissance ! »

N'oublions pas, dans le quartier de la Madeleine, la fameuse maison Prunier. Alfred Prunier ouvrit rue Duphot, en 1872, un restaurant de poche dédié à la dégustation d'huîtres. La légende raconte que, quelques années plus tard, un Américain de passage apprend au restaurateur l'art de la soupe aux huîtres et des huîtres chaudes. C'est une révélation qui incite la maison à se lancer dans les recettes d'outre-Atlantique, parmi lesquelles le maïs grillé et les cocktails de fruits. Mais les spécialités iodées tiennent le haut du pavé, des huîtres blue point aux clams de Long Island, du filet de bœuf aux huîtres au homard à la Newburg. C'est aussi la maison Prunier qui fait goûter le caviar au beau monde de la Belle Époque. En ce temps-là, il ne vient que de Russie. La révolution de 1917 interrompt ce marché. Un an plus tard, Émile Prunier, le fils d'Alfred, est pionnier dans la production de caviar en Aquitaine, en installant un réfugié russe à Saint-Seurin-d'Uzet, sur la Gironde. Proust cite Prunier dans *La Prisonnière*. Plus tard, Hemingway y viendra en habitué, parfois accompagné de Fitzgerald, se régaler d'huîtres et de crabe à la mexicaine, arrosés de sancerre. En 1992, Jean-Claude Goumard sauvera

Chapitre 10

Le restaurant Ledoyen,
flanqué de sa verrière Belle Époque, carte postale colorisée de 1910.

Page de droite, en haut. **L'ambiance est à son comble chez Ledoyen,** dans cette peinture de Hugo Birger vers 1885.

Page de droite, en bas. **Ancien menu du restaurant Ledoyen,** 12 septembre 1903.

Prunier, qu'il rebaptisera Goumard-Prunier, puis Goumard. Une succursale Prunier a toutefois subsisté avenue Victor-Hugo à Paris, grâce à Simone, la fille d'Émile Prunier, qui en fit l'un des plus beaux restaurants Art déco de la capitale.

Les Champs-Élysées

Sur les Champs-Élysées, le restaurant Ledoyen est placé au seuil de l'Exposition universelle. Le gaz fait son apparition en cuisine et tout le gotha diplomatique défile dans ses salons pour débattre des frontières de la nouvelle Europe. Les pactes s'élaborent et se décomposent au gré des dîners. On voit les princes des Balkans, émancipés de la tutelle turque, s'acoquiner avec les actrices et les meneuses de revue. Mais c'est aussi à cette époque que le décor néoclassique, que Jacques Ignace Hittorff avait conçu en 1848, dans le cadre de l'aménagement des Champs-Élysées, est sacrifié au profit d'un projet moderniste jugé outrancier. On met en vente, par voie de presse, les splendides mosaïques, les glaces et les beaux fers forgés du hall vitré ; on les remplace par du béton, du ciment armé, du staff et du carrelage. Cela n'empêchera pas Gide et Copeau de dîner ici le 13 août 1906, pour fonder la Nouvelle Revue Française, qui marque le renouveau de la littérature. Il est difficile d'imaginer que pendant le Second Empire ce restaurant cossu était le rendez-vous des duellistes. C'est en effet ici qu'ils s'arrêtaient après avoir brûlé quelques cartouches au bois de Boulogne ou à Neuilly. Le rituel était si bien établi que le chef cuisinier de l'époque avait pris l'habitude de guetter sur la chaussée l'arrivée des fiacres. À chaque passage, il accourait en cuisine en s'écriant : « Plumons les canards ; ces combattants seront nos convives ; toutes les casseroles sur le feu ! » Il paraît même qu'Alexandre Dumas y a déjeuné après son dernier duel. Et quel duel ! Il s'y est bu six bouteilles de champagne !

En 1898, Ledoyen est concurrencé par un autre pavillon, édifié de l'autre côté de l'avenue. Le propriétaire est un certain Paillard, qui possède déjà l'un des plus grands restaurants des boulevards et qui entend installer une annexe à proximité de l'emplacement de la future Exposition universelle. Le nouvel établissement, une sorte de bonbonnière que l'architecte Ballu

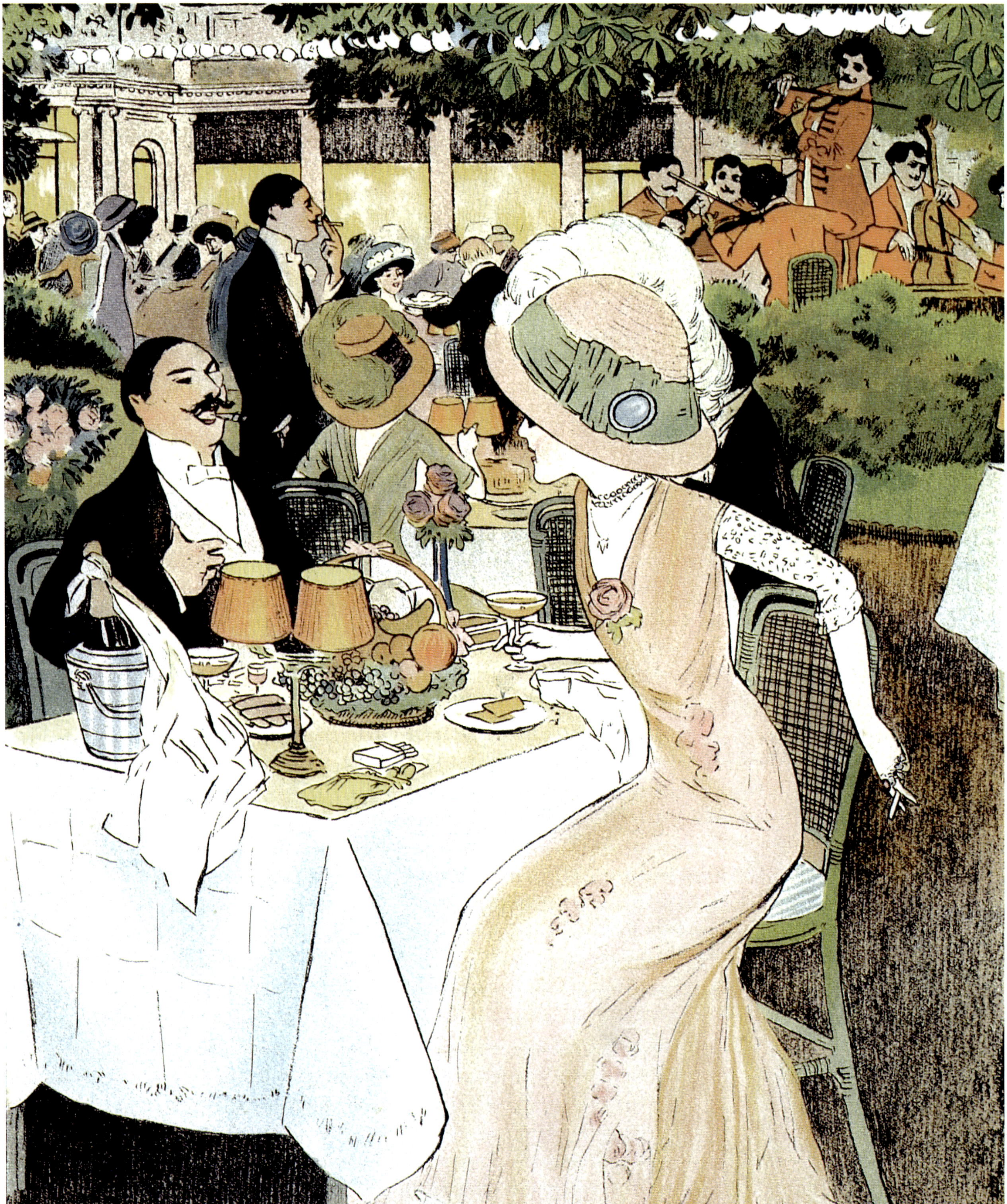

a voulu de style Louis XVI, est flanqué d'une tourelle Renaissance avec un dôme coiffé d'une statue de Mercure ailé en fonte dorée ; il est baptisé le Petit Paillard. Ironie du sort : la succursale survivra à la maison mère, malgré la valse de ses propriétaires qui la baptiseront Langer puis Pavillon de l'Élysée. L'endroit est repris en 1984 par Gaston Lenôtre qui le baptise Élysée Lenôtre. Aujourd'hui, c'est le Pavillon Élysée, qui abrite un café Lenôtre, des cours de cuisine et des salles de réception.

Non loin de là, le restaurant Laurent a lui aussi survécu. On peut encore admirer sa façade saumon, ornée de pilastres, de chapiteaux et de colonnes d'allure pompéienne. L'architecture est due à Hittorff, qui fut chargé en 1840, par Louis-Philippe, d'aménager de ce côté-ci des Champs-Élysées une sorte de parc d'attractions populaire. Il fit construire un Cirque d'été en 1841 (il sera démoli en 1899, et la piste est aujourd'hui un bac à sable pour enfants), puis, l'année suivante, le Café du Cirque. Devenu le Café de Guillemin, l'établissement fut repris en 1845 par M. Renaud, qui le céda, en 1860, à un certain M. Laurent, qui lui donnera son nom. En 1906, le restaurant est rénové et agrandi : deux ailes semi-circulaires sont ajoutées.

Il faut remonter vers l'Arc de triomphe pour trouver, à l'angle de l'avenue George-V, le Fouquet's. C'est la gloire impérissable des Champs-Élysées, un haut lieu de la culture française, qui n'a jamais connu de passage à vide. Dans les années 1840, ce n'était qu'un débit de boisson, le Critérion, où se donnaient rendez-vous les cochers qui desservaient les nouveaux hôtels particuliers édifiés dans l'alignement de l'Arc de triomphe. Cet estaminet fut racheté en 1899 par Louis Fouquet, qui eut la bonne idée d'épouser la fille du propriétaire du restaurant Maire, célèbre à l'époque. Sur le conseil de son beau-père, il rénove luxueusement le bistrot et applique d'emblée des prix astronomiques pour attirer le riche, pour ne pas dire le snob. Fouquet assume d'ailleurs sa part de snobisme en nommant son restaurant Fouquet's, succombant ainsi, après Maxim's et George's rue Royale, à l'anglomanie qui régne alors. Mieux encore, sur l'enseigne, le nom est flanqué de « American drinks, Cocktails ». À la mort de son fondateur en 1905, le Fouquet's est repris par Léopold Mourier, qui en fait le rendez-vous privilégié des riches propriétaires d'écuries, des turfistes de retour de Longchamp et des passionnés de machines à moteur, qu'elles soient volantes ou terrestres. En 1913, l'établissement est modernisé selon les codes anglo-saxons. C'est un véritable grill-room habillé d'acajou, de moquette épaisse, de rideaux lourds et de velours rouge et équipé d'un « bar américain ». Et comme en Angleterre, les femmes non accompagnées s'en voient interdire l'accès. Au premier étage, on sert une cuisine raffinée, dont raffolent Georges Feydeau et Raymond Poincaré. Mais la Grande Guerre survient : le Fouquet's est surnommé le « Bar de l'Escadrille » et devient vite le point de ralliement de tous les héros qui ont fait la gloire des ailes françaises. À partir des années vingt, le restaurant s'impose comme le quartier général des lettres et du septième art. Joseph Kessel, Drieu La Rochelle, Paul Valéry s'y succèdent, tandis que l'invention du cinéma parlant dans les années trente marque la naissance d'une nouvelle génération d'acteurs et de réalisateurs qui contribueront à la renommée planétaire du Fouquet's. On compte parmi eux Raimu, Marlene Dietrich, Fernandel, Gabin, Carné, Clouzot, Guitry, Tourneur... Même dans les années cinquante et soixante, la Nouvelle Vague incarnée par Truffaut, Godard ou Chabrol n'échappe pas à l'appel du Fouquet's. En 1990, le restaurant

Le restaurant Paillard aux Champs-Élysées.
Carte postale de 1908.

Page de gauche. **Couple smart dînant sous les frondaisons,** dans un restaurant des Champs-Élysées.

Les bords de Seine en 1890, où sont installés guinguettes, baraques de tirs et bals.

Page de droite. **Le bal des « Têtes » au restaurant Le Pré Catelan**, immortalisé par Brassaï. Sous les masques, Marie-Laure de Noailles et Léonor Fini.

est inscrit à l'Inventaire des monuments historiques ; en 1998, le groupe Lucien Barrière rachète l'établissement et fait appel au décorateur Jacques Garcia pour un lifting dans le style Napoléon III. Léon-Paul Fargue avait raison : « Fouquet est de ces endroits qui ne peuvent passer de mode qu'à la suite, il faut bien le dire, d'un bombardement. Et encore[3] ! »

Des pavillons aux guinguettes

Au début du nouveau siècle, il est aussi du dernier chic d'aller humer l'atmosphère champêtre des alentours de Paris. Au bois de Boulogne, à côté de la « Grande Cascade » conçue par Jean-Charles Alphand et Gabriel Davioud dans les années 1850 (10 mètres de large, 14 mètres de haut !), un restaurant au nom tout trouvé s'installe en 1900, dans un pavillon que s'était réservé Napoléon III. Si La Grande Cascade, plus communément appelé La Cascade, a subi de nombreuses transformations en plus d'un siècle de bons et loyaux services, son style « rétro-métro » est resté intact. En 1988, André Menut décida même de restaurer l'atmosphère Belle Époque : il fit recouvrir les sols d'un dallage de palais florentin, reconstitua la grande salle Napoléon III, la verrière et la marquise vitrée. L'écrin est aujourd'hui du meilleur goût, idéal pour accueillir une gastronomie de bon ton.

Autre lieu à l'ambiance bucolique, Le Pré Catelan. Ce restaurant doit son nom à Théophile Catelan, capitaine des chasses du bois de Boulogne à la fin du règne de Louis XIV. Mais pourquoi « Pré » ? L'explication remonte au XIXe siècle : les carrières d'où étaient extraites les pierres destinées au pavage

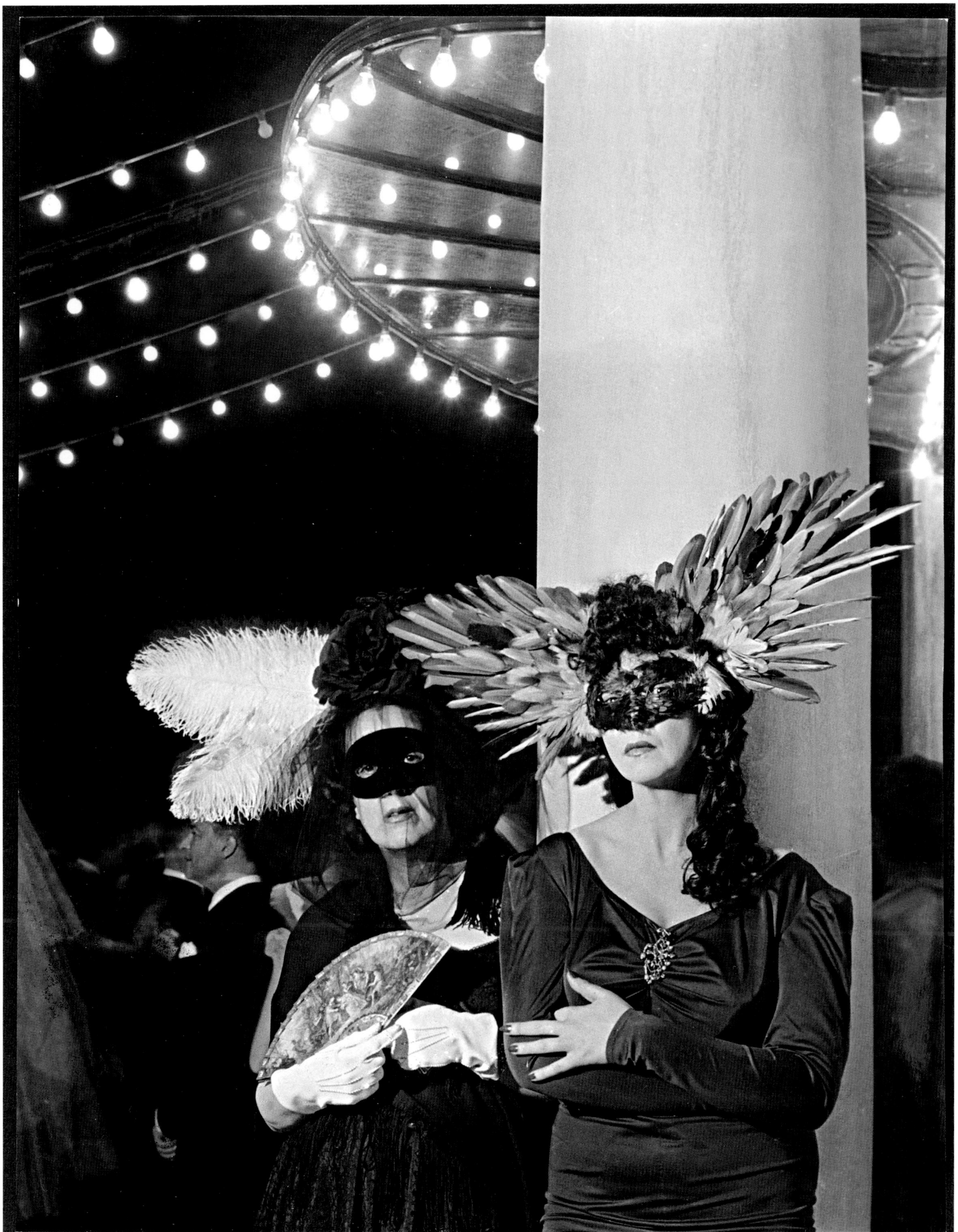

des routes du bois se recouvrent d'herbe à la fin des travaux. Nestor Roqueplan s'empare de cet emplacement prometteur, déjà fréquenté par de nombreux promeneurs. Il y fait construire, en 1905, un café, un restaurant, une laiterie, un aquarium et de petites salles de théâtre. L'ensemble architectural est une sorte de meringue élégante signée Guillaume Tronchet, qui marie les styles Louis XV, Louis XVI et Empire. Plus d'un siècle de déjeuners et de dîners mondains s'y tiendront sous les frondaisons. Orchestrées par le chef Frédéric Anton, les agapes d'aujourd'hui sont largement à la hauteur de celles d'hier.

Les amateurs de chlorophylle se rendent aussi au Pavillon Montsouris, dans le parc du même nom, réalisé à la même époque que le bois de Boulogne, par le même architecte, Alphand. Ce restaurant édifié en 1898, agrandi en 1912 et rehaussé d'une verrière en 1930 (qui respecte d'ailleurs scrupuleusement le style Belle Époque d'origine), est toujours en activité, mais le style « nouille-bonbonnière » de sa décoration

Escoffier et la cuisine de palace

La cuisine servie à la table des grands hôtels a toujours pâti d'une mauvaise image. Cuisine internationale, sans imagination, sans âme, a-t-on dit. C'est compter sans les palaces de la Belle Époque, qui furent, tant dans l'assiette que dans l'organisation de la cuisine, à l'origine de grandes mutations avant-gardistes. C'est un certain Auguste Escoffier (1846-1935), un peu vite enterré par la nouvelle cuisine, qui a donné le « la ». Après avoir fait ses débuts à Nice et poursuivi son apprentissage à Paris, ce cuisinier originaire de Villeneuve-Loubet arriva à Monte-Carlo, au Grand Hôtel, en octobre 1884. Dirigé par César Ritz, qui venait d'ouvrir le Grand National Hôtel à Lucerne, cet établissement était vieillissant et concurrencé par le tout nouvel Hôtel de Paris. La collaboration géniale de Ritz et Escoffier aboutit en quelques mois au succès international du Grand Hôtel, et plus généralement à l'invention de la restauration de palace. C'est la fin des plats architecturés et souvent indigestes d'Antonin Carême : Escoffier recherche avant tout le confort du client.

Le plat carré en métal argenté est inventé pour garder les aliments au chaud ; les sauces à l'espagnole ou à l'allemande, jugées « abâtardies », sont remplacées par des fumets et des jus naturels ; des mets nouveaux apparaissent, inspirés des dames célèbres qui fréquentent l'hôtel : salade Réjane, mignonnettes de cailles Rachel, poires Mary Garden, poularde Adelina Patti, coupe Yvette, fraises Sarah Bernhardt, coupe Melba…

En 1890, Escoffier prend la direction des cuisines du Savoy à Londres, un prestigieux hôtel dont Ritz est devenu le directeur. Pendant sept ans, il sert à toute l'aristocratie européenne, aux nouveaux riches américains et aux artistes internationaux, des plats qui marquent leur époque : filets de sole Coquelin, homard aux feux éternels, volaille à la Derby, cuisses de nymphe à l'aurore (il s'agit de cuisses de grenouilles !), suprêmes de volaille Jeannette…

En 1898, il participe activement à l'ouverture du Ritz, place Vendôme, à Paris, où il impose de nouvelles méthodes de travail en cuisine, rationalisant la répartition des tâches dans la brigade et veillant à préserver l'image de marque du cuisinier. Un an plus tard, il poursuit ses efforts d'organisation drastique au Carlton de Londres, tout en travaillant à la codification de ses techniques culinaires, consignées quelques années plus tard dans le Guide culinaire (rédigé avec Philéas Gilbert et Émile Fétu, 1903). En même temps, Escoffier chapeautera l'ouverture des hôtels les plus luxueux d'Europe et d'Amérique : l'Hôtel des Thermes à Salsomaggiore Terme, en Italie, le Ritz-Carlton à New York, à Montréal, à Philadelphie, à Pittsburgh, à Budapest, à Madrid, etc., contribuant ainsi à la mondialisation de la cuisine française.

intérieure a laissé place, en 2002, à un cadre plus subtil, d'inspiration coloniale. À son âge d'or, cet établissement reçut Mata Hari, Lénine et Trotski, Braque et Foujita, Jouvet et Carné, Sartre et Beauvoir.

Parmi les pavillons des poumons verts, il faut aussi citer L'Orée du Bois et Le Pavillon d'Ermenonville au bois de Boulogne, ainsi que Le Pavillon du lac aux Buttes-Chaumont, réputé pour ses grenouilles.

La Belle Époque n'aurait pas été aussi belle sans ses guinguettes qui fleurissent dans les parages verdoyants de la capitale. La République y est pour beaucoup : elle vote la loi du 13 juillet 1906, qui accorde à tous les travailleurs le jour de repos dominical. Le mot « guinguette » est bien antérieur à cette époque. *Le Dictionnaire de la langue française* de 1750 en propose cette définition : « Petit cabaret dans les fauxbourgs [sic] & les environs de Paris, où les artisans vont boire en Été, les Dimanches et les Fêtes. Ce terme est nouveau. Il vient apparemment de ce qu'on vend dans ces cabarets que de méchant petit vin verd [sic], que l'on appelle ginguet, tel qu'est celui qui se recueille aux environs de Paris. » Mais en 1860 la capitale s'agrandit, et le baron Haussmann ordonne l'annexion des villages entourant Paris. Les établissements se déplacent alors plus loin, principalement sur les bords de Marne et de Seine, à Robinson, à Sannois… Ces nouvelles implantations sont favorisées par le développement des transports et la pratique de certains loisirs, comme le canotage. Sur les bords de la Loire ou du Rhône, la province suit l'exemple parisien. La France entière se trémousse et pousse la chansonnette.

Les berges de la Marne rivalisent d'audace architecturale. La mode du néogothique des Bibelots du Diable, situé quai Gabriel-Péri à Joinville-le-Pont, côtoie le genre chalet du Chalet de la Pie à Saint-Maur (Val-de-Marne), ou le Chalet du Vrai Robinson à Robinson (Hauts-de-Seine). De véritables façades théâtrales naissent sur le bassin de Nogent-Joinville. Le Casino Tanton, de l'architecte renommé Nachbaur, affichant le plus pur style « nouille », fait face à L'Élysée-Palace à la façade grandiloquente ornée de statues, ainsi qu'au bal Pompéi, tout droit sorti d'un péplum. Côté cuisine, les guinguettes sont plus modestes, délivrant des plats simples et peu chers. Les trois plats traditionnels des guinguettes sont la friture (goujons et ablettes souvent pêchés dans les rivières

La guinguette Robinson.
Sur les bords de Marne, elle offrait au promeneur du dimanche l'exotisme de cabanes, perchées dans un arbre millénaire.

proches des établissements), la matelote (poissons d'eau douce au vin avec des aromates) et la gibelotte (sauté de lapin, généralement apporté avec la tête du lapin, car celui-ci était souvent remplacé par du chat !). Le tout était arrosé de vin blanc produit en Île-de-France, étymologie oblige !

1. Robert Courtine, *Un Gourmand à Paris* 1959.
2. Robert Courtine, *La Vie parisienne*, 1984.
3. Léon-Paul Fargue, *Le Piéton de Paris*, 1932-1939.

Maxim's

« Paris sera foutu seulement le jour où Maxim's disparaîtra. »

Jean Cocteau à l'enterrement de Jean Giraudoux, 1944

« Petite Marmite / La Timbale du Chef / Cuisseau de Veau braisé aux Céleris-raves - Pommes Macaire / Terrine de gibier - Salade / Bombe Maxim's - Galette feuilletée / Fromage / Fruits / Café - Liqueurs », affichait un menu daté de 1920 pour un dîner spécialement conçu en l'honneur de Louis Forest, fondateur du Club des Cent, une association gastronomique pour la défense de « notre vieille cuisine nationale ». Ce n'est pas seulement dans l'assiette que l'on souhaite conserver les traditions chez Maxim's.
La décoration renvoie aussi à l'opulence de la fin du XIXe siècle, tout en arabesques flamboyantes et circonvolutions végétales. Le style Belle Époque dans toute sa splendeur, qui a fait de Maxim's un lieu légendaire.

Il faut remonter au 14 juillet 1890 pour connaître le contexte insolite dans lequel a débuté l'épopée Maxim's. À l'époque, les relations franco-allemandes sont au plus mal. Imoda, un glacier d'origine italienne, tient boutique 3, rue Royale.

Il a l'idée saugrenue de décorer sa vitrine de multiples drapeaux, dont celui de la Prusse. En ce jour de fête nationale, quelle n'est pas la surprise de la foule, qui se hâte de piller la boutique et de renvoyer son propriétaire en Italie ! C'est un garçon de café de l'enseigne voisine, Le Reynolds, Maxime Gaillard, qui décide, malgré des difficultés financières, de s'installer à son compte à cette même adresse. Son bar, dont le nom est anglicisé comme le veut la mode de l'époque, voit le jour le 23 avril 1893. Il s'agrandit pour devenir un restaurant, le jour du Prix de Diane : Maxim's était né. Le soir même, le jeune et huppé Arnold de Contades s'y rend pour la première fois, sur un caprice de la belle Irma de Montigny, déçue par sa table habituelle. Ils sont tous deux immédiatement conquis, puis reviennent, y amènent des amis : toute la jeunesse dorée s'y donnera bientôt rendez-vous. Maxime Gaillard décide alors de s'entourer de collaborateurs compétents, dont le chef Henri Chauveau, un ancien du Café Anglais et le maître d'hôtel Eugène Cornuché, qui vient de chez Durand. Tous deux reprennent la direction de la maison après le décès de Gaillard, en janvier 1895. Dès 1899, un nouveau projet de décor en totale harmonie avec l'époque est lancé ; il est confié à l'architecte Louis Marnez. Celui-ci s'entoure d'artistes comme Majorelle, Prouvé, Gallé et Guimard, maîtres incontestés du style Art nouveau, qui prône le retour à la nature. Les portes et les ouvertures du rez-de-chaussée s'habillent ainsi de feuillages de bronze, de lianes et de fleurs de cuivre, tandis que la verrière surplombant la salle de restaurant révèle fleurs, fruits, feuilles d'oranger et de citronnier en émaux cuits au four. Un des murs comporte un vitrail représentant un ruisseau entre deux rives fleuries de pavots, réalisé avec du verre translucide : une vraie pièce de musée ! D'autres parois, peintes, mettent en scène des nymphes dansant au bord d'étangs fleuris. Fauteuils et banquettes tendus de cuir rouge garnissent le « Saint des Seins », luxueux salon surnommé ainsi par le duc de Morny en l'honneur des femmes qui y prenaient leurs aises. La beauté de ces réalisations, en ce qui concerne tant leur dessin que leur facture, tout comme la qualité remarquable des matériaux, font que seuls les ateliers de restauration du musée du Louvre se chargent de son entretien. Et la renommée des lieux est telle qu'en juillet 1979 le décor est inscrit à l'Inventaire des monuments historiques.

L'Exposition universelle de 1900 met Paris en ébullition : un vrai tremplin pour Maxim's qui voit défiler têtes couronnées, milliardaires, barons et autres grands-ducs venus se rencontrer et semer par poignées dollars, livres, roubles ou marks. Chez Maxim's, les hommes portent l'habit et la cravate blanche, ou se permettent encore quelques fantaisies Second Empire avec le jabot et le gilet noir. Les femmes sont jolies, froufroutantes, s'affichent en belles « cocottes » libérées de tout principe. Politiciens, banquiers, ingénieurs parlent affaires, échangent points de vue et bons mots. Car on vient chez Maxim's chercher de brillantes compagnies, dans une ambiance des plus joyeuses. En 1907, Cornuché vend l'établissement… à des Anglais ! En réalité, ces derniers comptent ne rien modifier de l'atmosphère ni des mœurs de l'endroit : ils ont pour seule ambition de réaliser des profits et d'avoir un prétexte à de fréquents voyages à Paris… Hélas, l'exaltation des débuts est inévitablement affaiblie par la Première Guerre mondiale. Les clients se font de plus en plus rares chez Maxim's, au profit de nouveaux riches. Conséquence inévitable, la société anglaise gérante de la maison vend ses actions.

Affiche de Maxim's, par Georges Goursat, dit Sem. Elle représente un groom dévolu au vestiaire.

Page de gauche. **Les serveurs de chez Maxim's** sur une carte postale de 1910.

L'intérieur feutré et cossu de chez Maxim's.

Page de droite. **Une soirée chez Maxim's**, photographiée par Brassaï.

Entre en scène Octave Vaudable, qui en devient en 1931 le principal actionnaire ; il cédera la place à son fils Louis, une fois les affres de la Seconde Guerre mondiale dissipées. Aux côtés de Vaudable père, Albert, « prince des maîtres d'hôtel et maître d'hôtel des princes », réputé pour faire le succès de tous les établissements où il officie, redonne à Maxim's son lustre d'autrefois. C'est que l'homme sait s'y prendre : trier la clientèle sur le volet, exiger une tenue impeccable, faire servir à ses clients ce qu'ils aiment sans qu'ils aient à le demander. Louis Vaudable reprend Maxim's à la mort de son père Octave en 1942. Pour peu de temps car la maison, sous gérance allemande durant l'Occupation, doit fermer ses portes à la Libération. Après un passage au Grand Véfour, Louis Vaudable revient chez Maxim's, qui a rouvert en 1948, plus décidé que jamais à gouverner les lieux en profondeur. Il est toujours assisté d'Albert Blaser, son directeur de salle jusqu'en 1958, puis d'un certain Alex Humbert, qui officie derrière les fourneaux, prenant la suite de Louis Barthe, chef trop classique pour Vaudable bien qu'il ait fait obtenir à l'établissement une troisième étoile. Maxim's disparaîtra d'ailleurs des pages du *Guide Michelin* en mars 1978, à sa demande.
« Nous sommes heureux de vous informer que nous venons de confier à monsieur Alex Humbert la direction des cuisines de Maxim's », annonce un petit bristol agrafé à la carte en octobre 1955. Humbert a fait ses premières armes à l'hôtel du Charolais à Mâcon, puis au Bristol à Paris, avant de se perfectionner au Ritz et au Café Anglais, pour ne citer qu'eux, et de s'installer à son compte, en 1937, dans le 15e arrondissement.
Les années cinquante sont pour lui celles de Maxim's, dont il fait la renommée avec son remarquable tour de main en matière de sauces notamment. Il en dira ceci : « La sauce est à la cuisine ce que les fleurs sont au linge, l'argenterie à la table. […] Elle est cette touche discrète et indispensable qui fait qu'un plat devint un mets. » Ce maître de la gastronomie, que les grands de l'époque ont toujours écouté d'une oreille attentive, rend son tablier en 1969 pour laisser la place à Michel Ménant, à qui il a livré nombre de ses secrets.

S'étant assuré de la présence en cuisine 0d'un expert, Alex Humbert, Louis Vaudable entend donner un nouvel élan à l'établissement en le faisant entrer dans l'ère du « business ». C'est un empire qu'il finit par construire rue Royale, avec l'exportation de vins et alcools à travers le monde en 1948, la conception de plats cuisinés congelés pour la compagnie Pan American World Airways à partir de 1952, les cours de cuisine Maxim's ouverts aux étrangères en 1959, la création du Maxim's Business Club en 1968, et la gérance de sept bars et huit restaurants, sous l'intitulé « Air Maxim's Orly Ouest », à l'aéroport d'Orly en 1969. Dès 1977, Maxim's ne jouit plus seulement d'une renommée mondiale en raison du prestige des lieux : il devient une griffe grâce à la collaboration de Pierre Cardin. La famille Vaudable aura « régné » cinquante ans chez Maxim's, jusqu'en 1981, année où le couturier Pierre Cardin reprend le flambeau.

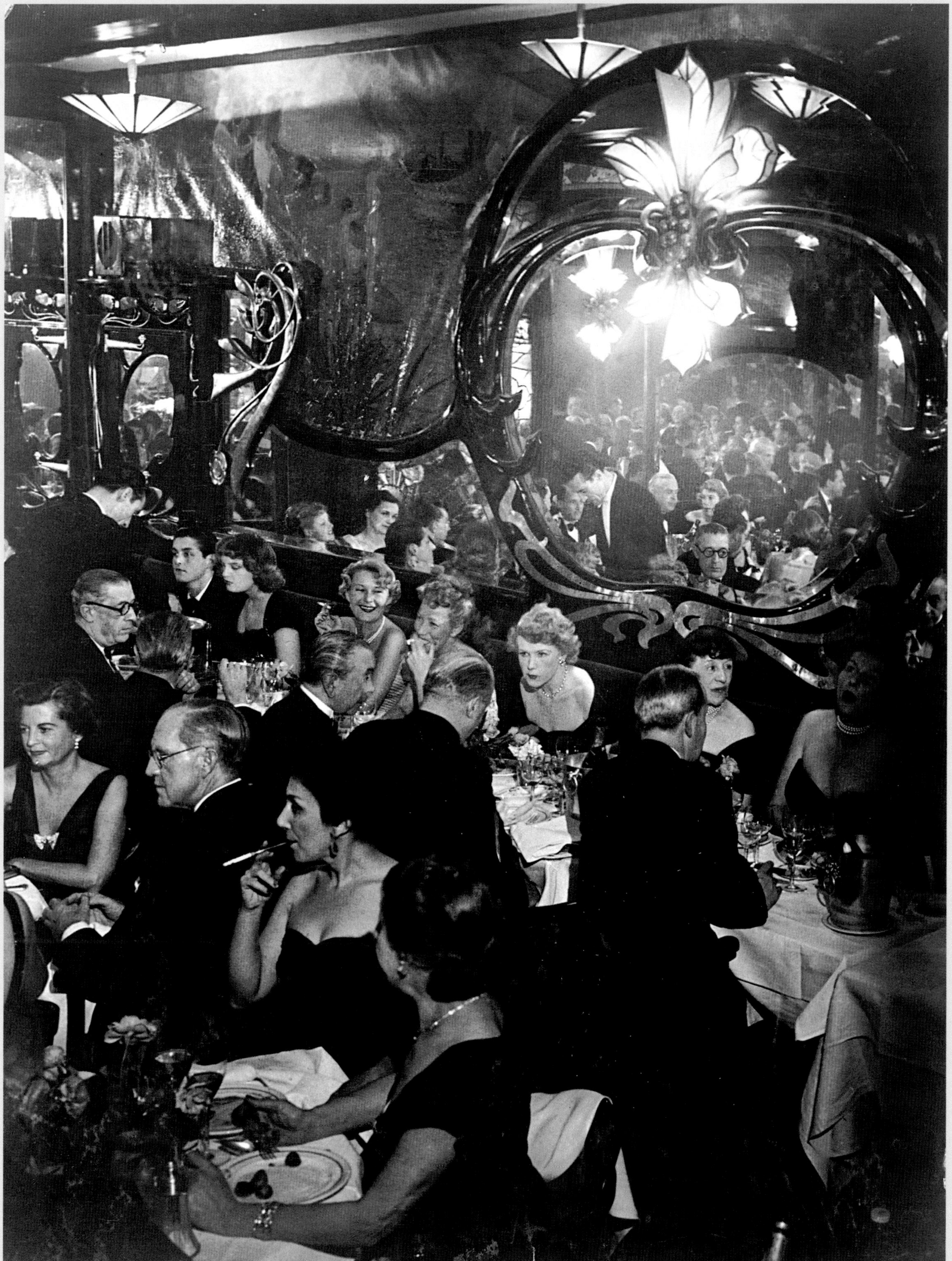

Page de droite. **La terrasse bondée et bruyante de La Coupole,** épicentre du quartier Montparnasse.

❋ *Chapître 11*
Les années Montparnasse

« À côté de ce Montparnasse de terrasses, de tangos, de cacahuètes et de boissons originales, existe dans l'air, comme une mélodie, le vrai Montparnasse, celui qui n'a ni murs ni portes et qui, plus que tout autre sanctuaire, pourrait revendiquer le célèbre mot de passe, un peu retouché : "Nul n'entre ici s'il n'est artiste". »

Léon-Paul Fargue, *Le Piéton de Paris,* 1932-1939

Si, une fois que vous avez poussé les portes de La Coupole, un homme aux longs cheveux grisonnants vient tailler une bavette avec vous, il s'agit de Georges Viaud, personnage haut en couleur, intarissable sur la grande brasserie Art déco et le quartier Montparnasse où elle est implantée. La Coupole et lui, c'est une grande histoire d'amour qui commence en 1990, alors qu'il est maître d'hôtel. Au fil des currys d'agneau et des côtes de bœuf, Georges ouvre l'œil, tend l'oreille, se documente – si scrupuleusement qu'il finit par tout savoir de cette immense salle de huit cents mètres carrés. Mais un jour de 2000, il est convoqué par son directeur : « Vous racontez l'histoire de La Coupole aux clients. Le problème, c'est que vous oubliez de les servir. » Une raison suffisante, semble-t-il, pour le mettre à la porte – au lieu de quoi il est nommé historien en charge du patrimoine du groupe Flo, propriétaire de la brasserie. Et il évoque à l'envi, et officiellement cette fois, l'âge d'or de son refuge, où passèrent Jean Cocteau, Simone de Beauvoir, Jacques Prévert, Joséphine Baker, Ernest Hemingway, Picasso, Matisse, Yves Montand ou encore Édith Piaf.

Les Années folles

Ce sont les Montparnos qui ont ouvert le bal. Lassée de Montmartre au début des années vingt, cette génération d'artistes réunis en une « bohème cosmopolite », ces peintres et écrivains en quête d'amusement s'en vont gravir une

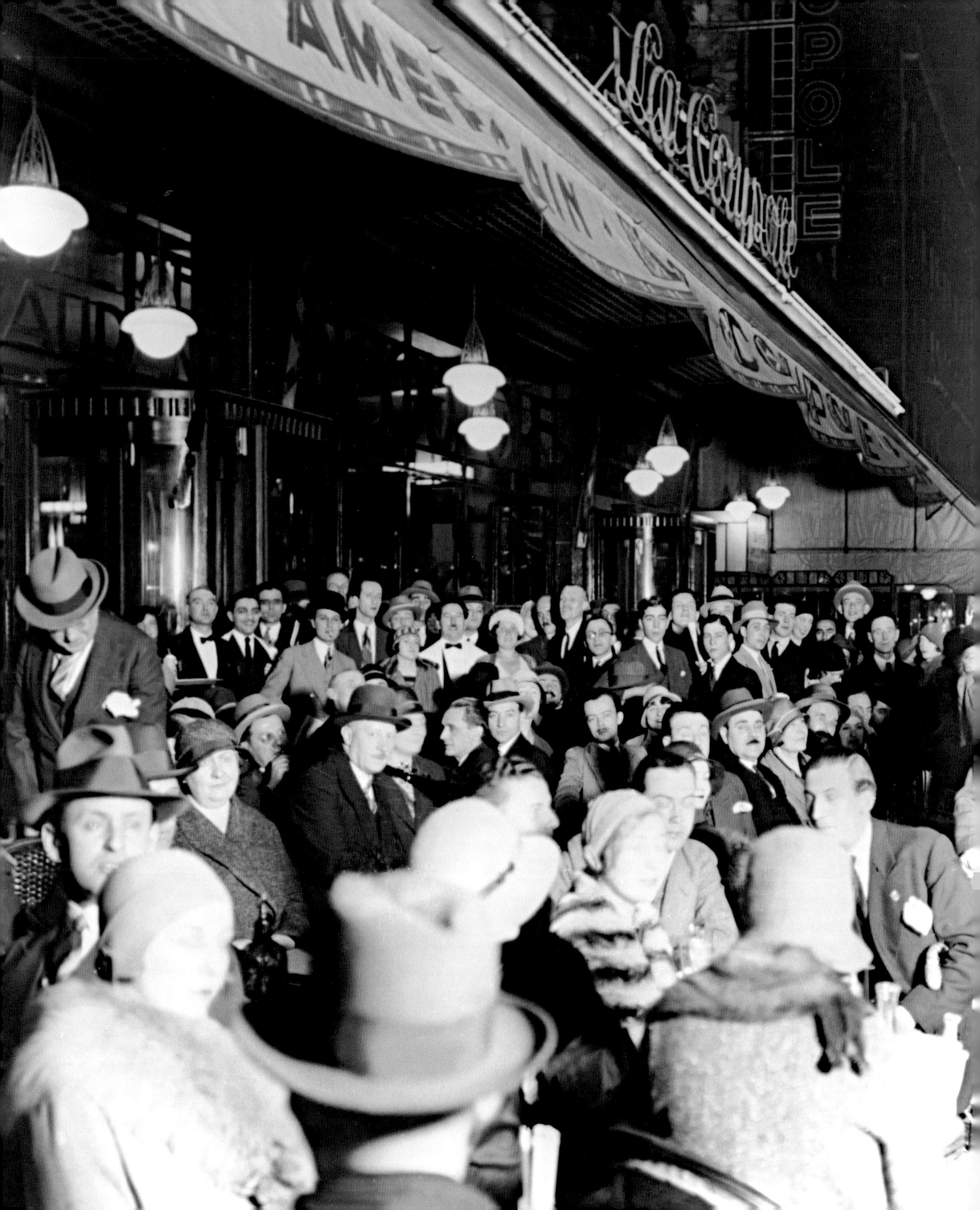

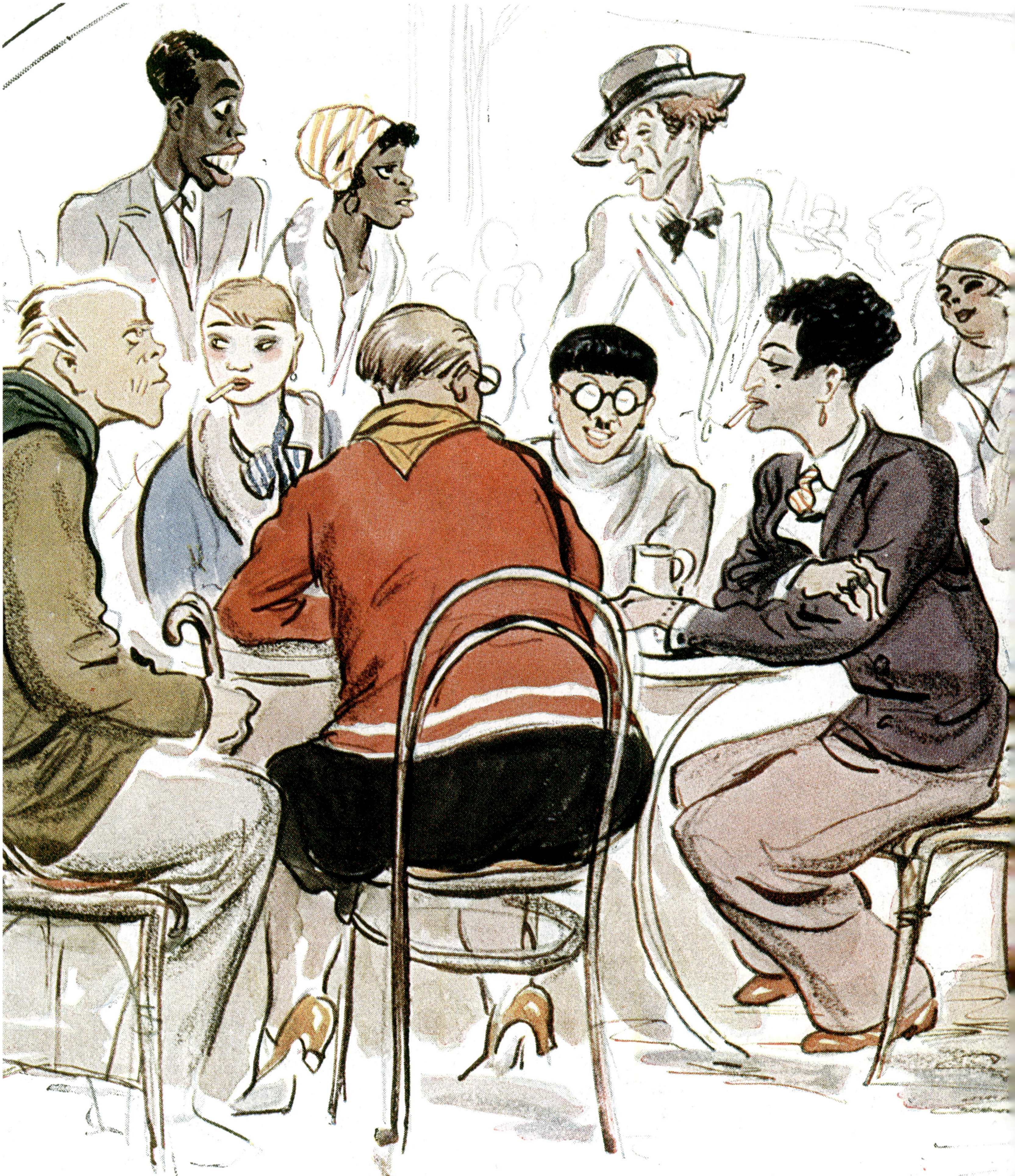

Les années Montparnasse

« **Les Montparnos** », aquarelle de Sem, on peut y reconnaître Kiki de Montparnasse, Giselle, artiste noire de cabaret, et le peintre Foujita entre autres…

autre butte, précisément au carrefour des boulevards Montparnasse et Raspail. Car les Années folles, pour ces génies de la plume et du pinceau, c'est rive gauche qu'elles se passent ! En 1923, on fréquente Le Dôme, dont la gérance est confiée à Ernest Fraux et René Lafon, tous deux d'origine auvergnate. Malgré la signature d'une promesse d'achat, les deux beaux-frères et associés sont contraints de se retirer trois ans plus tard, le propriétaire des lieux ayant décidé d'en reprendre les rênes avec son fils. Fraux et Lafon, éconduits, s'en tirent cependant à bon compte : voilà qu'ils convoitent un vieux dépôt de bois et charbon, un immense hangar fort bien situé. Un bail de vingt ans, une promesse de vente et un permis de construire plus tard, le projet est lancé.

La plus grande salle de Paris, dit-on. La belle affaire ! Les architectes Barillet et Le Bouc, chargés de la réalisation des travaux, ne sont pas au bout de leurs peines : des carrières souterraines mettent les fondations en péril, et l'on doit élever dans la salle vingt-quatre piliers pour consolider le tout – ce sont eux pourtant qui feront la célébrité du lieu. L'affaire avance, on confie la décoration intérieure aux Solvet, père et fils, qui viennent d'achever la rénovation de La Closerie des Lilas. Ils donnent au mobilier, au plafond, à la vaisselle et aux mosaïques cette touche néoclassique très en vogue après le succès de l'exposition parisienne des Arts décoratifs de 1925. On recouvre les fameux piliers d'une sorte de marbre, le lap, que l'on teinte en vert. Pour équilibrer les lignes verticales, on place des encorbellements à quatre mètres de hauteur. Reste à habiller la partie supérieure, encore nue, des piliers : la tâche est confiée à trente-deux artistes du quartier. Ces peintres deviendront… les piliers du bar : un crédit illimité sur les boissons les aura certainement encouragés…

Pour s'appeler La Coupole, l'endroit possède-t-il un toit en forme de coupe renversée ? Pas du tout : il s'agit simplement d'une référence à deux établissements installés non loin de là,

Le Dôme et La Rotonde – pas davantage surmontés d'une voûte hémisphérique. L'ouverture est fixée au 20 décembre 1927. Une date bien choisie, selon Curnonsky, le « prince des gastronomes », car « le vin(gt) dissipe la tristesse… ». Le Tout-Paris se presse à bord de cet imposant paquebot lors de l'inauguration, arrosée de mille deux cents bouteilles de Cordon Rouge, qui ne suffisent pourtant pas à étancher la soif des deux mille cinq cents invités. Au champagne s'ajoutent dix mille petits-fours, mille saucisses chaudes, trois mille œufs durs, huit cents gâteaux : René Lafon voit grand. « Curieux de découvrir le bar, le café, nous étions trop fauchés pour oser porter un regard sur le restaurant. Nous les avons tout de suite adoptés : c'était propre. C'était luxueux. Rien à voir avec les cafés taudis de Montparnasse que nous fréquentions alors », raconte le journaliste Frédéric Pottecher, présent à l'inauguration. En une soirée, le sort de La Coupole est scellé. Et la concurrence voit rouge. Au printemps 1928, la terrasse à l'étage, qui sera recouverte plus tard, accueille le restaurant

La Pergola ; à la fin de la même année, le sous-sol fait place à un dancing. La Coupole n'est plus désormais seulement une brasserie. Tout y est musique, danse et création, mêlées dans une folie nocturne qui a vu se succéder Montparnos et Nouveaux Réalistes, école de Paris puis école de Nice. De Giacometti à Tinguely, de Beckett à Sartre, de Cendrars à Sollers, les fidèles deviennent au fil du temps une grande famille dans le quartier.

• **À la Coupole, Kiki de Montparnasse**, modèle, à gauche, en compagnie de Hermine David, peintre, graveur et illustratrice française, épouse du peintre Pascin.

Page de gauche. **La Coupole** dans l'effervescence du service.

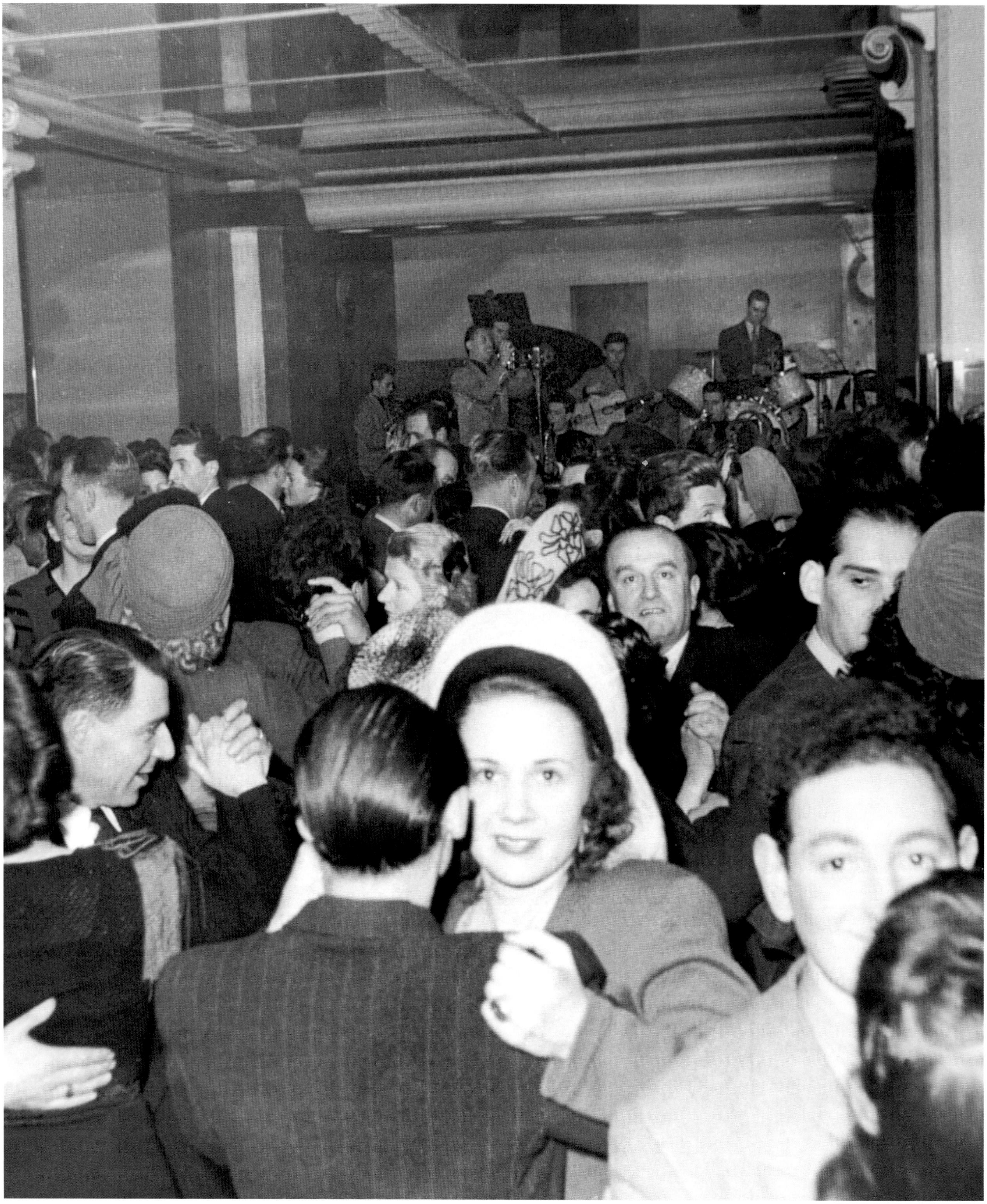

De l'après-guerre à nos jours

L'Occupation fait hélas déferler une lourde lame sur La Coupole. L'établissement n'est plus qu'un restaurant. Il est fini, le temps des nuits interminables : on ferme les portes à 23 heures, couvre-feu oblige.

Le navire n'est pas remis à flot avant les années cinquante, mais les intellectuels et les artistes rembarquent. Parmi eux, Jean-Paul Sartre, assis plusieurs fois par semaine à la table 139, près du vestiaire, pour reluquer les dames, Giacometti qui griffonne d'innombrables croquis à longueur de nuit sur les nappes en papier, Yves Klein, aux célèbres monochromes d'un bleu révolutionnaire, toujours disposé à engloutir des

La Coupole n'a jamais cessé de brasser plumes et pinceaux, de Beckett à Yves Klein, de Giacometti à Cendrars.

Page de droite. **Les cœurs tanguent,** dans la chaleur du dancing de La Coupole, situé au sous-sol du restaurant.

Carrelages aux formes géométriques, piliers Art déco, bancs de crustacés et garçons en livrée… La Coupole n'a pas renié son identité originelle.

Page de droite. **Lithographie de Fernand Léger** à la gloire du « Mont de Parnasse ».

huîtres qu'on lui sert à volonté – ce peintre niçois va même jusqu'à y célébrer ses noces. Et cette nouvelle vague d'Américains nostalgiques des années Hemingway, Gertrude Stein et Modigliani, qui occupent la terrasse de La Coupole : n'y voit-on pas défiler Man Ray, William Styron, Max Ernst ou encore Mazurovski ? Sans parler de la jolie brune Kiki, jadis reine de la nuit et coqueluche des peintres sans le sou, qui y viendra jusqu'à sa mort en 1953.

« Saint-Germain nous a enlevé un moment notre clientèle jeune mais, peu à peu, elle est revenue, dans le début des années cinquante. Alors La Coupole est vraiment repartie », évoque René Lafon. Ce Parisien d'origine auvergnate se retrouve seul à la mort de son comparse Ernest Fraux en 1960. Le vieil homme, bien qu'affairé en salle comme à ses débuts, peine à mener sa barque. Mais du haut de ses 79 ans, l'homme n'est pas peu fier de fêter en 1977 le cinquantenaire de La Coupole – un 20 décembre, bien entendu. Fruits de mer, foie gras d'oie truffé, saint-jacques à la New Burg, longe de veau « Prince Orloff », tournedos « Rossini », cuissot de sanglier « Grand Veneur », salade « Waldorf » composent le menu de ce dîner d'exception, entièrement au champagne.

Dans le même élan, les fameux piliers connaissent quelques années plus tard une nouvelle heure de gloire. Souvenez-vous : les parties supérieures avaient été décorées d'œuvres d'art dans les années vingt. Au tour des parties basses des pilastres de se couvrir de peintures, cette fois « représentatives de multiples tendances de l'art contemporain » – Keith Haring fait partie des artistes retenus.

Juin 1987 : trois panneaux blancs surplombent le 102 et le 104, boulevard du Montparnasse. Un permis de construire, deux permis de démolir. Un promoteur irait-il jusqu'à faire construire des bureaux au-dessus de l'établissement ? Heureusement pour La Coupole, son décor lui vaut une inscription à l'Inventaire des monuments historiques : la brasserie, le restaurant et le dancing sont conservés. Mais moins d'un an plus tard, le 5 janvier 1988, La Coupole est vendue à Jean-Paul Bucher, à la tête du groupe Flo. La nouvelle fait parler d'elle, les fidèles se sentent orphelins, certains sont trop attachés à des rituels, à un décor, au sourire et à l'accueil de René Lafon, qui laisse soixante années de Coupole derrière lui.

« De ces trois glorieuses institutions [Dôme, Rotonde, Coupole], seule La Coupole s'est perpétuée, égale à elle-même, extraordinaire caravansérail, endroit unique et un peu fou qui participe plus que jamais à la petite histoire de la capitale… », résume très justement Philippe Couderc, chroniqueur gastronomique. Égale à elle-même en effet, même si l'endroit s'apparente désormais davantage à un lieu de pélerinage touristique.

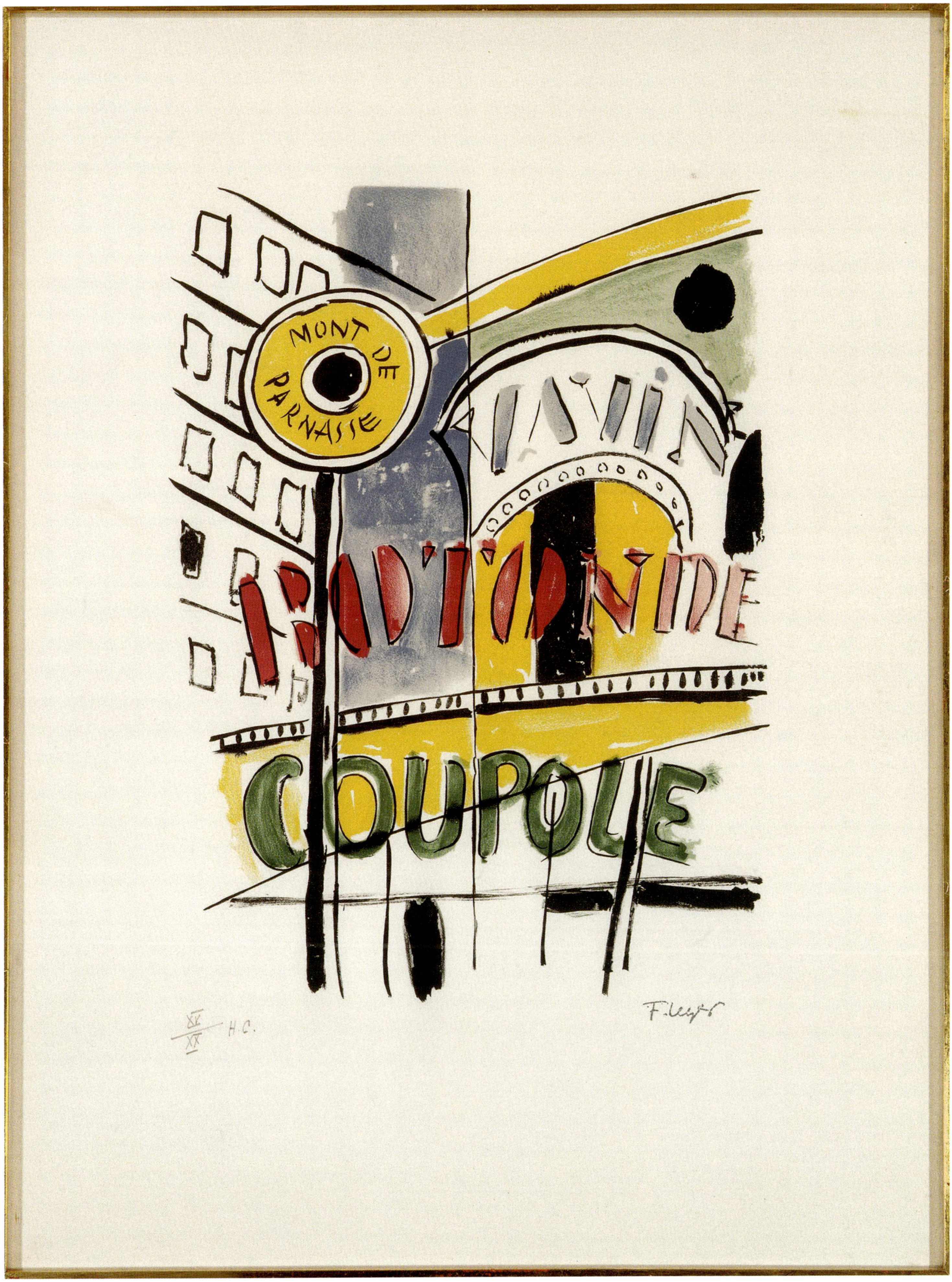
MONT DE
PARNASSE
VAVIN
ROTONDE
COUPOLE
H.C.

À la terrasse de La Closerie,
Paul Fort (deuxième à partir de la droite), le « prince des poètes »,
entouré d'amis.

Pendant ce temps-là, à la Closerie des Lilas…

« Le public était composé d'étudiants, de bourgeois du quartier, et aussi de révolutionnaires russes, qui parlaient bas, avec des mines de conspirateurs, à une table située à l'écart. L'un d'entre eux, chauve, avec un faciès kalmouk, nous frappait par l'étincellement de son regard sombre. C'était Lénine. »

Léon Daudet, *Paris vécu*, 1930

À la fin du XIXe siècle, Émile Zola y entraîne déjà son ami Paul Cézanne, Théophile Gautier et les frères Goncourt y viennent en habitués. Au début du XXe siècle, Paul Fort et Paul Verlaine y échangent des poèmes, Apollinaire les rejoint et leur présente Alfred Jarry. Dans les années vingt, Tristan Tzara et André Breton s'y disputent violemment, mettant fin au mouvement dada, alors que la colonie américaine – Hemingway, Miller, Fitzgerald – s'y réfugie. Envoyé comme correspondant du *Star* de Toronto à Paris en 1921, Ernest Hemingway habite à deux pas de La Closerie, dont il fera son quartier général.

« Il n'était pas de bon café plus proche de chez nous que La Closerie des Lilas, quand nous vivions dans l'appartement situé au-dessus de la scierie, 113, rue Notre-Dame-des-Champs, et c'était l'un des meilleurs cafés de Paris. Il y faisait chaud, l'hiver ; au printemps et en automne, la terrasse était très agréable, à l'ombre des arbres, du côté du jardin et de la statue du maréchal Ney, et il y avait aussi de bonnes tables sous la grande tente, le long du boulevard. Deux des garçons étaient devenus nos amis. Les habitués du Dôme ou de La Rotonde ne venaient jamais à La Closerie. Ils n'y trouvaient aucun visage de connaissance et nul n'aurait levé les yeux sur eux s'ils étaient venus. En ce temps-là, beaucoup de gens fréquentaient les cafés du carrefour Montparnasse-Raspail pour y être vus et, dans un certain sens, ces endroits jouaient le rôle aujourd'hui dévolu aux "commères" des journaux chargés de distribuer des succédanés quotidiens de l'immortalité. La Closerie des Lilas était, jadis, un café où se réunissaient plus ou moins régulièrement des poètes, dont le dernier, parmi les plus importants, avait été Paul Fort, que je n'avais jamais lu. Mais le seul poète que j'y rencontrai jamais fut Blaise Cendrars, avec son visage écrasé de boxeur et sa manche vide retenue par une épingle, roulant une cigarette avec la main qui lui restait. C'était un bon compagnon, tant qu'il ne buvait pas trop et, à cette époque, il était plus intéressant de l'entendre débiter des mensonges que d'écouter les histoires vraies racontées par d'autres. »

Ernest Hemingway, *Paris est une fête*, 1964

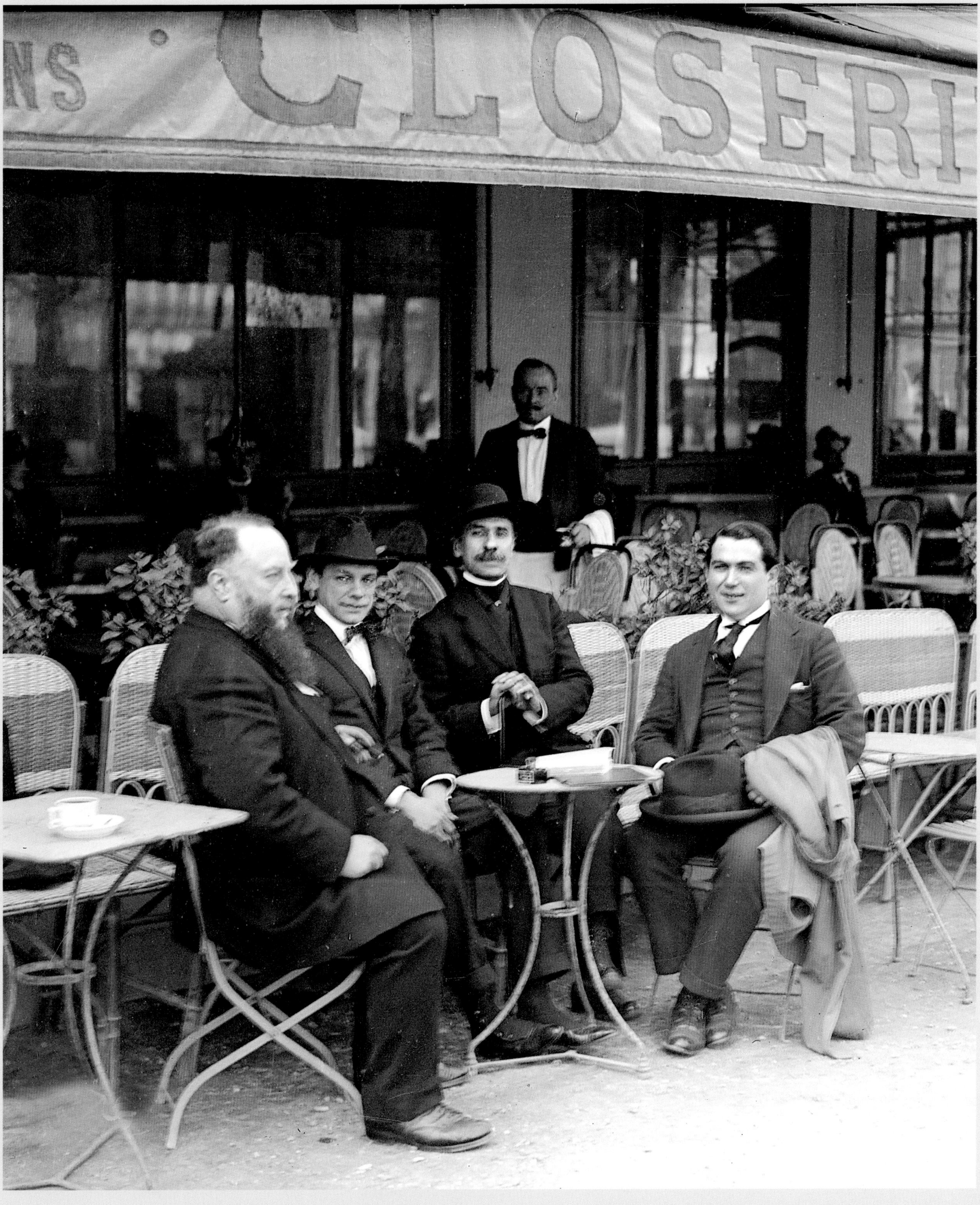

NS
CLOSERI

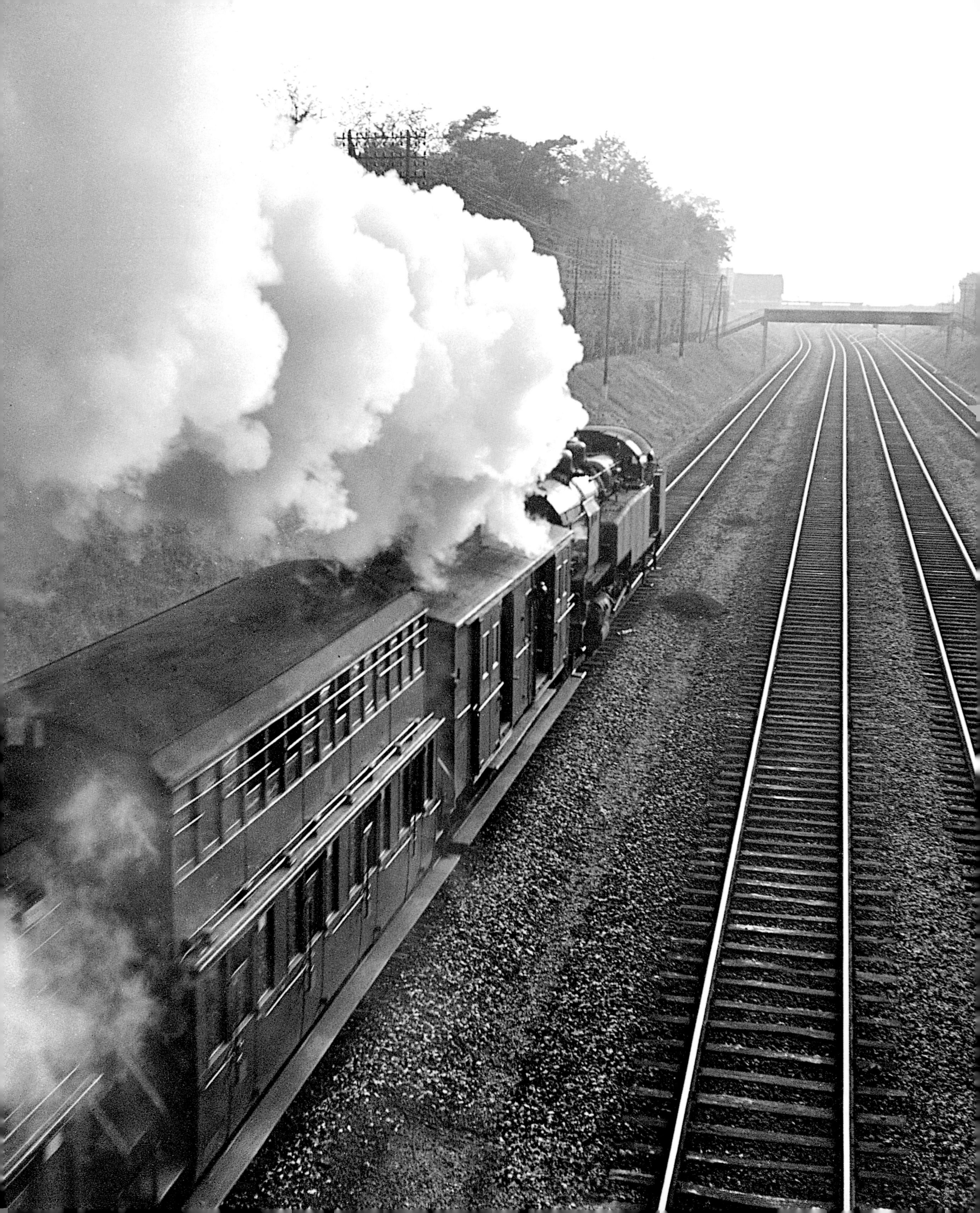

Page de gauche. **Une locomotive en France dans les années 1935.** À cette époque, de nombreuses lignes de chemin de fer sont équipées de wagons-restaurants.

✻ *Chapitre 12*

Les restaurants du voyage

« Les bons vivants des divers pays que nous traversons ne détestent pas [...] prendre le train pour deux ou trois heures, histoire de se remémorer les finesses de la cuisine française et de déguster les excellents vins [...] »

Edmond About, journaliste en voyage sur l'Orient-Express en 1883

Par la mer, par les airs, sur les rails, la cuisine s'est accrochée, dès la seconde moitié du XIXe siècle, au wagon du progrès technique. En paquebot sur l'Atlantique, en train vers Vienne, Istanbul ou Saint-Pétersbourg, plus tard en classe business sur les longs courriers, faire bombance est un passe-temps autant qu'un agrément auquel il faut apporter confort, qualité et service. C'est parfois même la raison d'être principale du voyage, comme l'attestent les témoignages de ces voyageurs qui empruntaient, dans les années trente, la liaison maritime Rouen-Le Havre rien que pour le canard au sang qui était servi à table ! L'excellence de ce plat était d'autant plus méritoire que la restauration de voyage doit faire face à maints défis : l'exiguïté des cuisines, les soubresauts des wagons sur les rails, l'approvisionnement et le stockage des matières premières, la difficulté d'un service de masse.

En gare et sur les rails

Un article de *La Nature* (revue sur les sciences et techniques) relate en 1879, avec admiration, la naissance du wagon-restaurant en Angleterre : « Il y a longtemps que les Américains, gens pratiques et amis du confort, ont inauguré les wagons Pullman, où ils dorment, circulent, prennent leurs repas en toute commodité[1] : nos voisins d'outre-Manche viennent à leur tour de faire l'expérience de magnifiques wagons-restaurants,

Chapitre 12

sur la ligne du Great Northern Railway ; nous allons parler aujourd'hui de cette intéressante initiative. Les dispositions des nouveaux wagons sont luxueuses et rappellent l'arrangement des wagons-dortoirs et des wagons-salons. Le salon d'un wagon-restaurant est garni d'une rangée de petites tables, à chacune desquelles peuvent se placer quatre convives. À l'une des extrémités de ce wagon se trouve une cuisine en miniature, où un chef apprête les mets les plus succulents et les plus propres à satisfaire les voyageurs affamés. Le premier essai, exécuté à la fin du mois d'octobre, a parfaitement réussi. Un repas, composé de six plats chauds, a été servi durant le trajet de Londres à Peterborough, alors que le train marchait à une vitesse de 65 miles (104 kilomètres) par heure. Le wagon-restaurant est si bien posé sur ses ressorts qu'à peine s'aper-

Le wagon-restaurant, avec sa terrasse-cuisine, fut introduit par les Anglais en 1879 sur la ligne du Great Northern Railway.

« Les Docks de Cardiff » (détail), par Lionel Walden, 1894.

Page de droite. **Le wagon-restaurant de l'Orient-Express.** Il inaugure sa carrière légendaire en 1883, parcourant l'Europe de Paris à Istanbul.

çoit-on des oscillations du véhicule. Les voyageurs prirent leur repas avec la même aisance et la même gaieté que s'ils eussent été chez eux. Outre le restaurant-salon et la cuisine, il y a dans les nouveaux wagons un compartiment à l'usage exclusif des dames, un autre à celui des fumeurs, etc. Dix-neuf personnes peuvent dîner à la fois dans le restaurant,

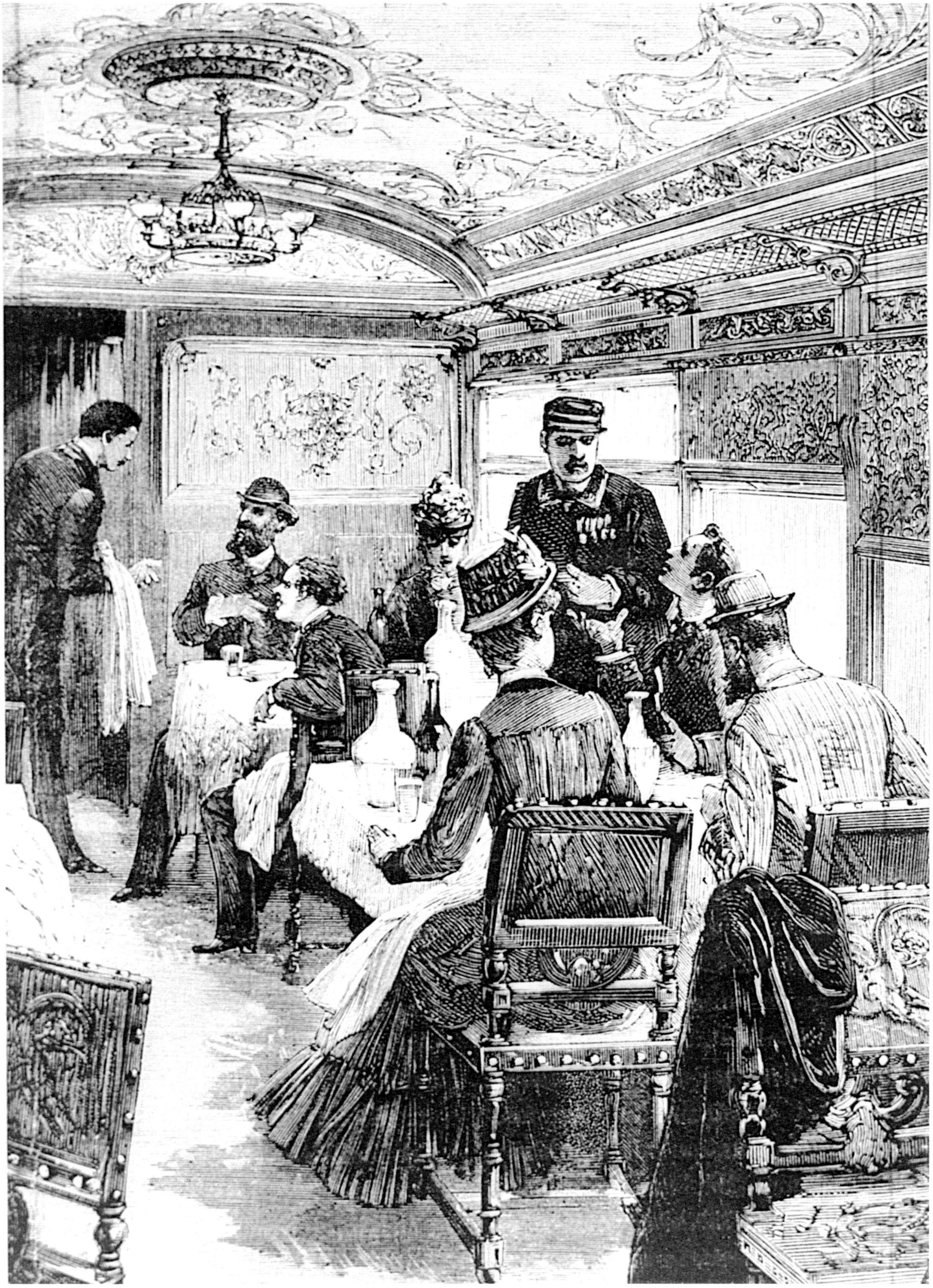

Nord-Express
Text von JUL. FREUND.
MUSIK VON
VICTOR HOLLAENDER.
Für Gesang u. Klavierbegleitung Mk. 1,8
Für Klavier allein (als Walzer) ... Mk. 1,8
Für Zither mit unterlegtem Text ... Mk. 1,
Für grosses Orchester (als Walzer) Mk. 3,
Für Salon-Orchester (Par. Besetzung) Mk. 2,
Für grosse Infanterie-Musik ... Mk. 3,
Für Jäger-(Pionier-) Besetzung ... Mk. 2,
Für Kavallerie-(Blech-) Musik ... Mk. 1,5
VERLAG
HARMONIE
Verlagsgesellschaft für Literatur und Kunst
BERLIN, W.
Lith. Anst. v. C.G. Röder Leipzig
Hans Scheck
Musique & Pianos
METZ, Rue des Clercs N°

où deux garçons dont le plus jeune est costumé en page, s'empressent de répondre à toutes leurs demandes. » Quelques années plus tard, le 4 octobre 1883, c'est au tour du plus célèbre des trains, l'Orient-Express, d'inaugurer une carrière légendaire, parcourant l'Europe de Paris à Istanbul, en ces temps où relier l'Orient et l'Occident relevait de l'utopie. Conçu pour voyager de jour comme de nuit, le train est chauffé, dispose de cabinets de toilette et, bien entendu, propose des voitures-lits et des voitures-restaurants. Il faut imaginer le sort réservé aux hommes d'affaires et d'État, aux célébrités et aux amateurs d'exotisme qui voyagent à son bord. Avant même le dîner, la compagnie met en appétit sa clientèle en servant des chauds-froids de volaille ou de gibier, désossés et cuits en

Un buffet de chemin de fer en 1864, lithographie d'après Droz.

Page de gauche. **Un couple de voyageurs** trinquant au champagne dans le wagon-restaurant d'un train de la compagnie Nord-Express.

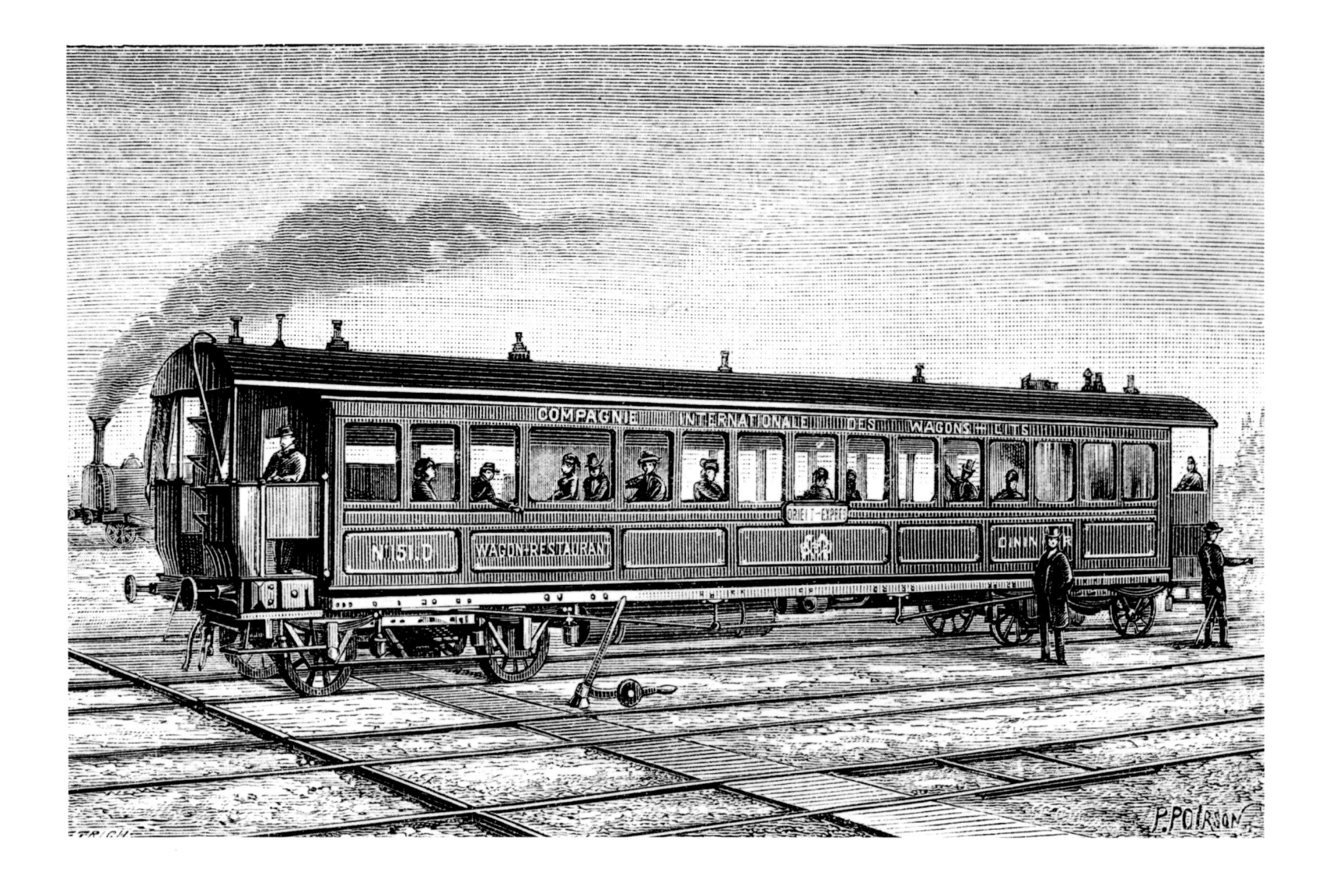

Le wagon-restaurant de l'Orient-Express.

Page de droite. **Affiche de l'Orient-Express** en 1898.
La ligne est un comble de luxe et de raffinement :
nappes blanches, assiettes de porcelaine,
couverts en argent gravés au chiffre de la compagnie,
cabines-couchettes parées d'acajou...

gelée, avec une coupe de champagne. Chacun rejoint sa table, couverte d'une nappe blanche, avec assiettes de porcelaine et couverts en argent gravés au chiffre de la compagnie, pour un dîner de sept plats. Au fil des jours sont proposés terrine de fruits de mer, assiette de poissons fumés, caviar, filet de bœuf Richelieu, volaille de Bresse... Au cours des trois jours de voyage (67 heures et 35 minutes), l'Orient-Express offre aussi à ses hôtes des spécialités locales, car les arrêts dans les gares des différents pays permettent un approvisionnement en produits frais.

À partir des années vingt, la Compagnie des wagons-lits met aussi à la disposition des voyageurs d'autres lignes de luxe desservant l'Europe : la Flèche d'Or qui relie Paris à Londres via Calais et Douvres, et dont la cuisine de 2,50 mètres de long et à peine 5 mètres de large fonctionne encore en 1960 grâce à la cuisinière à charbon ; l'Étoile du Nord sur la liaison Paris-Bruxelles-Amsterdam, inaugurée en 1929 ; ou encore le fameux Train Bleu qui emmène le Tout-Paris sur la Côte d'Azur et la Riviera italienne. La Compagnie attache la plus grande importance à l'aménagement de ses voitures : elle confie à de grands artistes le soin d'imaginer une décoration unique pour chacune d'elles. Le décorateur René Prou habille les voitures Pullman de marqueteries de bois rares ou de laque, les meuble de fauteuils, de moquettes et de lampes en bronze au dessin exclusif. René Lalique, maître verrier, est chargé de la conception de panneaux de verre moulé enchâssés dans des boiseries d'acajou de Cuba. Aujourd'hui, le Pullman Orient Express est à nouveau sur les rails. La Compagnie des wagons-lits a entièrement restauré quelques voitures mythiques. Classées monuments historiques, elles ont retrouvé leur faste d'autrefois : mobilier, vaisselle, tenues du personnel ont été réédités d'après les documents de l'époque.

On peut encore déjeuner ou dîner à la table d'un autre Train Bleu, celui de la gare de Lyon. Alors que se prépare l'Exposition universelle de 1900, la Compagnie Paris-Lyon-Méditerranée (PLM) décide d'édifier une nouvelle gare. Les dizaines de milliers de visiteurs arrivent dans un monument ferroviaire à treize voies, dessiné par l'architecte Marius Toudoire. La gare dispose désormais d'une façade de 100 mètres de long ornée de sculptures allégoriques et d'une tour d'horloge haute de 64 mètres. Le buffet est tout aussi pharaonique. « Il n'y a pas à

Chapitre 12

Voyageurs en gare avec leurs bagages vers 1910.

En bas. **Le Train bleu.**
Les premiers clients de ce luxueux buffet de la gare de Lyon seraient les voyageurs arrivant à Paris pour l'Exposition Universelle de 1900.

Page de droite. **Wagon-restaurant dans le train Paris-Nice,** en 1913, par Sem.

Les restaurants du voyage

Paris de plus beau restaurant que celui de la gare de Lyon : imaginez une vaste pièce rectangulaire et richement décorée, dont le plafond, en anse de panier, semble prendre naissance à deux mètres du sol, tandis que des mascarons de physionomie placide protègent l'envolée de certaines nervures, des sirènes, cariatides de fantaisie, ne soutiennent dans cette architecture que le rêve du voyageur », écrit Louise de Vilmorin[2]. Ce sublime décor tout en dorures, peintures, angelots, guirlandes de fleurs et cornes d'abondance en stuc, a bien mérité son inscription à l'Inventaire des monuments historiques en 1972, soutenue par plusieurs personnalités, en particulier le cinéaste René Clair et l'ancien président de la SNCF, Louis Armand. Le restaurant se compose de la Salle Dorée, longue de 18,50 mètres et haute de 11 mètres, qui doit son nom aux nombreux stucs qui couvrent ses murs, de la Grande Salle, d'une longueur de 26 mètres et de deux salons plus petits (le Salon tunisien et le Salon algérien), ornés de motifs arabes géométriques et de paysages orientaux. Pour décorer l'ensemble, l'architecte a fait appel à trente peintres qui ont réalisé les quarante et une toiles ornant murs et plafonds. Les paysages représentés évoquent les plus beaux sites de France traversés par le réseau PLM : une vue du Mont-Blanc, Antibes, le vieux port de Marseille, le lac du Bourget… Le buffet de la gare de Lyon, fermé pendant la Seconde Guerre mondiale, a bien failli être détruit en 1950 par la SNCF… Aujourd'hui, il est sauf, et toujours ouvert à la curiosité des voyageurs.

En mer et dans les airs

Les liaisons maritimes ont elles aussi donné lieu à des agapes mémorables. Depuis l'inauguration en 1864 de la ligne New York-Le Havre à bord du paquebot à roues *Washington*, jusqu'au paquebot *France* lancé sur les océans en 1960, manger a toujours fait partie intégrante du plaisir de la traversée. Réduite à sa plus simple expression et servie davantage par nécessité lors des premières croisières, la nourriture s'est peu à peu adaptée aux contraintes techniques, jusqu'à devenir à la fois un signe d'apparat indispensable dans la surenchère de luxe à laquelle se livrent les compagnies concurrentes, et un instrument de conquête culturelle, qui trouve dans le paquebot son meilleur vecteur de diffusion. Mis en service le 30 mai 1935 sur la ligne Le Havre-New York, le *Normandie* est un palace flottant mythique. La traversée ne dure que cinq jours et permet à 1 261 privilégiés de vivre un moment inoubliable. On trouve à bord des boutiques, une chapelle et une synagogue, une salle de spectacle de 380 places, une bibliothèque de 4 000 livres et une piscine. Mais le must est la salle à manger de première classe : mesurant 86 mètres de long et 14 mètres de large, elle peut recevoir 700 convives. La cuisine est longue de 60 mètres et accueille 76 chefs et une centaine

Le dîner sur un paquebot de luxe anglais vers 1890.

Page de droite. **Affiche de tourisme** de la compagnie maritime CGT (Compagnie Générale Transatlantique), vers 1930.

Pages 184-185. ***Le Normandie.***
Mis en service en 1935, ce paquebot est un véritable palace flottant, doté d'une salle à manger de première classe mesurant 86 mètres de long et 14 mètres de large et pouvant recevoir 700 convives.

241-006 ETAT
French Line
PARIS . HAVRE . NEW YORK
CHEMINS DE FER DE L'ÉTAT ,
Cie Gle TRANSATLANTIQUE .
Pub. "NOVIA", 20, Quai de la Mégisserie . PARIS
PRINTED IN FRANCE

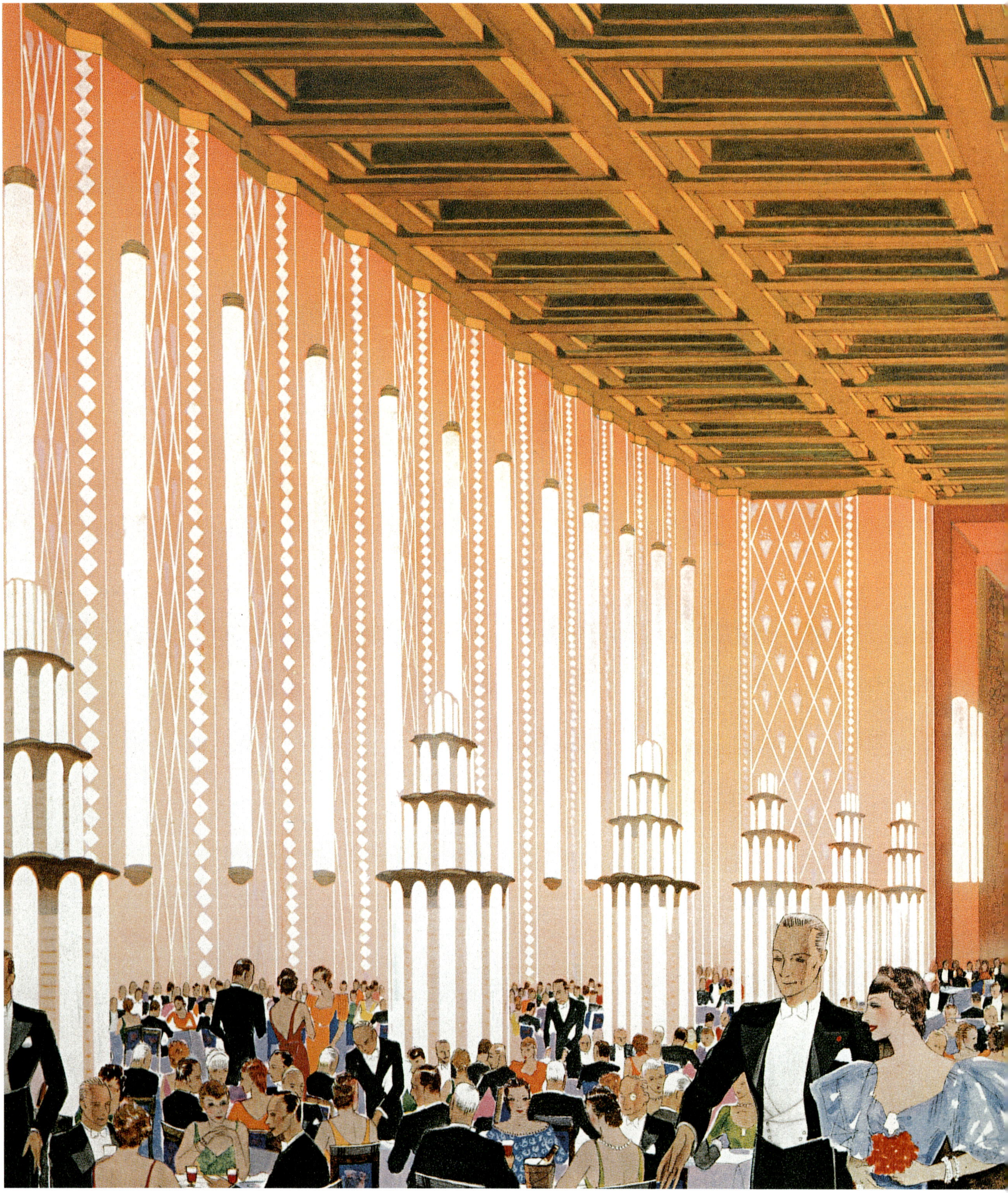

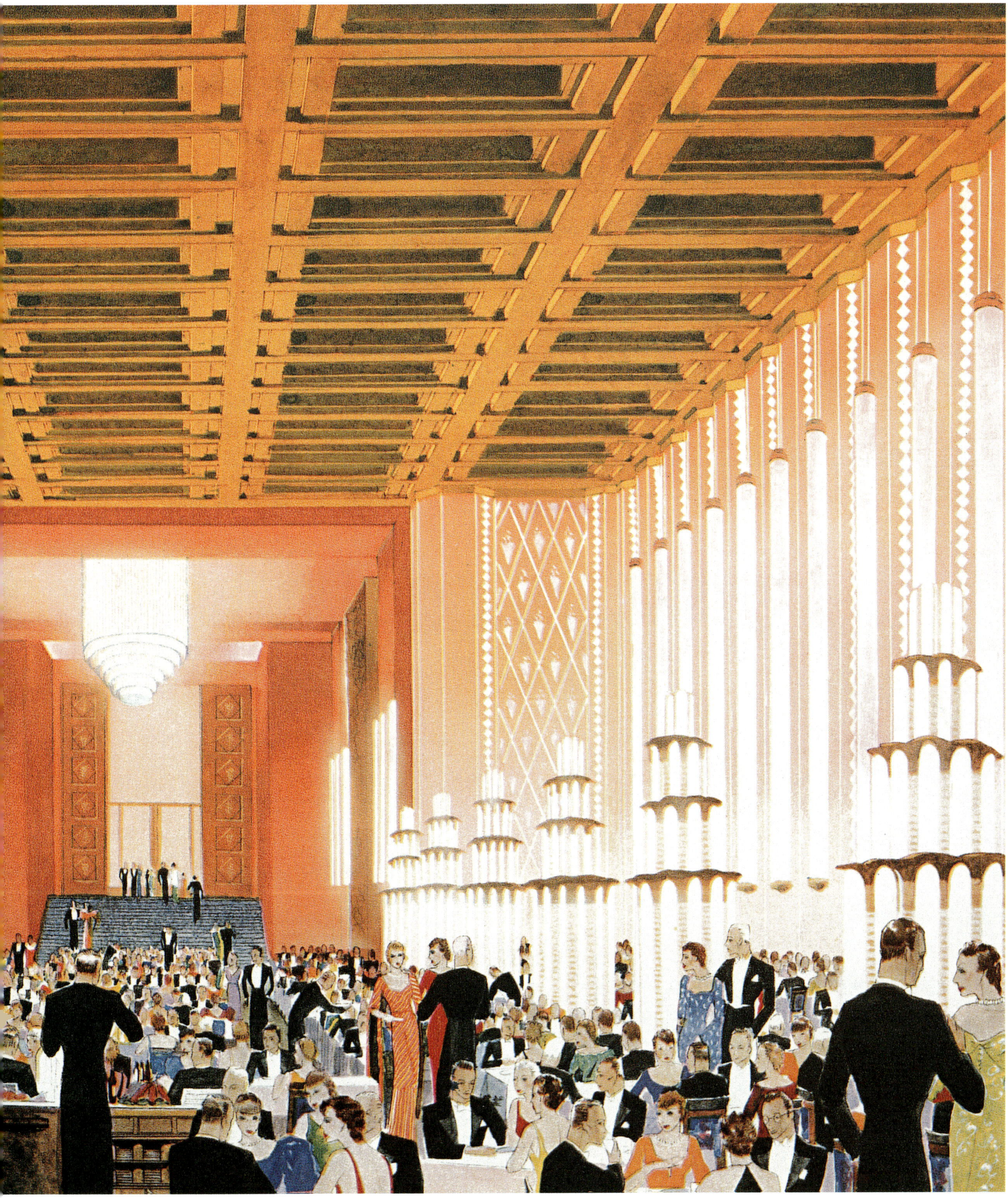

PREMIÈRE CLASSE

le 23 Janvier 1906

PAQUEBOT A. Behic

DÉJEUNER

HORS-D'ŒUVRE
Beurre. radis. Cornebeef
Harengs. Saurs. Achards
Riz & Harick
Carré de veau froid
Gigot froid

PLATS DE CUISINE
Œufs frits
Foie de veau à la meunière
Poulet Bordelaise
Entrecôtes Bercy. Côtelettes pommes
Lentilles en Salade

DESSERT
Tarte frangipane
Brucquebec Hollande
Oranges
Bananes

CAFÉ

de garçons de cuisine qui servent plus de 4 000 repas. La carte, elle, brille par sa diversité : des hors-d'œuvre, cinq potages, deux poissons, une spécialité régionale, des haricots verts frais, des petits pois frais, des courgettes à la Maintenon, des pommes de terre en purée, au four, à l'anglaise, en robe de chambre, sautées à cru persillées, des spaghettis, des macaronis au gratin, du riz nature, au curry, des côtes de charolais rôties à l'anglaise, de la poularde de Bresse à la broche, cinq sortes de jambon… Un buffet froid met également à la disposition des passagers une foule de préparations : bœuf mode en gelée, langoustines mayonnaise, dindonneau à la sauce d'airelles, six fromages, entremets, glaces et fruits frais. Le voyage vers l'Amérique donne aussi lieu à des « jumelages » gastronomiques. Ainsi, pour approvisionner le *Normandie* avant son départ, un train spécial de marchandises fraîches arrive-t-il de Paris, tandis qu'un autre paquebot de la compagnie, le *Paris*, rapporte des produits d'épicerie américains : flocons d'avoine, sirop d'érable, ketchup, épis de maïs ou cranberry sauce.

La gastronomie participe largement du prestige du paquebot *France*, construit par les Chantiers de Saint-Nazaire et lancé le 11 mai 1960. En incluant les 1 000 membres de l'équipage, ce

Le *France* en janvier 1972. Ce paquebot fut lancé entre Le Havre et New York en 1960.

Page de gauche. **Menu des premières classes** du 23 janvier 1901, sur le paquebot transatlantique *L'Armand Behic*.

La cuisine et son équipement moderne.

Cuisine dans un avion transatlantique.
Aquarelle de Geo Ham en 1943.

Page de droite. **Plateau-repas de luxe à Mach 2,**
concocté par de grandes toques françaises…
Ce fut la restauration à bord du Concorde.

sont près de 3 000 personnes qu'il faut nourrir chaque jour à bord de cet hôtel flottant. Avant la croisière Tour du monde de 1972, un carnet de commandes dévoile des chiffres impressionnants : 45 t de farine, 110 t de viande fraîche et congelée, 37 t de poisson, 1 t de caviar, 110 t de pommes de terre, 22 t de fruits, 14 t de fromage ainsi que 12 000 bouteilles de champagne, 8 000 bouteilles de vins fins, 1 600 bouteilles de cognac… Et ces stocks ne comptent pas les réapprovisionnements en denrées fraîches effectués en avion-cargo à Valparaiso, Hongkong ou Le Cap.

Le plus célèbre des chefs à la tête de la brigade du *France* (181 personnes, en comprenant le service en salle !) reste Henri Le Huédé, devenu chef de cuisine titulaire sur le *France* en 1968, après en avoir été le sous-chef de cuisine. Né en 1919, celui-ci avait fait son apprentissage auprès de grandes maisons comme l'Hôtel de la Duchesse Anne à Nantes et Prunier à Paris, avant d'entrer à la Compagnie Générale Transatlantique en 1937 comme commis de cuisine sur le navire *Mexique*. Sa cuisine a très vite reçu des échos favorables, en particulier dans la presse américaine. Ainsi le *New York Times*, sous la plume du célèbre critique Craig Claiborne, consacre-t-il le navire comme le meilleur restaurant au monde. Le critique souligne la propreté du linge de table et considère les serveurs comme « the elite of France » ! Il s'attarde sur la modestie du chef Henri Le Huédé, capable de préparer sans cérémonie n'importe quel plat classique ou régional commandé seulement quelques heures à l'avance. Et rapporte les propos de ce dernier avec une certaine admiration : « Nous essayons de ne jamais préparer deux fois le même plat sur une traversée ou en croisière […]. Et c'est notre grande force. Nous utilisons les meilleurs ingrédients – les meilleurs vins de Bourgogne et de Bordeaux, les meilleurs charolais, du beurre de Normandie et du veau de Charente. »

Le Concorde, qui met Paris à 3 heures de New York à partir de 1977, perpétuera cette excellence gastronomique. Les derniers clients privilégiés de l'avion supersonique se souviennent avec émotion des agapes en plein ciel auxquelles ils ont droit du 14 décembre 2001 ou 14 février 2002, soit un an avant l'arrêt commercial du Concorde sous les couleurs d'Air France. Elles furent préparées par Alain Ducasse, qui avait déjà concocté avec succès le menu du passage à l'an 2000. Offrant un large choix d'entrées (médaillons de homard breton ou confit de canard des Landes, etc.) et de plats chauds (mignon de veau de lait ou filet de bar de ligne à la plancha), ainsi que deux desserts, le menu était préparé quelques heures avant le départ pour New York, par l'équipe des 19 chefs et pâtissiers de Servair et les 40 chefs de l'association Les Toques du Ciel, très au fait des contraintes inhérentes au vol supersonique. Le menu-carte de ce festin à Mach 2 est déjà un objet de collection…

1. Les wagons-restaurants font leur apparition en 1863, aux États-Unis, sur la ligne Philadelphie-Baltimore.
2. Louise de Vilmorin, *La Lettre dans un taxi*, 1958.

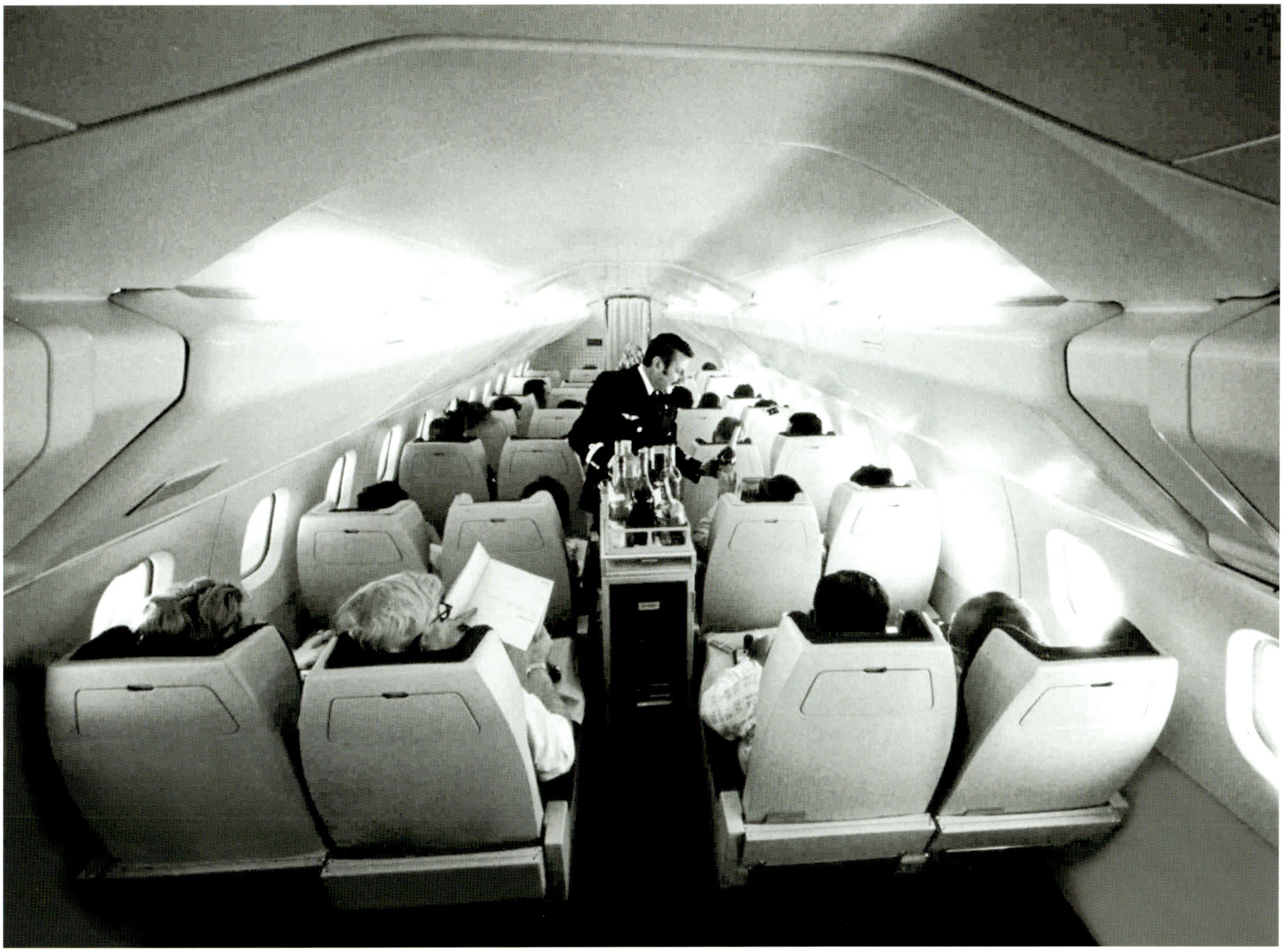

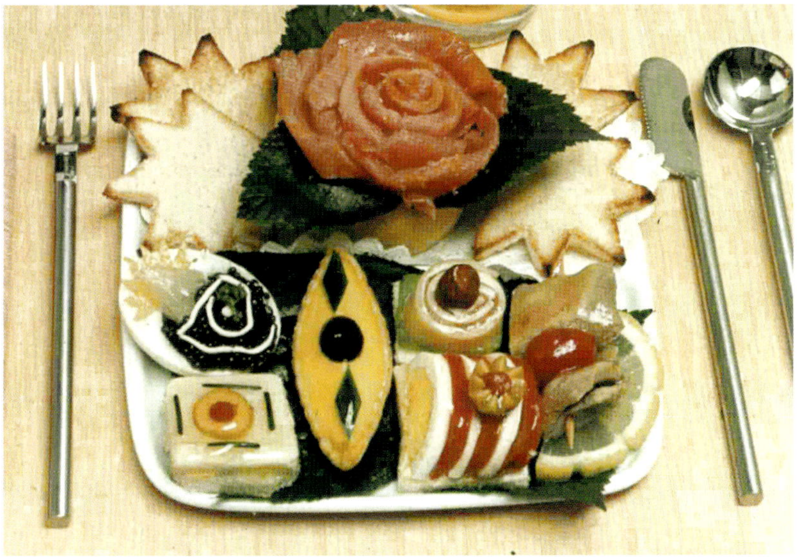

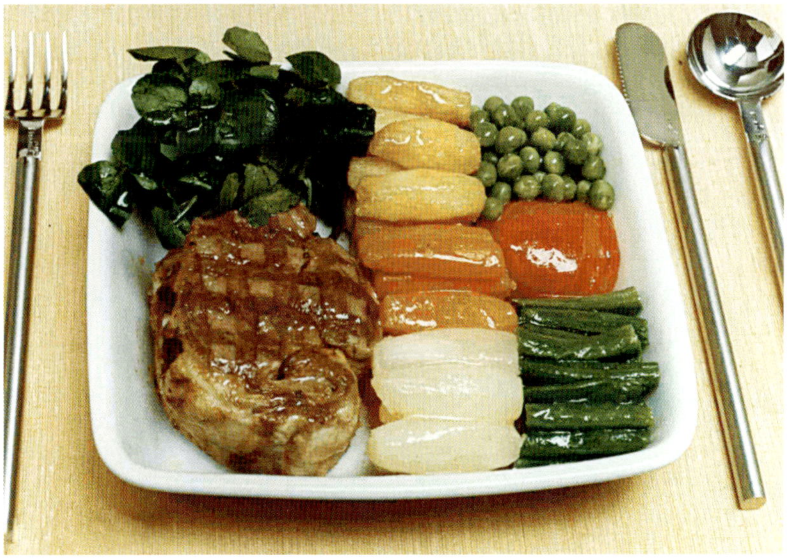

Page de droite. **Louis de Funès,** alias Charles Duchemin,
en séance de dégustation à l'aveugle avec son fils incarné
par Coluche, dans la comédie *L'Aile ou la cuisse ?*

✺ *Chapître 13*

La critique gastronomique

« Nous n'avons pas inventé la nouvelle cuisine française : pour inventer une cuisine, il faut la faire, ce qui n'est pas notre cas. Nous avons trouvé la formule. Presque sans en avoir conscience. Comme beaucoup de Français, nous ressentions un besoin de simplicité. Ce fut notre quête, presque instinctive, dès que nous nous sommes lancés dans l'aventure de la critique. »

Henri Gault et Christian Millau, *Gault et Millau se mettent à table,* 1976

Qui ne se souvient de Louis de Funès se tapant la cloche dans les grands restaurants, déguisé en veuve ou en touriste américain à chemise hawaïenne ? L'acteur incarne Charles Duchemin, le directeur d'un grand guide gastronomique dans *L'Aile ou la cuisse ?*. La référence au *Guide Michelin* est à peine voilée. Sous ses dehors de comédie populaire, ce film de Claude Zidi revêt a posteriori une pertinence sociologique riche en enseignements. D'abord, il campe, si besoin était, le chroniqueur gastronomique en figure popularisée et institutionnalisée de nos mœurs alimentaires.

Ensuite, il prend part, avec plus de sérieux qu'il n'y paraît, au débat qui fait rage à l'époque. Nous sommes dans la première moitié des années 70, précisément au moment où Christian Gault et Henri Millau lancent leur « mai 68 culinaire ». *L'Aile ou la cuisse ?* renvoie dos à dos, à travers une caricature acerbe et truculente, la critique garante de la qualité et des traditions culinaires et la cuisine industrielle, ancêtre de la « malbouffe ».

La critique des critiques gastronomiques est, en France, un sport national. Qui sont donc ces enquêteurs qui sanctionnent

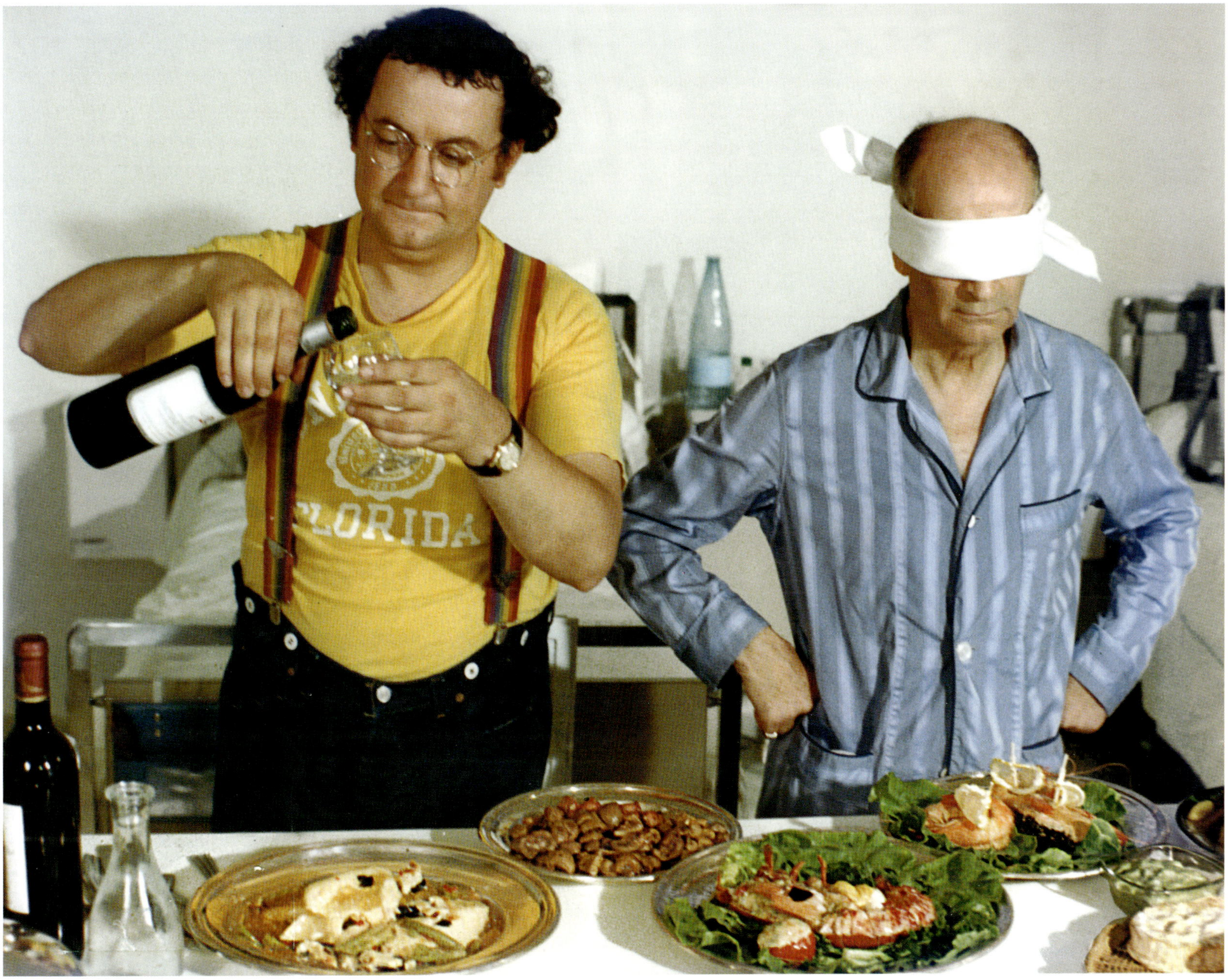
FLORIDA

Les audiences d'un « gourmand » dans *L'Almanach des Gourmands,* l'incroyable guide best-seller de Grimod de la Reynière de 1804 à 1812.

Grimod de la Reynière

« Le succès inespéré qu'ont obtenu les cinq Années de notre Almanach des Gourmands, publiées successivement, attendues avec impatience, enlevées avec rapidité et réimprimées plusieurs fois, nous ont prouvé que le nombre de candidats et d'adeptes augmentoit chaque jour, et que tous demandoient impatiemment qu'on leur fît voir la lumière. »

par des notes ou des étoiles les tables qu'ils visitent ? Quelle est leur légitimité ? Leur déontologie ? Autant de questions légitimes qui reviennent à intervalles réguliers (la dernière tempête remonte à février 2003, lors du suicide de Bernard Loiseau), avec une affectivité passionnelle dont seul notre pays est capable.

La naissance des « critiques gastronomes »

Qu'on le veuille ou non, la critique gastronomique est un fait culturel ancré dans l'histoire. On pourrait résumer les circonstances de son apparition par cette formule rapide : il existe des critiques depuis qu'il existe des restaurants. Souvenez-vous, le restaurant est inventé dans les années 1760 et le chef cuisinier, jadis tributaire d'un maître de maison pour lequel il officiait, se trouve cette fois exposé au jugement d'une clientèle qui s'achète un service. « Or en sacrant l'opinion publique, le mouvement libéral fondait, pour cet objet en apparence trivial comme pour tant d'autres, souvent plus nobles, l'instance devait laquelle l'écrivain de bouche allait pouvoir faire comparaître le cuisinier. De gratuite et d'occasionnelle, la littérature gourmande devenait, et de plus en plus, utile, voire utilitaire[1] ». L'historien Pascal Ory décèle ici la naissance de la critique gastronomique.

Alexandre-Balthazar Grimod de la Reynière (1858-1837) est le pionnier de ce nouveau genre de littérature. Ce parfait gentilhomme, né dans une dynastie de fermiers généraux, avait déjà défrayé la chronique le 1er février 1783, en conviant une vingtaine de personnes à un dîner excentrique, au moyen d'étranges cartons d'invitation mortuaires, frappés d'un catafalque et d'une croix noire. En 1803, sa notoriété s'installe durablement lorsqu'il publie *L'Almanach des Gourmands.* Cet ouvrage précurseur est une sorte de vade-mecum qui contient à la fois un « calendrier nutritif », où l'auteur répertorie avec humeur toutes les productions alimentaires mois après

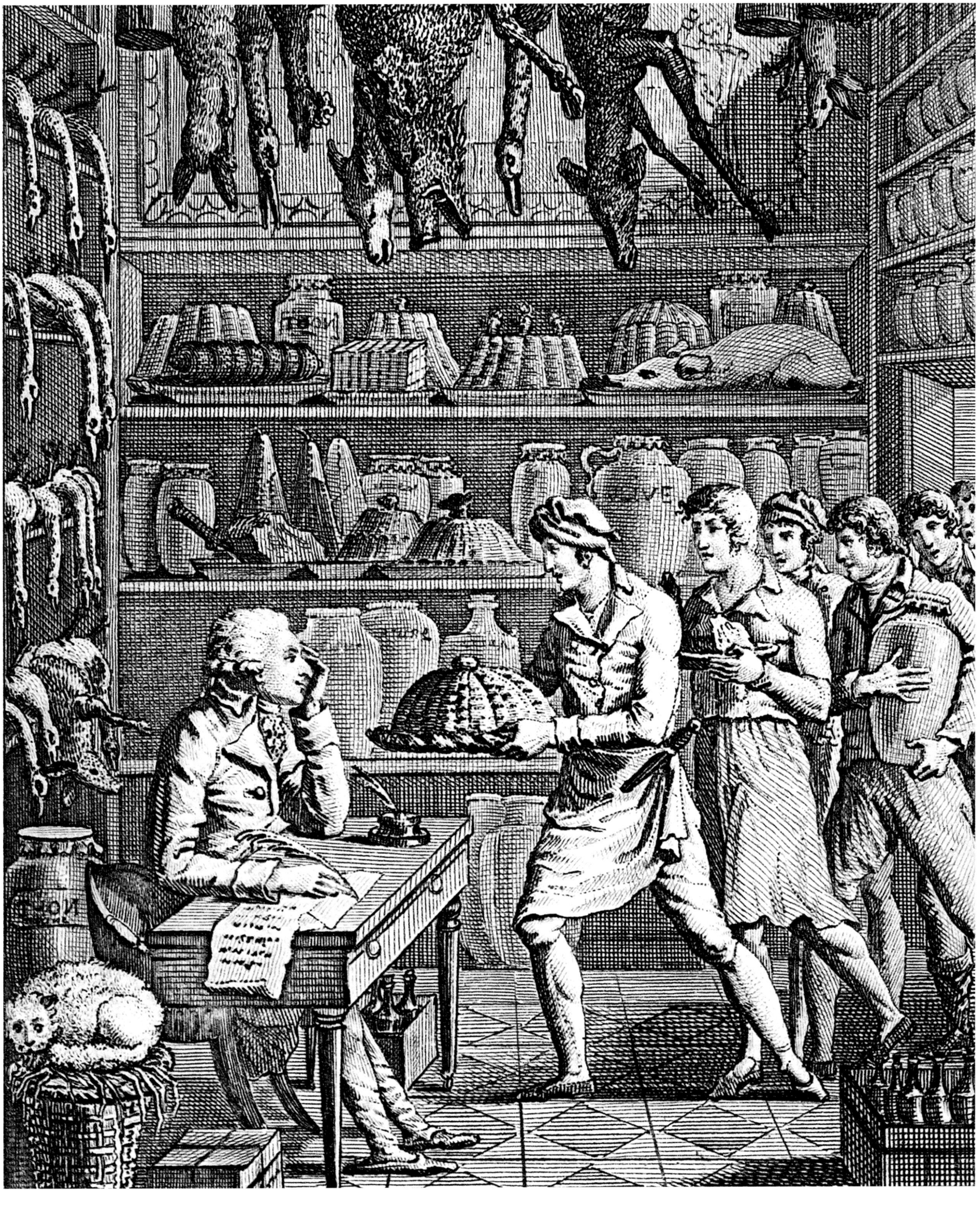

CHARLES MONSELET

Caricature du Baron Brisse en cuisinier, pelant une carotte géante, illustration par Phoebus dans *La Fronde* du 1ᵉʳ janvier 1875.

Page de gauche. **Le poète et gastronome Charles Monselet** était de tous les dîners littéraires ou mondains dans les restaurants des boulevards au XIXᵉ siècle. Il est ici caricaturé en angelot potelé par Étienne Carjat.

mois, et des « promenades nutritives », sorte de topographie gourmande, où il passe au crible les restaurants de la capitale, avec un sens du parti pris et une verve qui préludent au style journalistique. Le succès de ce premier « guide » est tel que Grimod de la Reynière, à la fois par souci d'exactitude et par logique commerciale, procède à une mise à jour annuelle jusqu'en 1808, puis en 1810 et en 1812. Dans la préface de son *Manuel des Amphitryons* (1808), il revient sur l'engouement dont son guide fut l'objet : « C'est pour tâcher d'en fixer la durée, c'est afin d'offrir à ces dignes Néophites (sic) quelques documents utiles, que nous nous sommes lancés dans la carrière alimentaire, et livrés sans réserve à la Littérature gourmande, que jusqu'à cette époque nous n'avions guère cultivée qu'in petto. Le succès inespéré qu'ont obtenu les cinq Années de notre *Almanach des Gourmands*, publiées successivement, attendues avec impatience, enlevées avec rapidité et réimprimées plusieurs fois, nous a prouvé que le nombre de candidats et d'adeptes augmentoit chaque jour, et que tous demandoient impatiemment qu'on leur fît voir la lumière ». Grimod de la Reynière est aussi à l'origine du *Journal des gourmands et des belles*, sorte d'ancêtre de nos magazines d'art de vivre, qu'il rédige en association avec « plusieurs convives des Dîners du Vaudeville et un Docteur en médecine ». Une façon de donner à l'approche hédoniste de la table une caution savante. En 1815, Honoré Blanc publie le *Guide des Dîneurs*, dont le sous-titre laisse aussi deviner la prétention scientifique : *Statistique des principaux restaurants de Paris*. L'ouvrage décline les principales adresses de restaurateurs de l'époque, accompagnées de brefs commentaires et des cartes détaillées avec le prix de chaque mets.

Loin d'une certaine forme de dilettantisme aristocratique, les écrivains de bouche prennent donc leur mission au sérieux. Et la *Physiologie du goût*, publiée en 1825 par Brillat-Savarin, bien qu'étant un traité théorique fondateur et non un guide de bonnes adresses, contribuera à « l'adoubement » social et intellectuel des « critiques gastronomes ». Le baron Léon Brisse (1813-1876) est le premier d'entre eux, à partir de 1866, à rédiger une chronique quotidienne. Dans le journal populaire *La Liberté*, il anime chaque jour la rubrique « Le Monde gastronomique » à grand renfort de recettes et de commentaires de restaurants. Dans un registre nettement plus

Chapitre 13

léger, Edmond Texier et Taxile Delord, qui se considèrent comme des « philosophes pratiques », publient dans les années 1850 les « Petits-Paris », une collection de guides de poche destinée à un lectorat épicurien. Parmi quelque cinquante titres, *Paris-Restaurant* (1854) délivre conseils pratiques, bonnes adresses et aphorismes.

Sous le Second Empire, Charles Monselet (1825-1888), reprend le flambeau de la chronique gastronomique. Ce poète, journaliste et romancier, est une figure ambitieuse des boulevards, qui se revendique comme l'héritier de Grimod de la Reynière et Brillat-Savarin. Ami des chefs et compagnon du beau monde, il rédige pour des périodiques parisiens ses « Lettres gourmandes » ou « Récits de table ». Mais son ton léger, son hédonisme béat et son manque de profondeur théorique lui vaudront d'être raillé par nombre de ses contemporains et écarté de nos bibliothèques gastronomiques.

De la « forteresse de la gastro-culture »…

S'il existe, en revanche, un ouvrage bien en vue dans nos rayonnages et nos boîtes à gants, c'est bien le *Guide Michelin*. Rouge, épais, couverture rigide et papier bible, il s'est autoproclamé « bible du voyageur ». À bon droit : il s'en est arraché plus de trente millions d'exemplaires depuis la Belle Époque. Et dire qu'il n'était, à sa naissance en 1900, qu'un annuaire édité par un fabricant de pneumatiques et destiné aux premiers automobilistes, ces aventuriers qui se lançaient sur des routes non goudronnées, non signalisées, sans stations-service, avec des véhicules qui tombaient régulièrement en panne… « Le présent ouvrage a le désir de donner tous les

La critique gastronomique

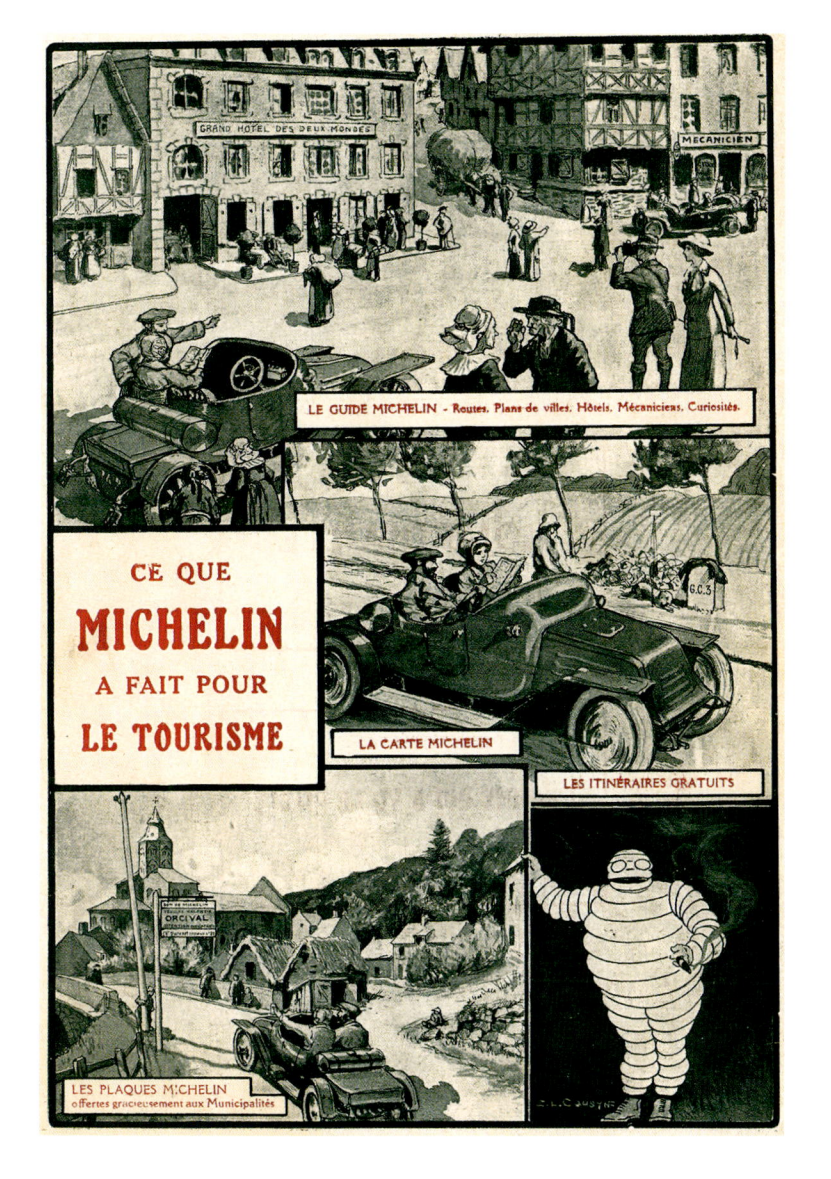

renseignements qui peuvent être utiles à un chauffeur, voyageant en France, pour approvisionner son automobile, pour la réparer, pour lui permettre de se loger et de se nourrir, de correspondre par poste, télégraphe ou téléphone », explique-t-on dans l'avant-propos de la première édition 1900 de ce petit vade-mecum « offert gracieusement aux chauffeurs ». Entre les dépôts de carburant, les ateliers de mécaniciens et les fosses pour réparations se glissent quelques rares adresses d'hôtels-restaurants… D'année en année, l'automobile devient un moyen de tourisme privilégié. Le *Guide Michelin* rencontre un écho grandissant auprès de la bourgeoisie et des classes

Publicité pour le *Guide Michelin*, vers 1920.

La première édition du *Guide Rouge* fut publiée en 1900 et indiquait aux chauffeurs les adresses à travers la France de dépôts de carburant et d'ateliers de mécaniciens, bien avant que sa vocation devienne gastronomique.

Page de gauche. **Le guide pamphlet *Paris-Restaurant*** de Taxile Delord et Edmond Texier, fut un livre au format poche publié en 1854 et délivrant conseils pratiques, bonnes adresses et aphorismes.

Page de gauche. **Dessin stylisé du Bibendum Michelin** converti en cuisinier flanqué d'une toque et d'un cigare.

Chapitre 13

fameuses formules qui n'ont pas changé d'un iota : « mérite un détour », « vaut le voyage »… C'est aussi de ces années-là que date l'instauration de véritables inspecteurs qui sillonnent tout le pays (qui ne sont plus les « voyageurs de commerce » du pneu profitant de leurs déplacements pour tester des restaurants) et des questionnaires de satisfaction invitant le lecteur à réagir sur le choix des adresses. Le *Guide Michelin* fonde sa ligne de conduite à la fois sur un certain régionalisme (qui fait l'apologie des terroirs) et les valeurs de la IIIe République. Avec ses étoiles et ses inspecteurs, Michelin n'est plus seulement un guide de bonnes adresses : il institutionnalise une véritable moyennes qui s'enrichissent. Dans l'édition de 1923, les restaurants sont, pour la première fois, cités indépendamment des hôtels. Mais le jugement « gastronomique » n'interviendra qu'en 1926 : une petite étoile, associée au symbole des hôtels, « indique les hôtels possédant une table renommée ».

À partir des années trente, le manuel des automobilistes devient définitivement une bible des gourmets. Sur la couverture de l'édition de 1932, Bibendum est flanqué d'une toque et d'une casserole. Les niveaux des deux et trois étoiles sont créés en 1931 pour la province et en 1933 pour Paris, avec les

Un gourmand à Paris de Robert Courtine, publié en 1959.
L'auteur fut l'un des chroniqueurs gastronomiques les plus talentueux et les plus prolifiques du xxᵉ siècle.

Page de gauche. **Publicités dans les années 30 pour le *Guide Michelin*.**
Bibenbum, la mascotte de Michelin, apparaît toqué sur l'édition de 1932 et affublé de coiffes folkloriques pour les guides régionaux.

méritocratie qui façonne le paysage gastronomique national. Son tirage de plusieurs centaines de milliers d'exemplaires chaque année (800 000 exemplaires pour l'édition 2000) lui assure de surcroît un tel impact sur la clientèle qu'il fait et défait la réputation des restaurants en fonction des notations qu'il leur accorde. Aussi les chefs cuisiniers restent-ils tributaires du phénomène : ils admirent la bible rouge, ou la craignent, mais ne peuvent l'ignorer. Il semblerait pourtant que, malgré le sourire de Bibendum, le *Guide Michelin* soit en proie à une contestation rampante. Chaque année, son palmarès est disséqué et discuté, une partie de la chronique gastronomique accuse le *Michelin* de ne plus être en phase avec le pays réel, tandis que, phénomène nouveau, certains chefs n'hésitent plus à « rendre leurs étoiles » pour s'affranchir du diktat de la sanction et de la surenchère d'investissements que la course aux étoiles implique.

… à ce « quelque chose d'autre »

Dans les années soixante, l'institution Michelin était déjà ébranlée dans ses fondations par Christian Gault et Henri Millau, deux journalistes jeunes et impertinents de *Paris-Presse*. Voici comment ils se situent à l'époque par rapport à ce qu'ils nomment la « forteresse de la gastro-culture » : « Il ne s'agissait pas pour nous de fabriquer un « anti-Michelin ». C'eût été aussi dérisoire et stupide que d'inventer une anti-Académie française. Notre propos, plus ambitieux, était de créer quelque chose d'autre, de faire du journalisme – si possible, du bon – dans un domaine où celui-ci ne brillait plus guère. Et par la même occasion, de dépoussiérer, de désencroûter l'art de la table. Il ne fallait pas se donner grand mal pour faire figure de contestataires, de trublions bien décidés à brouiller l'image ultra-bourgeoise et terriblement anachronique de la gastronomie traditionnelle. Celle-ci, d'ailleurs, apparaissait en filigrane tout au long des pages du Michelin[2]. » Ce « quelque chose d'autre » qu'ils entendaient créer, ce fut la « nouvelle

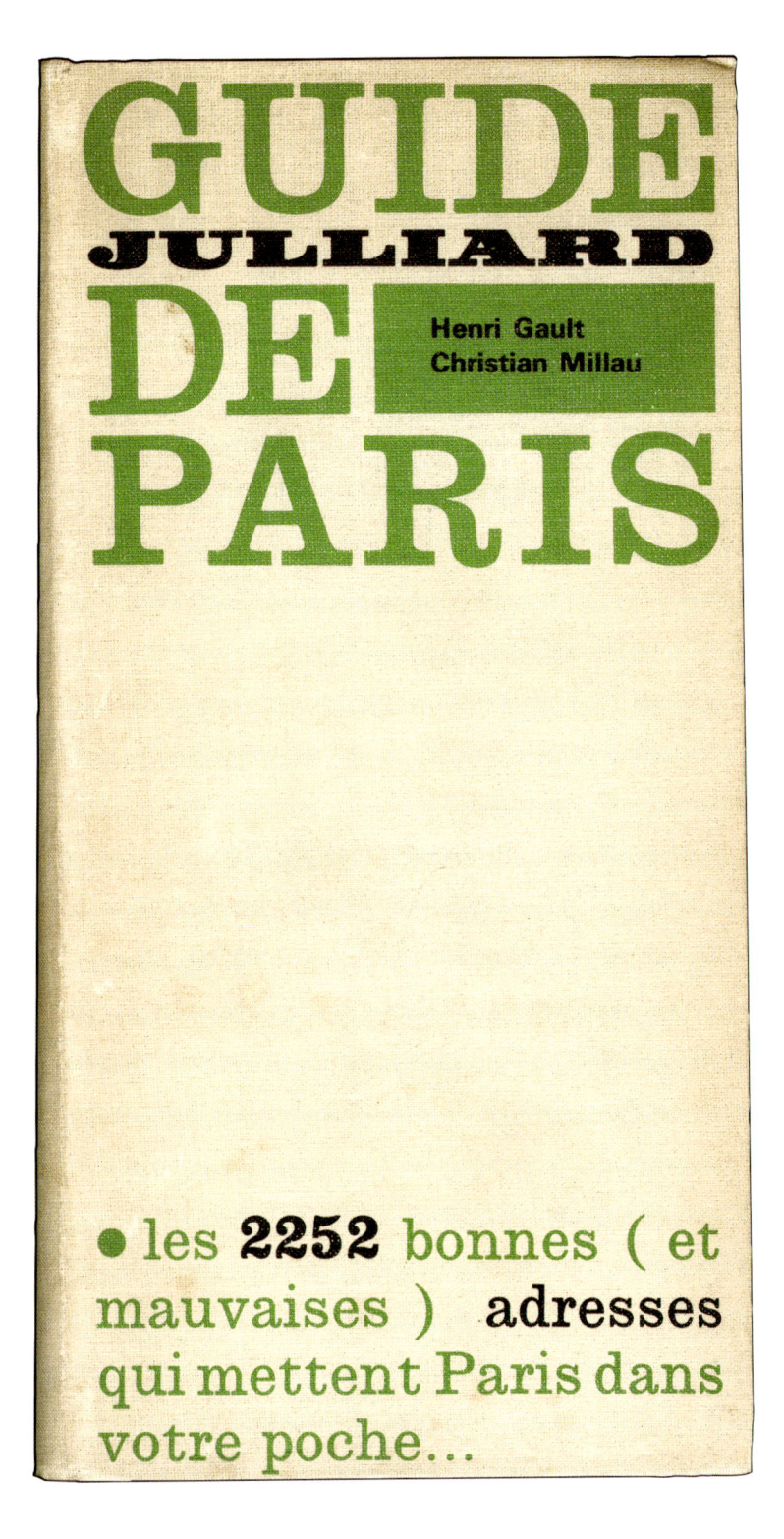

Publié pour la première fois en 1962, le *Guide Julliard de Paris*, fut la première tentative du duo de journalistes Henri Gault et Christian Millau pour imposer leur nouvelle vision de la table.

Page de gauche. **Gault et Millau** sont devenus des figures très populaires de la chronique gastronomique dans les années 70.

cuisine ». En 1973, les deux compères publient un article intitulé « Vive la nouvelle cuisine française[3] », dans lequel ils édictent dix commandements pour rompre avec les codes rassis de la vieille cuisine héritée d'Auguste Escoffier. Ils prennent soin de préciser qu'ils n'inventent pas un nouveau style de cuisine mais qu'ils se contentent d'accompagner un mouvement porté par une nouvelle génération de chefs, parmi lesquels « Bocuse, Troisgros, Haerberlin, Peyrot, Denis, Guérard, Manière, Minot, Chapel, etc. et à d'autres titres Girard, Senderens, Olivier, Minchelli, Barrier, Vergé, Delaveyne, etc. ». Parmi les principes dans lesquels ces toques se reconnaissent, Gault et Millau revendiquent la réduction des cuissons pour assurer aux aliments toute leur délicatesse et une digestibilité parfaite, l'abandon des marinades et des faisandages, le refus des sauces trop riches et trop lourdes et la recherche d'une cuisine diététique. De ces recommandations naîtront quelques plats emblématiques : le saumon à l'oseille de Troisgros, le pigeon laqué de Senderens, la soupe aux moules safranée de Bocuse, le crabe-pamplemousse de Girard ou la salade folle de Guérard. Que reste-t-il de la « nouvelle cuisine » ? Tout et rien à la fois. La cuisine de marché des chefs d'aujourd'hui, leur traque des meilleurs produits frais, leur goût pour les cuissons courtes, leur ouverture sur les influences exotiques, leur curiosité à l'égard des ustensiles technologiques sont incontestablement des héritages de la nouvelle cuisine. Mais le fait de l'avoir codifiée la condamne autant à marquer l'histoire de la gastronomie qu'à être défaite par d'autres critiques fossoyeurs de codes…

1. Pascal Ory, *Le Discours gastronomique français*, 1998.
2. *Gault et Millau se mettent à table*, 1976.
3. *Le Nouveau Guide Gault et Millau*, octobre 1973.

GAULT et MILLAU
se mettent à TABLE

Stock

Page de droite. **L'essor de l'automobile au XXᵉ siècle** fut l'un des principaux facteurs de l'essor des restaurants en province. Ici, un embouteillage près de Montlhéry (Essonne), sur la route de Paris.

✳ *Chapitre 14*

Les routes de France

« *Jadis on allait peu ou point jusque-là, faute de route praticable, de moyens de transport, de gîtes assurés ; l'auto a permis la révélation de ce grandiose pays. Il a cessé d'être* terra incognita. »

Camille Mauclair, « L'automobile et le tourisme », *L'Illustration*, 1926

Paris et le désert français » : la formule, devenue célèbre, du géographe Jean-François Gravier, qui dénonçait la centralisation, pourrait aisément s'appliquer à notre gastronomie jusqu'au début du XXᵉ siècle. Paris, capitale sans terroir mais riche de ses nombreux restaurants, fut longtemps considérée comme le point névralgique de la gastronomie nationale et mondiale. Eugène Briffault a pu écrire : « Quand Paris se met à table, la terre entière s'émeut. [...] Pour la France, le dîner de Paris est la grande affaire du pays[1]. » Les régions et leurs auberges n'ont qu'à bien se tenir. Jean-Paul Aron note : « Sous le Premier Empire, le centralisme est érigé en vision du monde : aussitôt la gastronomie s'accorde sur les institutions officielles. Mais pas plus que le ministère de l'Intérieur n'est une mosaïque d'administrations départementales, elle ne se borne à juxtaposer les spécialités des terroirs : le particularisme des goûts disparaît dans une sensibilité globale. C'est pourquoi la cuisine des régions n'est, au XIXᵉ qu'un aspect pas toujours recommandable du folklore gourmand[2]. » Mais le pays n'en est pas à un paradoxe près. En même temps que s'y développe un jacobinisme dénonçant les terroirs comme autant d'obstacles à la division administrative, une curiosité intellectuelle et hédoniste à l'égard de la diversité des cuisines françaises fait école. En 1809, Cadet de Gassicourt publie son *Cours gastronomique* où figure, fait nouveau, une « grande carte gastronomique de la France ». Entre les huîtres de Cancale, les pieds de cochon de Sainte-Menehould, la moutarde de Dijon et les truffes de Périgueux, le lecteur prend conscience de la richesse et de la diversité des ressources

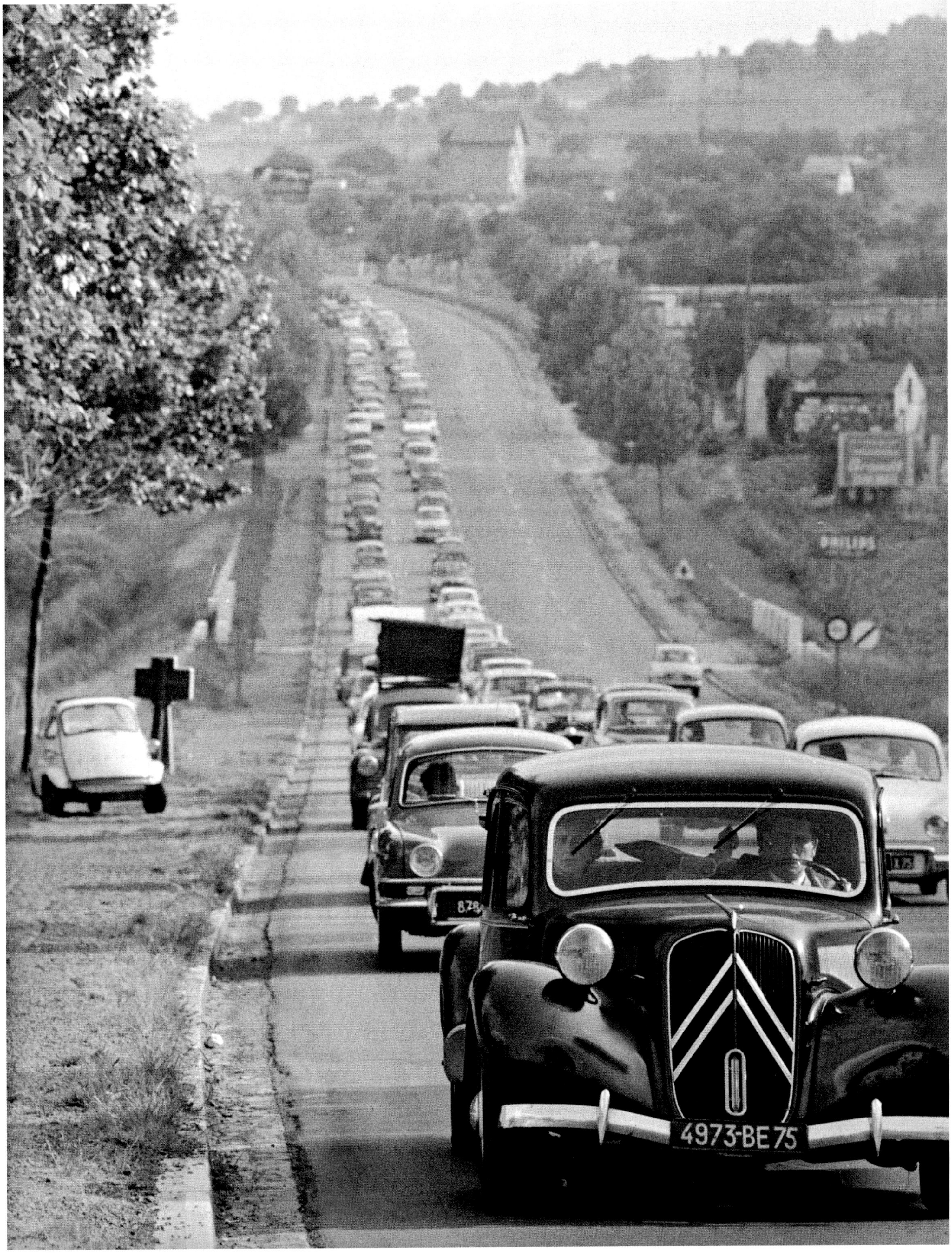
4973-BE 75

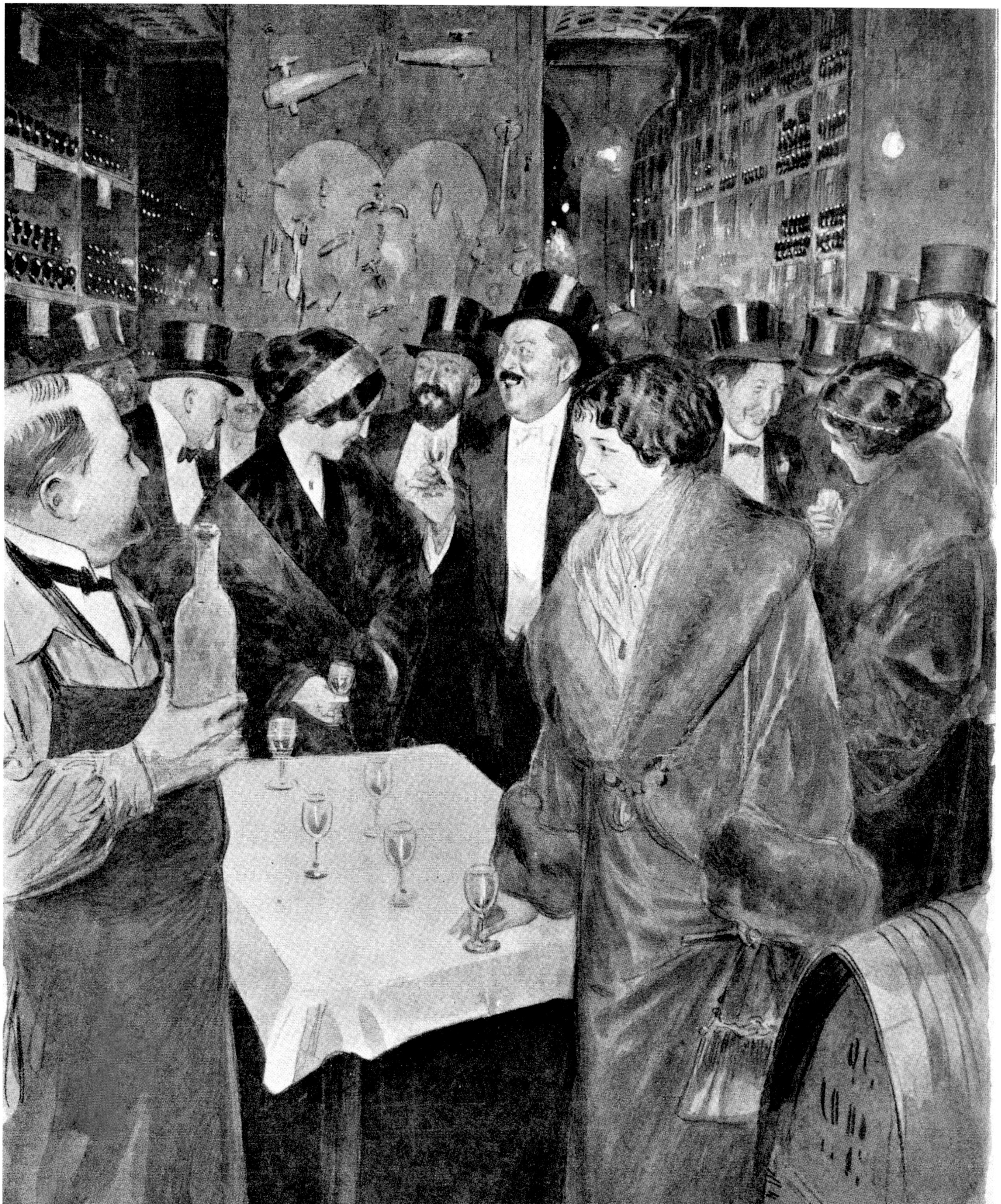

Tourisme automobile sur les routes de France entre Évian et Nice, vers 1910.

Le chroniqueur Curnonsky, auteur des vingt-huit volumes de sa *France gastronomique*, fut un membre influent du Club des Cent.

Page de droite. **Le Club des Cent** visitant une cave l'année de son inauguration en 1912. Cette association s'était donné pour mission de « défendre en France le goût de la propre, de l'harmonieuse, de la bonne vieille cuisine nationale ».

nationales. Suivra, à partir des années 1830, la publication de nombreux traités et recueils qui se fixent pour ambition d'inventorier et de codifier les recettes régionales. Citons, parmi tant d'autres, *Le Cuisinier Durand*, ouvrage de recettes provençales publié en 1830, et *L'Ancienne Alsace à table*, écrit par Charles Gérard en 1862.

La route du Midi

Le XXe siècle marque l'émancipation des cuisines régionales. Le développement du tourisme, grâce à la démocratisation de l'automobile, y est pour beaucoup : il a désenclavé les territoires, engendré l'exaltation cocardière des savoir-faire régionaux et encouragé l'essor des restaurants. Le succès du *Guide Michelin*, au départ simple vade-mecum pour chauffeurs et vélocipédistes devenu peu à peu une véritable bible gastronomique, n'en est-il pas la parfaite illustration ? Maurice Sailland dit Curnonsky (1872-1956), l'un des plus fameux chroniqueurs gastronomiques du XXe siècle, s'inscrit pleinement dans cette forme de religion provincialiste qui loue la richesse et la variété des cuisines et des terroirs français. Pour populariser le mythe de l'excellence nationale, celui que l'on a surnommé le « prince des gastronomes » entreprend, dans les années vingt, la rédaction des vingt-huit volumes de sa *France*

gastronomique, guide des merveilles culinaires et des bonnes auberges françaises. On lui doit aussi la création, en 1927, de l'Académie des Gastronomes, qui compte quarante « gourmands éclairés » qui se sont donné pour tâche la promotion du tourisme gastronomique. Curnonsky inventera d'ailleurs le terme de « gastronomades » pour désigner ces nouveaux

Eugène Briffault

« Quand Paris se met à table, la terre entière s'émeut. [...] Pour la France, le dîner de Paris est la grande affaire du pays. »

Club des Cent

46ᵉ DINER

D'ASSEMBLÉE GÉNÉRALE

voyageurs qui arpentent les petites routes de notre douce France à la recherche d'étapes gourmandes. Quinze ans plus tôt, en 1912, le journaliste Louis Forest avait fondé le fameux Club des Cent (dont fit partie André Michelin), qui avait pour mission de « défendre en France le goût de la propre, de l'harmonieuse, de la bonne vieille cuisine nationale ».

À partir des années trente, la route du Midi, qui relie Paris à la Côte d'Azur en passant par la Bourgogne, Lyon et la Provence, devient l'axe d'une bien curieuse transhumance gastronomique. L'instauration, avec le Front populaire, des congés payés et des grandes vacances, entraîne de plus en plus de « gastronomades » sur la fameuse Nationale 7 chantée par Charles Trenet. L'édition de 1936 du *Guide Michelin* est, à cet égard, révélatrice. En dehors de Paris, avec ses sept restaurants trois étoiles, les établissements de province qui détiennent la récompense suprême sont, à de rares exceptions près, situés aux abords de cette fameuse route du Sud. Il y a d'abord Alexandre Dumaine, à Saulieu. Ce chef légendaire occupa les fourneaux de l'Hôtel de la Côte d'Or de 1931 à 1963. Francis

Le départ en vacances dans les années 20
était une promesse de péripéties mécaniques et... gourmandes !

Page de gauche. **Menu du Club des Cent** donné Chez Maxim's, rue Royale à Paris.

Carton et Alfred Guérot, présidents perpétuels de la Société des cuisiniers, l'ont nommé le « Carême du XXe siècle » et Curnonsky avait cette formule : « Paris-Dumaine : 260 kilomètres, étape de gueule et d'amitié ». Plusieurs générations de gourmets se souviennent avec émotion de sa poularde aux truffes, une perfection qui sera perpétuée par un certain Bernard Loiseau.

Descendons plus au sud chez Fernand Point, à Vienne. En 1930, ce jeune cuisinier qui vient de se marier reprend La Pyramide, le restaurant de son père Auguste, mort cinq ans plus tôt. Il achète un terrain attenant, fait dessiner des jardins et installe une grande terrasse sous des platanes et marronniers séculaires. L'intérieur bourgeois est en accord avec ses prouesses culinaires : foie gras en brioche, mousse de truite,

Chapitre 14

Jean-Paul Aron

« Sous le Premier Empire, le centralisme est érigé en vision du monde : aussitôt la gastronomie s'accorde sur les institutions officielles. Mais pas plus que le ministère de l'Intérieur n'est une mosaïque d'administrations départementales, elle ne se borne à juxtaposer les spécialités des terroirs : le particularisme des goûts disparaît dans une sensibilité globale. C'est pourquoi la cuisine des régions n'est, au XIXe siècle, qu'un aspect pas toujours recommandable du folklore gourmand. »

turbot au champagne et l'inénarrable poularde en vessie… « C'est une des meilleures maisons du monde, écrivait Curnonsky. Il y a des gens qui ont traversé la terre pour venir déguster un plat chez Point ». Rita Hayworth, Jean Cocteau, Wallis Simpson (la future duchesse de Windsor), Édith Piaf, Marcel Cerdan, et tant d'autres, ont fait une halte à cette table. Sacha Guitry disait même : « Il n'y a de restaurant que Point. Un point c'est tout ! » À la mort de Fernand Point en 1955, sa femme Mado assurera la relève avec brio. Aujourd'hui, Patrick Henriroux, propriétaire du restaurant depuis 1996, conserve scrupuleusement le livre d'or de ces glorieuses années.

Autre trois étoiles depuis 1934 – il fut sacré un an après Fernand Point et un an avant Alexandre Dumaine –, André Pic à Saint-Peray. Le chef n'officiera pas longtemps dans cette auberge ardéchoise tenue par sa mère Sophie. En 1936, pressentant l'essor de l'automobile, il s'installe aux abords de la Nationale 7 dans une demeure cossue à l'ombre des tilleuls. Charles Trenet, qui y a fait étape, a écrit sur le livre d'or : « En cette époque épique, déjeuner chez Papa Pic, c'est mieux que chanter Pic, Pic, Pic. » D'autres célébrités – Raimu, Léon Blum, Fernandel, le prince Aga Khan… – viendront déguster son boudin Richelieu sauce écrevisses, son chausson aux truffes et sa poularde en vessie. Dans l'ombre d'un père monumental (dans tous les sens du terme), Jacques Pic, en cuisine, acquiert le souci du détail, les tours de main et les recettes emblématiques de la maison. Il remplace peu à peu André, fatigué, et se jure de récupérer la troisième étoile, attribuée en 1934 et perdue au lendemain de la guerre. Ce sera chose faite en 1973. Aujourd'hui, c'est Anne-Sophie Pic, incarnant la quatrième génération, qui occupe les fourneaux. Elle a remplacé au pied levé son père Jacques, décédé subitement en 1992. Cette autodidacte de talent – elle a fait des études de management, bien loin des cuisines paternelles – a fait le pari de hisser au plus haut l'auberge familiale…

Le *Guide Michelin* de 1936 décernait ses trois étoiles à d'autres figures qui, sans avoir atteint la notoriété du triumvirat légendaire, n'en ont pas moins contribué au succès planétaire du pèlerinage gastronomique entre Paris et la Côte d'Azur. À commencer par Victor Burtin à Mâcon. L'ancien apprenti passé par le Plaza Athénée à Paris et l'Hôtel Bristol à Berlin, atterrit à Saulieu en 1920. Il est à l'Hôtel de la Poste,

La chef Anne-Sophie Pic incarne la quatrième génération de cuisiniers aux fourneaux du célèbre restaurant étoilé situé à proximité de l'ancienne Nationale 7.

face à l'Hôtel de la Côte d'Or où Alexandre Dumaine s'installera quelques années plus tard. Alors qu'à 50 ans passés il s'apprête à prendre sa retraite, un établissement est à vendre à Mâcon. C'est le Grand Hôtel d'Europe et d'Angleterre, quai Jean-Jaurès, qui fera partie de la première promotion de « trois étoiles » du *Michelin*, en 1933. « Lamartine est né à Mâcon, mais il n'a pas mangé chez Burtin. Aussi est-il mort », écrira Colette dans le livre d'or. Les Anglais, débarqués des hydravions des Imperial Airways (qui, de 1937 à 1939, faisaient une première escale sur la Saône dans leur long voyage vers l'Australie), n'ont pas boudé les coqs au vin, brochets à la crème et autres huîtres chaudes.

Citons aussi Alexandre Burin à Chavoires, sur la route d'Annecy, où l'on vient déguster foie gras à la gelée, saucisson de Savoie chaud et ombles-chevaliers du lac sauce mousseline ; Joseph Barattero, loué par Curnonsky comme « un des grands chefs de la Principauté de Gastronomie » dans son Hôtel du Midi à Lamastre, à 40 kilomètres de Valence ; ou encore Marie Bourgeois à Priay, l'une des rares femmes que le *Guide Michelin* ait honorées de trois étoiles.

Chapitre 14

> Restaurant FILLIOUX. — D. FRÉCHIN, Gendre et Successeur.
>
> 73 rue Duquesne LYON
>
> Téléphone Lalande 03-19
>
> On ne passe pas par Lyon sans déjeuner ou dîner chez la Mère FILLIOUX
>
> LA MÈRE FILLIOUX
> La Maison n'a aucune succursale.
>
> Cliché Lebreton — R. C. Lyon n° A. 6.733

La mère Fillioux, pionnière des mères cuisinières de Lyon, était réputée pour son potage aux truffes et ses quenelles au gratin au beurre d'écrevisses.

Page de droite : **Célèbre d'abord pour ses mères cuisinières** puis ses toques médiatiques à l'instar de Paul Bocuse, Lyon ne tardera pas à se tailler sa réputation de capitale gastronomique au XXe siècle.

Page de droite : **La célèbre mère Brazier,** gloire lyonnaise qui obtint deux fois trois étoiles au Guide Michelin, au-dessus de ses marmites.

Les « mères » cuisinières

Si la gastronomie est perçue comme une affaire d'hommes – le Club des Cent n'admet ainsi aucune femme en son sein –, les femmes ne tardent pas à faire des étincelles aux fourneaux des restaurants. Cette tradition est née à Lyon à la fin du XIXe siècle. On attribue le surnom affectueux de « mères lyonnaises » à plusieurs cuisinières qui s'installent à leur compte. Voici comment le *Larousse gastronomique* les définit : « Ces cuisinières, à l'accueil souvent bourru, ne proposaient jamais un choix de plats très étendu, mais, exécutant ceux-ci à la perfection, elles portèrent haut le renom de la cuisine lyonnaise, ouvrant la voie aux plus grands cuisiniers de la région : Fernand Point, Paul Bocuse, Alain Chapel se sont en partie formés à leur école[3]. » Françoise Foujolle, mariée au marchand de vins Louis Fillioux, fut l'une des toutes premières à connaître la gloire sous le nom de « mère Fillioux ». Elle servait les plats qu'elle avait appris à préparer pendant dix ans au service d'un maître gourmet et exigeant : potage aux truffes, quenelles au gratin au beurre d'écrevisses, fonds d'artichaut au foie gras, poularde demi-deuil. D'autres femmes, à leur tour, quittèrent des maisons bourgeoises pour ouvrir leur « bouchon » : les mères Brigousse, Blanc, Bigot... La plus fameuse d'entre toutes est sans conteste la mère Brazier. Formée chez la mère Fillioux, Eugénie Brazier ouvre son restaurant à Lyon le 10 avril 1921, au 12, rue Royale, près de l'hôtel de ville. Le succès est long à venir mais en 1925 Curnonsky se met à vanter ses mérites et Édouard Herriot, le maire de Lyon, en fait sa cantine : les Lyonnais accourent, vite relayés par tous les gourmets de France et de Navarre. La maison devenant trop petite pour la clientèle, la mère Brazier ouvre une deuxième salle et deux petits salons au premier étage. En 1928, après d'inlassables et fatigants services, elle envisage de prendre un peu de repos, sur les conseils de ses médecins, et s'offre une baraque en bois sans confort au col de la Luère, à une vingtaine de kilomètres de Lyon. Mais le naturel revient au galop : elle en fait, après quelques réaménagements, une ambassade de la bonne chère qui va égaler le restaurant de la rue Royale. En 1933, elle entre dans l'histoire en obtenant deux fois trois étoiles au *Guide Michelin*. À partir de 1946, elle s'y installe définitivement, laissant le destin du restaurant de la rue Royale à son fils Gaston.

Le col de la Luère devient une « école de vie » pour sa brigade, dont Paul Bocuse a fait partie. On se lève à 7 heures pour traire les vaches, on cultive le potager, on nourrit les cochons. Les célébrités du monde entier défilent pour déguster ses spécialités. C'est en 1974 que la flamme s'éteint. Gaston meurt brutalement d'un infarctus ; sa mère ne s'en remet pas et disparaît en 1977, vaincue par le cancer. Aujourd'hui, le restaurant de la rue Royale existe toujours. Mais la mère Brazier a emporté le miracle de la bonne cuisine dans sa tombe.

Ancien menu du restaurant parisien Lasserre, années quarante.

Page de droite. **Paul Bocuse** en couverture de L'*Express* du 25 juillet 1966.

La bande à Bocuse

Heureusement, Paul Bocuse a repris dignement le flambeau de la cuisine lyonnaise. Paul Bocuse, un monument vivant, un champion du *Michelin*, un mammouth de la haute cuisine cocardière. « Depuis l'année 1765, écrivit Jean Clerc, au cours de laquelle Michel Bocuse ouvre un cabaret au bord de la Saône, ses descendants Philibert, Nicolas le père et Nicolas le fils, Pierre, Joseph et Georges se sont succédé en trois auberges successives à Collonges-au-Mont-d'Or. De la petite masure d'autrefois où mariniers et pêcheurs venaient manger la friture et le fromage de chèvre, arrosés de vin des Monts d'Or, jusqu'au relais gastronomique connu des gourmets du monde entier, sept générations se sont succédé devant les fourneaux. Chaque génération apportait plus de science et de savoir-faire, plus d'exigence sur la qualité, l'expérience des uns se reportant sur les autres. La qualité était grande déjà chez Georges Bocuse, mais son désir de mieux faire encore, joint aux dispositions de son fils Paul, lui fit prendre la décision d'envoyer celui-ci parfaire ses connaissances auprès des plus grands maîtres cuisiniers de France. Lorsque à son tour Paul Bocuse prend en main la destinée de l'auberge familiale, les trompettes de la renommée attirent tous les gourmets et le nom de Bocuse est connu dans le monde entier. » Aujourd'hui, on va chez Bocuse comme on entre au musée. Pour se souvenir avec nostalgie de ce que sont une soupe aux truffes noires VGE, un pigeon entier rôti à la broche, des rognons de veau dijonnaise et un gratin de queues d'écrevisses. Monsieur Paul, malgré ses 80 ans, est fidèle au poste. Mais pour combien de temps ? Stoïque, il confiait récemment : « Vous savez, je ne sais pas si me succéder est un cadeau… pour qui que ce soit. D'ailleurs, le restaurant me survivra-t-il ? Sera-t-il transformé en fondation culinaire ? Qui sait[4] ? »

Que dire aussi des Troisgros à Roanne, Chapel à Mionnay, Vergé à Mougins, Outhier à La Napoule, Haerbelin à Illhaeursern, Guérard à Eugénie-les-Bains, Laporte à Biarritz, Barrier à Tours, Lasserre et Oliver à Paris, et de tous ceux de la bande à Bocuse, sinon qu'ils ont, chacun à leur manière, apporté leur pierre au monument qu'est la grande cuisine française ?

1. Eugène Briffault, *Paris à table*, 1846.
2. Jean-Paul Aron, *Le Mangeur du XIXe siècle*, 1973.
3. Édition 2003.
4. Propos recueillis par Guillaume Crouzet, *L'Express*, 17 novembre 2005.

N° 788 - 25-31 juillet 1966 (22 F belges - 2 F suisses) 2 Francs

L'EXPRESS

DE SANG FROID

COMMENT VA LA CUISINE FRANCAISE?

LE CHEF PAUL BOCUSE, DE COLLONGES (RHÔNE).
« Qui a honte de manger a honte de vivre. » (Proverbe français, 1456.)

Conclusion

Cette histoire du restaurant s'arrête aux années quatre-vingts. Paul Bocuse est au faîte de sa gloire, la nouvelle cuisine a de beaux restes, le guide Michelin bat des records de vente, le groupe Flo accroît sa collection de pépites historiques, Alain Senderens rafle les fourneaux de Lucas-Carton au lustre Belle Époque redoré, le Bouillon Chartier est classé à l'Inventaire des monuments historiques… Et après ? La suite, aussi palpitante et relevée qu'elle soit, est moins l'affaire du modeste historien que je suis le dimanche que du journaliste gastronomique qui exerce le reste de la semaine.

Rassurons ceux qui seraient tentés de faire à cet ouvrage un procès en passéisme doucereux : on est loin d'ignorer les mutations en cours. Un exemple me vient à l'esprit : décembre 2005, village Saint-Paul, semaine du Fooding. Jean-François-Piège, Yannick Alleno, Michel Roth et Eric Fréchon, toques étoilées toutes habituées aux fastes dorés de leurs restaurants de palace, ont accepté de descendre dans la rue pour concocter dans une cohue bon enfant, des kebabs, hot dogs… et autres emblèmes de la *street food* à quelques euros ! En voilà une, de révolution de palais, qui n'échappera ni à la mémoire des papilles néophytes ni à celle des mangeurs aguerris. Mais l'époque nous apporte sur un plateau bien d'autres effervescences. Alain Ducasse collectionne les étoiles au guide Michelin, et impose à la face du monde sa vision inédite et redoutable de la haute restauration française. Les Costes, cette famille d'Aveyronnais, en faisant appel à Philippe Starck ou à Jakob et McFarlane pour architecturer quelques-uns de leurs quarante établissements parisiens, ringardisent le café du coin habillé de formica. Pierre Gagnaire, Marc Veyrat, Michel Bras, Olivier Roellinger ne cessent, avec peut-être plus de maturité et d'enthousiasme, d'innover… pendant qu'Yves Camdeborde emmène une nouvelle génération de chefs dans le sillage de la « bistronomie » (un néologisme contractant bistrot et gastronomie). Le papy Senderens rend ses étoiles Michelin comme un jeune déserteur achète sa liberté. Sans compter les talents et les phénomènes qui surgissent par-delà les frontières. Car la cuisine, plus que jamais, est un phénomène global.

Sans doute faudra-t-il encore un peu de temps et de recul pour tamiser la quintessence de cette actualité disparate, fuyante, parfois soluble. Et ajouter quelques chapitres aux *Mémoires du restaurant*.

Bibliographie

Ouvrages généraux

Henri d'Alméras, *La Vie parisienne sous le Second Empire*, 1933.
Jean-Paul Aron, *Le Mangeur du XIXᵉ siècle*, 1973.
Pierre Béarn, *Grimod de la Reynière*, 1930.
Jean-Anthelme Brillat-Savarin, *Physiologie du goût*, 1825.
André Castelot, *L'histoire à table, Si la cuisine m'était contée…*, 1972.
Henri Clos Jouve, *Le Livre d'or des Maîtres queux et des cordons bleus de France*, 1970.
Robert Courtine, *La Vie parisienne, Cafés et restaurants des Boulevards 1814-1914*, 1984.
Henri Gault et Christian Millau, *La Belle Époque à table*, 1981.
Eric Hazan, *L'Invention de Paris*, 2002.
René Héron de Villefosse, *Histoire et géographie gourmandes de Paris*, 1956.
Jean-François Mesplède, *Trois étoiles au Michelin*, 2004.
Marie-Pierre Moine, *La Cuisine des brasseries, 80 recettes traditionnelles françaises*, 2003.
Eric Neuhoff et Gilles de Bure, *Quand les brasseries se racontent*, 2006.
Michel Onfray, *Le Ventre des philosophes*, 1989.
Pascal Ory, *Le Discours gastronomique français*, 1998.
Patrick Rambourg, *De la Cuisine à la gastronomie, Histoire de la table française*, 2005.
Anthony Rowley, *A Table ! La fête gastronomique*, 1994.
Rebecca L. Spang, *The Invention of the restaurant*, 2000.
Les Français à table, Atlas historique de la gastronomie française, 1997.
Restaurants de Paris, Guide Gallimard Gault-Millau, 2001.
Les Princes de la gastronomie, Hors-série Modes de Paris, 1977.
La Saga du Guide Michelin, 2004.
À table au XIXᵉ siècle, ouvrage collectif, Flammarion, 2001.

Guides

Honoré Blanc, *Le Guide des dîneurs de Paris*, 1815.
Eugène Briffault, *Paris à table*, 1846.
Eugène Chavette, *Restaurateurs et restaurés*, 1867.
Robert Courtine, *Un Gourmand à Paris*, 1959.
Taxile Delord et Edmond Texier, *Paris-Restaurant*, 1854.
Alfred Delvau, *Les Plaisirs de Paris, Guide pratique des étrangers*, 1867.
César Gardeton, *Nouveau guide des dîneurs*, 1828.
Émile Goudeau, *Paris qui consomme*, 1893.
Henri Gault et Christian Millau, *Guide Julliard de Paris*, 1962.
Gault et Millau se mettent à table, 1976.
Alexandre Grimod de la Reynière, *Almanach des Gourmands*, 1803.
Louis Sébastien Mercier, *Tableau de Paris*, 1783.
Louis Sébastien Mercier, *Le Nouveau Paris*, 1788.
Paul Vermond, *Les Restaurants de Paris*, 1835.

Littérature

Louis Aragon, *Les Beaux Quartiers*, 1936.
Honoré de Balzac, *les Illusions perdues*, 1839.
Léon-Paul Fargue, *Le Piéton de Paris*, 1932.
Ernest Hemingway, *Paris est une fête*, 1964.
Joris-Karl Huysmans, *À Rebours*, 1884.
Guy de Maupassant, *Bel-Ami*, 1885.
Patrice Boussel, *Les Restaurants dans la Comédie Humaine*, 1950.

Ouvrages dédiés

Jacques Barbary de Langlade, avec la collaboration de Pierre Pothier, *Maxim's*, 1990.
Jean Diwo, *Lipp*, 1981.
Lucien Maillard, *Ledoyen ou la Conquête du Goût*, 1992.
Françoise Planiol, *La Coupole, 60 ans de Montparnasse*, 1988.
Claude Terrail, *Le Roman de la Tour d'Argent*, 1997. *Le Train Bleu*, 1991.

Crédits photographiques

P. 8 : © Roger-Viollet/BNF. P. 11 : Bridgeman Art Library. P. 12 : collection MA+GR/Kharbine Tapabor. P. 14 : collection Grob/Kharbine Tapabor. P. 15 : collection Diry/Kharbine Tapabor. P. 16 : BHVP- photographie Grob/Kharbine Tapabor. P. 18 : collection Perrin/ Kharbine Tapabor. P. 20 : en haut : archives Charmet /Bridgeman Giraudon. P. 21 : collection Diry/Kharbine Tapabor. P. 22 : collection Diry/Kharbine Tapabor. P. 23 : collection MA + GR/Kharbine Tapabor. P. 25 : Giraudon/ Bridgeman Art Library. P. 27 : © collection Roger-Viollet. P. 28 : B.N.F. © Albert Harlingue/Roger-Viollet. P. 29 : collection Kharbine Tapabor. P. 30 : archives Charmet/Bridgeman Giraudon. P. 31 : © Selva/ Leemage. P. 32 : B.N. © collection Roger-Viollet. P. 33 : musée Carnavalet, © collection Roger-Viollet. P. 34-35 : musée Carnavalet, Lauros/Giraudon/Bridgeman Art Library. P. 36 : musée de Saint Denis, © collection Roger-Viollet. P. 38, en haut : musée Carnavalet, Lauros/Giraudon/Bridgeman Art Library. P. 38, en bas : © Selva/Leemage. P. 39 : musée Marmottan, © collection Roger-Viollet. P. 40 : collection Jonas/Kharbine Tapabor. P. 41 : BHVP- photographie Grob/Kharbine Tapabor. P. 42 : collection MA + GR/Kharbine Tapabor. P. 43 : © collection Roger-Viollet. P. 44, en bas : © collection Roger-Viollet. P. 44, en haut : BHVP- photographie Grob/Kharbine Tapabor. P. 45, en haut : photo MA + GR/Kharbine Tapabor. P. 45, en bas : BHVP-photographie Grob/ Kharbine Tapabor. P. 46 : © Bianchetti/Leemage. P. 49 : © LAPI/Roger-Viollet. P. 51 : collection Kharbine Tapabor. P. 52 : BHVP- photographie Grob/Kharbine Tapabor. P. 53, gauche : © collection Roger-Viollet. P. 53, droite : B.N. © collection Roger-Viollet. P. 54 : collection Kharbine Tapabor. P. 55, gauche : © Selva/Leemage. P. 55, droite : collection Kharbine Tapabor. P. 56, gauche : BHVP © Albert Harlingue/Roger-Viollet. P. 56, droite : photo Josse. P. 57 : collection Jonas/Kharbine Tapabor. P. 58 : © Roger-Viollet. P. 59 : © Harlingue/Roger-Viollet. P. 60 : Bridgeman Giraudon. P. 61 : BHVP- photographie Grob/Kharbine Tapabor. P. 62 : collection Kharbine Tapabor. P. 63 : collection Kharbine Tapabor. P. 64 : collection Grob/Kharbine Tapabor. P. 65 : musée Carnavalet, photo Josse. P. 66 : photo Josse. P. 68 : Akg-Images. P. 69 : © Selva/Leemage. P. 70 : collection Kharbine Tapabor. P. 71 : collection Kharbine Tapabor. P. 72 : collection Kharbine Tapabor. P. 73 : musée Château de Malmaison, archives Charmet/Bridgeman Giraudon. P. 74 : collection Kharbine Tapabor. P. 75 : collection IM/Kharbine Tapabor. P. 76 : © Roger-Viollet. P. 77 : archives Charmet/Bridgeman Giraudon. P. 79, 80, 81 : photographies archives Tour d'Argent. P. 83 : collection Jonas/Kharbine Tapabor. P. 84 : collection Kharbine Tapabor. P. 85 : collection Kharbine Tapabor. P. 86 : collection Kharbine Tapabor. P. 87 : collection Kharbine Tapabor. P. 88, gauche : collection Kharbine Tapabor. P. 88, droite : BHVP- photographie Grob/ Kharbine Tapabor. P. 89 : gauche : collection Kharbine Tapabor. P. 89, droite: collection Kharbine Tapabor. P. 90 : BHVP- photographie Grob/ Kharbine Tapabor. P. 91 : collection Kharbine Tapabor. P. 92 : BHVP- photographie Grob/Kharbine Tapabor. P. 93 : BHVP- photographie Grob/Kharbine Tapabor.

P. 94 : BHVP- photographie Grob/Kharbine Tapabor. P. 95 : collection Karbine Tapabor. P. 96 : collection Kharbine Tapabor. P. 97 : BHVP- photographie Grob/Kharbine Tapabor. P. 98 : Groupe Flo/Patrick Delapierre/Julien. P. 99 : collection IM/Kharbine Tapabor. P. 100 : BHVP- photographie Grob/ Kharbine Tapabor. P. 101 : photo Ageorges/Kharbine Tapabor. P. 103 : photo Ageorges/Kharbine Tapabor. P. 104 : © Keystone France. P. 106, 107 : collection Kharbine Tapabor. P. 108 : BHVP-photographie Grob/Kharbine Tapabor. P. 109, gauche : collection Kharbine Tapabor. P. 109, droite : © collection Roger-Viollet. P. 110 : collection Kharbine Tapabor. P. 111 : musée des Beaux-Arts. © collection Roger-Viollet /ADAGP. P. 112 : collection Kharbine Tapabor. P. 113 : collection Jonas/Kharbine Tapabor. P. 114 : collection Kharbine Tapabor. P. 115 : © collection Roger-Viollet. P. 116 : photographie Restaurant Drouant. P. 117, gauche : Drouant/photographie de Marie Clerin. P. 117, droite : Drouant/photographie de Marie Clerin. P. 118 : photo Josse. P. 119 : © collection Roger-Viollet. P. 121 : collection IM/Kharbine Tapabor. P. 122, gauche : collection Perrin/Kharbine Tapabor. P. 122, droite : collection Kharbine Tapabor. P. 123 : © Delius/ Leemage. P. 124 : gauche : collection Kharbine Tapabor. P. 124, droite : collection IM/Kharbine Tapabor. P. 125 : collection Kharbine Tapabor. P. 126 : collection Kharbine Tapabor. P. 127 : Bofinger/Brasseries Flo/Patrick Delapierre. P. 128 : photo Brasserie Lipp. P. 129 : collection Kharbine Tapabor. P. 130 : ADAGP/ collection Kharbine Tapabor. P. 131, gauche : Excelsior/Brasseries Flo/Patrick Delapierre. P. 131, droite : Terminus Nord/Brasseries Flo/Patrick Delapierre. P. 132 : photo Maxim's. P. 133 : photo Maxim's. P. 134 : Le Bœuf Sur Le Toit/Brasseries Flo/Patrick Delapierre. P. 135 : Le Vaudeville/Brasseries Flo/Patrick Delapierre. P. 137 : archives Brasserie Lipp. P. 138 : photo Brasserie LipP. P. 139 : archives Brasserie Lipp. P. 140 : collection Kharbine Tapabor. P. 142 : © Bianchetti/Leemage. P. 143 : BHVP- photographie Grob/ Kharbine Tapabor. P. 144, gauche : © ND/ Roger-Viollet. P. 144, droite : BHVP-photographie Grob/Kharbine Tapabor. P. 145 : collection Kharbine Tapabor. P. 146 : collection Grob-Galerie Document/Kharbine Tapabor. P. 147 : collection Kharbine Tapabor. P. 148, 149 : collection de M. Patrick Simiand. P. 150 : collection Kharbine Tapabor. P. 151 : collection de l'auteur. P. 152 : BHVP-photographie Grob/Kharbine Tapabor. P. 153 : © Estate Brassaï - R.M.N. © photo RMN/© Jean-Gilles Berizzi. P. 155 : collection Jonas/Kharbine Tapabor. P. 156 : collection IM/Kharbine Tapabor. P. 157 : collection Kharbine Tapabor. P. 158 : photo Maxim's. P. 159 : © Estate Brassaï - R.M.N. Localisation : Paris, musée National d'Art Moderne - Centre Georges Pompidou © photo CNAC/MNAM Dist. RMN/© Jacques Faujou. P. 161 : photographie Patrimoine La Coupole P. 162, 163 : © collection Roger-Viollet. P. 164 : photographie Patrimoine La Coupole P. 165 : © collection Roger-Viollet P. 166, 167 : photographie Patrimoine La Coupole P. 168 : Groupe Flo/Patrick Delapierre/La Coupole P. 168 : © photo RMN/© Gérard Blot/ ADAGP. P. 171 : © Maurice Branger/Roger-Viollet. P. 172 : © Gaston Paris/Roger-Viollet. P. 173 : gauche : collection Kharbine Tapabor. © collection Roger-Viollet. P. 175 : © collection Roger-Viollet. P. 176 : collection Kharbine Tapabor. P. 177 : collection Kharbine Tapabor. P. 178 : collection Kharbine Tapabor. P. 179 : © Wagons Lits Diffusion 2006,collection Kharbine Tapabor. P. 180, haut : collection Avant-Demain/Kharbine Tapabor. P. 180, bas : © Pierre Barbier/Roger-Viollet. P. 181 : archives Charmet/ Bridgeman Giraudon. P. 182 : Stapleton collection, UK/Bridgeman Giraudon. P. 183 : ADAGP/Wagons-Lits Diffusions 2006/Collection Galdoc-Grob/Kharbine Tapabor. P. 184, 185 : collection Kharbine Tapabor. P. 186 : archives Charmet/Bridgeman Giraudon. P. 187 : © Roger-Viollet. P. 188 : collection Kharbine Tapabor. P. 189 : photographies collections du musée Air France - DR. P. 191 : collection Christophe L. P. 192 : collection Sev/Kharbine Tapabor. P. 193 : BHVP- photographie Grob/Kharbine Tapabor. P. 194 : collection Kharbine Tapabor. P. 195 : collection Kharbine Tapabor. P. 196 : collection de l'auteur. P. 196, 197, 198 : musée Michelin. P. 199, 200, 201 : collection de l'auteur. P. 203 : © Roger-Viollet. P. 204 : collection Christophe Marguin. P. 205, haut : collection Kharbine Tapabor. P. 205, bas : © Roger-Viollet. P. 206 : collection Christophe Marguin. P. 207 : collection Kharbine Tapabor. P. 209 : photo Philippe Schaff. P. 210 : collection de l'auteur. P. 211, gauche : collection MA + GR/Kharbine Tapabor. P. 211, droite : collection Christophe Marguin. P. 212 : Christophe Marguin/DR. P. 213 : L'Express.

Tous droits réservés pour les documents dont nous n'aurions pu identifier la provenance.

Table des illustrations

Introduction :
P. 8 : gravure fin XVIIIᵉ siècle.

Chapitre 1 : Aux sources du restaurant
P. 11 : *Le premier bouillon*, huile sur toile de Jean Jalabert, 1847, collection privée. P. 11 : caricature anglaise de 1772. P. 14 : portrait de Jean-Jacques Rousseau, gravure parue dans l'*Histoire de France* d'Henri Martin. P. 15 : gravure de La Varenne, 1673, collection privée. P. 16 : nature morte d'Abraham Van Merlen, XVIIᵉ siècle.

Chapitre 2 : Les premiers restaurants
P. 18 : gravure de Martin Engelbrecht, 1735, collection privée. P. 20 : *Le Dîner des encyclopédistes*, gravure de Jean Huber, XVIIIᵉ siècle, Bibliothèque Nationale. P. 21 : *Le Nouveau Cuisinier Royal et Bourgeois*, 1734, collection privée. P. 22 : gravure tirée du *Nouveau Cuisinier Royal et Bourgeois*, 1734, collection privée. P. 23 : planche de l'*Encyclopédie*, 1785. P. 25 : caricature du début du XIXᵉ siècle, musée Carnavalet, Paris.

Chapitre 3 : Le mythe révolutionnaire
P. 27 : *Ravitaillement des prisonniers à Saint-Lazare*, par Hubert Robert, Paris, musée Carnavalet. P. 28 : portrait de Louis Sébastien Mercier, gravure de Chrétien d'après un dessin de Fouquet. B.N.F. P. 29 : famine de l'année 1794 à Paris, gravure parue dans l'*Histoire de La Révolution* par Thiers, vers 1860. P. 30 : Louis XVI à Varennes, estampe du XVIIIᵉ siècle, musée Carnavalet. P. 31 : estampe révolutionnaire, fin du XVIIIᵉ siècle. P. 32 : arrestation de Louis XVI à Varennes, estampe, B.N. P. 33 : repas républicain dans les rues de Paris en 1794, gouache de Lesueur, musée Carnavalet. P. 34, 35 : gravure de Claude Louis Desrais, musée Carnavalet.

Chapitre 4 : Les fines bouches du Palais-Royal
P. 37 : *Nature morte au lièvre*, 1769, par Anne Vallayer-Coster, Reims, musée Saint Denis. P. 38, en haut : vue du Palais-Royal, 1791, gouache de Louis-Nicolas de Lespinasse, musée Carnavalet. P. 38, en bas : le quartier du Palais-Royal en 1739, d'après le plan dit de Turgot. P. 39 : *Les galeries de bois du Palais Royal*, par Louis Debucourt (1755-1832), musée Marmottan. P. 40 : « Le Déjeuner », 1802. planche parue dans *Le Bon Genre, observation sur les modes et les usages de Paris*, collection privée. P. 41 : soldats anglais sortant du restaurant des frères Véry, paru dans *Suprême Bon ton* n°5, vers 1820, BHVP. P. 42 : « Costumes parallèles du cuisinier ancien et moderne », gravure parue dans *Le Maitre d'hôtel francais* par Antonin Carême, 1822. P. 43 : gravure d'Allen, d'après Eugène Lami, vers 1840. P. 44, en bas : un cuisinier préparant des pigeons à la crapaudine, lithographie du XIXᵉ siècle. P. 44, lithographie parue dans *La Gastronomie*, poème de Joseph Berchoux, 1837, BHVP. P. 45, en haut : lithographie, 1809. P. 45, en bas : gravure parue dans *Paris à table,* 1846, illustration de Bertall, BHVP. P. 46 : enseigne du restaurant du Grand Véfour. P. 49 : Colette au restaurant le Grand Véfour, juin 1946.

Chapitre 5 : Vers les grands boulevards
P. 51 : « Le Boulevard », illustration de Charles Wostry tirée du *Figaro Illustré*, 1890. P. 52 : gravure parue dans l'*Almanach des gourmands servant de guide dans les moyens de faire excellente chère*, de Grimeau de la Raynière, 1804-1812, BHVP. P. 53, gauche : façade du Rocher de Cancale, à Paris, rue Montorgueil. P. 53, droite : *Le Mangeur d'huîtres*, lithographie de Honoré Daumier, 1836, B.N. P. 54 : « Scène de boulevard à Paris », gravure de Bertall tirée du *Diable à Paris,* édition Hetzel, 1846, collection privée. P. 55, gauche : illustration de Eugène-Louis Lami parue dans *Mimi Pinson* d'Alfred de Musset, 1883. P. 55, droite : *Indigestion*, gravure, vers 1830, collection privée. P. 56, gauche : le restaurant de la Maison dorée, gravure, fin du XIXᵉ siècle, BHVP. P. 56, droite : le café Hardy, lithographie de Georges Opitz vers 1815. P. 57 : « Alexandre Dumas père devant ses fourneaux », illustration par Pelcoq, tirée du *Musée des Familles*, mars 1871, collection privée. P. 58 : terrasse du Café Anglais, boulevard des Italiens, Paris, vers 1910. P. 59 : le restaurant du Café anglais. 1910. P. 60 : *Nature morte au jambon*, huile sur toile de Philippe Rousseau, collection privée. P. 61 : Théatre du Vaudeville, photographie anonyme, vers 1875, BHVP. P. 62 : « Les boulevards, le soir des élections » par Tofani Oswaldo, paru dans *Paris Illustré*, 1885, collection privée. P. 63 : « Déjeuner d'un lion au café anglais », gravure de Bertall tirée du *Diable à Paris,* édition Hetzel, 1846, collection privée. P. 64 : Alfred de Musset en 1854, gravure parue dans *Portraits contemporains*, 1859, collection privée. P. 65 : *La nuit devant le théâtre des Variétés,* Jean Béraud, Paris, musée Carnavalet.

Chapitre 6 : L'amour à table

P. 66 : *En cabinet particulier (au Rat mort)*, huile sur toile de Henri de Toulouse-Lautrec. **P. 68** : « Les jardins du Café Turc la nuit », lithographie de Charles Heath parue dans *Paris et ses environs*, de Augustus Pugin, 1831. **P. 69** : gravure, XVIIIe siècle. **P. 70** : « Chez Beauvilliers », gravure mise en couleur. **P. 71** : « À la Maison Dorée », gravure parue dans *Tableau de Paris*, 1842, collection privée. **P. 72** : couverture de partition de l'opérette *La vie parisienne*, d'Offenbach, vers 1860, illustration de Chéret, collection privée. **P. 73** : « Alfred de Musset et George Sand à table », aquarelle de Eugène-Louis Lami parue dans *Confession d'un enfant du siècle* de Musset, musée National du Château de Malmaison, Rueil-Malmaison. **P. 74** : couverture de *La Vie Populaire* du 19 juillet 1885, collection privée. **P. 75** : *Chez Maxim's, en cabinet particulier, à 4 heures du matin*, carte postale illustrée par Xavier Sager, série « Paris, la nuit », vers 1910, collection privée. **P. 76** : enseigne du restaurant La Pérouse, photographie du début du XXe siècle. **P. 77** : *Déjeuner dans un cabinet privé*, chromolithographie, vers 1880. **P. 79**, gauche : extérieur de la Tour d'Argent, **P. 79**, droite : Fréderic Delair devant le restaurant vers 1900, collection privée La Tour d'Argent. **P. 80** : Fréderic Delair découpant le canard au sang, la presse à canard a sa gauche. **P. 81** : David Ridgway dans sa cave, à la Tour d'Argent.

Chapitre 7 : Le restaurant populaire

P. 81 : Chez Flicoteaux, illustration de Froment pour *La Cuisine des Familles* de 1905, collection privée. **P. 82** : le restaurant des Pieds Humides, gravure de Godefroy Durand paru dans *L'Illustration*, juillet 1858, collection privée. **P. 83** : le petit Ramponneau, gravure parue dans l'*Histoire de Paris à travers les âges*, par Genouillac vers 1880. **P. 84** : publicité pour un restaurant populaire, milieu du XIXe siècle **P. 85** : *Une marchande d'arlequins aux Halles*, Maurice Neumont, musée de Montmartre. **P. 86**, gauche : « Comme on dîne a Paris », paru dans l'*Album du Charivari*, vers 1830, collection privée. **P. 87**, droite : « Au bouillon Duval », illustration de Pierre Vidal parue dans *Paris qui consomme*, d'Émile Goudeau, 1893, BHVP. **P. 88**, gauche : « Au restaurant, le Bouillon », gravure d'Alfred Grévin parue dans *Le petit Journal Pour Rire*, 1865-1866, collection privée. **P. 89**, droite : « J'ai trois sous », caricature de Daumier parue dans le *Charivari* du 11 août 1839, collection privée. **P. 90** : « Restaurant à 17 sous », illustration de Pierre Vidal parue dans *Paris qui consomme* d'Émile Goudeau, 1893, BHVP. **P. 91** : Portrait de Balzac, 1854, paru dans *Balzac, série sur les contemporains*, Roret et Cie éditeurs, collection privée. **P. 92** : « Le garcon chez Duval », gravure de Cham parue dans *Restaurateurs et restaurés* par Eugène Chavette, 1867, BHVP. **P. 93** : menu du restaurant Bouillon Duval, pour le dîner du 10 octobre 1880, BHVP. **P. 94** : Frontispice de *Paris à Table*, 1846, gravure de Bertall, BHVP. **P. 95** : Alexandre Duval, illustration réalisée pour un calendrier publicitaire, collection privée. **P. 96** : photo Trampus, septembre 1941. **P. 97** : menu du 5 septembre 1901 et carte des vins du restaurant Bouillon Boulant à Paris, BHVP. **P. 98** : Chez Julien, à gauche et à droite, détail du carrelage au sol, détail des panneaux de céramiques réalisés d'après des dessins de Mucha. **P. 99** : Bouillon Chartier, avec le personnel posant devant la facade, carte postale vers 1900, collection privée. **P. 100** : menu du déjeuner du mardi 22 juillet 1902 au restaurant Bouillon Chartier, BHVP. **P. 101** : restaurant Bouillon Chartier, rue du Faubourg Saint Denis. **P. 103** : Restaurant Bouillon Chartier, rue du Faubourg Saint Denis, l'addition inscrite sur la nappe de papier.

Chapitre 8 : À la table des écrivains

P. 104 : journalistes devant le restaurant Drouant, à Paris, attendant l'annonce du nom du lauréat 1975 du prix Goncourt, le 17 novembre. **P. 106, 107** : banquet du *Figaro*, donné le jeudi 4 février au restaurant Peters, gravure parue dans *Le Monde Illustré* du 20 février 1864. **P. 108** : « Au café américain », illustration de Pierre Vidal parue dans *Paris qui consomme* d'Emile Goudeau, 1893, BHVP. **P. 109**, gauche : caricature de Charles Monselet par André Gill, parue dans *Les Hommes d'Aujourd'hui* n°32, 1879, collection privée. **P. 109**, droite : menu de Noël 1870. **P. 110** : abattage d'un des éléphants du jardin d'acclimatation pendant le siège de Paris en 1870, gravure parue dans *L'Illustration* de janvier 1871, collection privée. **P. 111** : *Place Clichy*, huile sur toile de Pierre Bonnard, Besançon, musée des Beaux-Arts. **P. 112** : rixe dans la grande salle du restaurant Bignon, gravure d'après dessin de Nielsen paru dans *Le Journal Illustré du 26 septembre 1880*, collection privée. **P. 113** : « Le Pot-Bouille à Zola » par André Gill, paru dans *La Nouvelle Lune* du 23 avril 1882, collection privée. **P. 114** : Edmond et Jules de Goncourt, caricature de Paul Hadol parue dans *Le Gaulois* du 13 mai 1860, collection privée. **P. 115** : déjeuner de l'académie Goncourt au restaurant Drouant, vers 1926. **P. 116** : nature morte : *Les Nouvelles littéraires*, un menu de chez Drouant et procès verbal de l'académie des Goncourts. **P. 117**, à gauche : entrée du restaurant Drouant. **P. 117**, à droite : les cuisines de chez Drouant. **P. 118** : Portraits d'hommes célèbres clients du Café Restaurant Procope : d'Alembert, Voltaire, Marat, Franklin, Diderot, Robespierre, Danton, Molière, peinture sur panneau de bois, XVIIIe siècle. **P. 119** : enseigne du Procope, rue de l'Ancienne Comédie.

Chapitre 9 : Au temps des brasseries

P. 120 : réveillon à la brasserie de la Chope d'Alsace, à Paris, carte postale vers 1915, collection privée. **P. 121**, gauche : affiche publicitaire pour la bière La Lorraine vers 1910, collection privée. **P. 123**, droite : caricature de Gustave Courbet réalisant son autoportrait, deux bocks de bière a ses pieds, par Gill, paru dans *La Lune* du 9 juin 1867. collection privée. **P. 123** : Une jeune femme portant des baguettes de pain à l'entrée d'une brasserie, Paris, vers 1930. **P. 124**, gauche : grande brasserie de la Perle, publicité, vers 1890, collection privée. **P. 124**, droite : terrasse de la brasserie Alsacienne, à Reims, place d'Erlon, carte postale, vers 1905, collection privée. **P. 125** : publicité pour la brasserie nationale à Saint-Etienne, vers 1910, collection privée. **P. 126** : Installation d'une pompe a bière, gravure parue dans *Les Merveilles de la Science et de l'Industrie* par Louis Figuier, vers 1860-70, collection privée. **P. 127** : brasserie Bofinger, la verrière et l'escalier Art Nouveau. **P. 128** : brasserie Lipp, l'enseigne lumineuse sur le boulevard Saint-Germain, et la salle. **P. 129** : publicité pour la brasserie Bofinger, 1883. **P. 130** : le Terminus Nord. **P. 131**, gauche : Excelsior. **P. 131**, droite : le Terminus Nord. **P. 132** : la verrière de chez Maxim's. **P. 133** : le bar de chez Maxim's avec ses boiseries Art Nouveau. **P. 134** : le Bœuf sur le toit. **P. 135** : Le Vaudeville. **P. 137** : La Brasserie Lipp a l'époque ou on l'appelait encore Brasserie des bords du Rhin, carte postale, vers 1900-1910. **P. 138** : enseigne lumineuse de la brasserie Lipp. **P. 139** : Bernard Pivot a la brasserie Lipp, 1979, photos patrimoine de la Brasserie Lipp.

Chapitre 10 : De la Belle Époque aux années trente

P. 140 : « La Gourmandise », illustration de Georges Barbier pour un Almanach de 1925 faisant partie d'une série sur les péchés capitaux, collection privée. **P. 142** : photochrome, vers 1900. **P. 143** : menu du restaurant de la tour Eiffel pour le banquet offert à Li-Hung-chang par M. Hanotaux (ministre des affaires etrangères) le 17 juillet 1896, illustration de Jules Cheret, BHVP. **P. 144**, gauche : la salle du restaurant de la Tour Eiffel, vers 1900. **P. 144**, droite : « À la tour Eiffel », illustration de Pierre Vidal parue dans *Paris qui consomme* d'Emile Goudeau, 1893, BHVP. **P. 145** : photo prise par Émile Zola lors de l'Exposition Universelle de 1900. **P. 146** : menu du restaurant Larue, lithographie originale, collection privée. **P. 147** : *Un coin de table au restaurant,* peinture de Paul Chabas, 1902. **P. 148** : le restaurant Ledoyen aux Champs Elysées, carte postale colorisée, vers 1910. **P. 149**, haut : *Le café Ledoyen,* peinture de Hugo Birger, musée Gottborg. **P. 149**, bas : menu du restaurant Ledoyen. **P. 150** : couple dînant dans le jardin d'un restaurant, dessin de Cardona paru dans *Le Rire,* 1909, collection privée. **P. 151** : le restaurant Paillard aux Champs Elysées, carte postale, 1908. **P. 152** : bords de Seine, photographie, vers 1890, BHVP. **P. 153** : Le bal des Têtes au Pré Catelan à Paris, photographie de Brassaï, 1946, collection particulière. **P. 155** : Robinson, carte postale colorisée, vers 1910, collection privée. **P. 156** : les serveurs de chez Maxim's à Paris, carte postale, vers 1910, collection privée. **P. 157** : menu Maxim's, illustration de Georges Goursat dit Sem, vers 1920, collection privé. **P. 158** : intérieur de chez Maxim's. **P. 159** : soirée chez Maxim's en 1949, photographie de Brassaï, Centre Georges Pompidou.

Chapitre 11 : Les années Montparnasse

P. 161 : La Coupole. **P. 162, 163** : *Les Montparnos,* aquarelle de Sem, 1928. **P. 164** : La Coupole. **P. 165** : Kiki de Montparnasse et Hermine David à la Coupole. **P. 166, 167** : La Coupole. **P. 168** : La Coupole. **P. 168** : *Montparnasse,* lithographie de Fernand Leger pour l' album *La Ville, Paris,* édition Tériade, planche 14, Biot, musée national Fernand Léger. **P. 170** : Paul Fort à la terrasse de la Closerie des Lilas, boulevard Montparnasse, Paris, 1920.

Chapitre 12 : Les restaurants du voyage

P. 172 : locomotive à vapeur, France, vers 1935. **P. 173**, gauche : le wagon-restaurant inventé par les anglais, la terrasse-cuisine, gravure parue dans *La Nature,* 1879. **P. 173**, droite : *Les Docks de Cardiff,* de Lionel Walde, 1894, Paris, musée d'Orsay. **P. 175** : wagon-restaurant de l'Orient-Express en 1883. **P. 176** : couverture illustrée d'une partition de musique composée par Victor Hollaender vers 1910 pour les Chemins de Fer Nord-Express, vers 1910. **P. 177** : *Un Buffet de chemin de fer en 1864,* lithographie d'après Droz. **P. 178** : Le wagon-restaurant inventé par les anglais, la terrasse-cuisine, gravure parue dans *La Nature,* 1879, collection privée. **P. 179** : affiche de Compagnie internationale des Wagons-lits et grands express européens, 1898. **P. 180**, haut : plaque gélatino-bromure, vers 1910, collection privée. **P. 180**, bas : gare de Lyon, salle du restaurant Le Train bleu. **P. 181** : wagon-restaurant dans le train Paris-Nice, 1913, par Sem, Bibliothèque des Arts Décoratifs. **P. 182** : « In the Bay, Dinner Time », lithographie parue dans *P & O Pencillings,* vers 1890. **P. 183** : affiche de la Compagnie Générale Transatlantique, vers 1830, lithographie d'Albert Sébille, collection privée. **P. 184, 185** : *Paquebot Le Normandie, le restaurant,* illustration de Paul Iribe pour la plaquette publicitaire de présentation du bateau lors de son lancement, 1935, collection privée. **P. 186** : menu des premières classes du paquebot transatlantique *L'Armand Behic,* 23 janvier 1901, chromolithographie de Vimar, Bibliothèque des Arts Décoratifs. **P. 187** : Le paquebot *France* entre Le Havre et New-York, janvier 1972. **P. 188** : cuisine dans un avion transatlantique, aquarelle de Géo Ham parue dans *L'Illustration,* 1943, collection privée. **P. 189** : La restauration à bord du Concorde.

Chapitre 13 : La critique gastronomique

P. 191 : photo du film *L'Aile ou la Cuisse?,* de Claude Zidi, 1976. **P. 192** : portrait de Alexandre Grimod de la Reynière (1758-1837) par Dunan, paru dans *Classiques de la table,* 1845, collection privée. **P. 193** : « Les audiences d'un gourmand » paru dans l'*Almanach des gourmands servant de guide dans les moyens de faire excellente chère,* 1804-1812, BHVP. **P. 194** : caricature de Charles Monsele par Étienne Carjat, parue dans *Le Boulevard* du 16 mars 1862, collection privée. **P. 195** : caricature du Baron Brisse, par Phoebus, parue dans *La Fronde* du 17 janvier 1875, collection privée. **P. 196** : guide *Paris-Restaurant,* 1854. **P. 196**, à droite : Bibendum Michelin faisant la cuisine, musée Michelin. **P. 197**, à gauche : publicité pour les Guides Michelin vers 1920. **P. 197**, à droite : premier Guide Michelin, édition 1900, musée Michelin. **P. 198**, à droite et à gauche : publicité des années 30 pour le Guide rouge Michelin de 1932 et pour les guides régionaux, musée Michelin. **P. 199** : *Un gourmand à Paris* de Robert Courtine aux éditions Grasset. **P. 200** : *Guide Julliard de Paris* par Gault et Millau. **P. 201** : *Gault et Millau se mettent a table,* éditions Stock.

Chapitre 14 : Les routes de France

P. 203 : rentrée sur Paris, embouteillage près de Montlhéry (Essonne), 1960-1961. **P. 204** : le Club des Cent visite une cave, paru dans *L'Illustration,* 1902. **P. 205**, haut : tourisme automobile sur les routes de France entre Évian et Nice, photographie anonyme, vers 1910, collection privée. **P. 205**, bas : Curnonsky au Club des Cent, Paris, novembre 1951. **P. 206** : menu du Club des Cent chez Maxim's. **P. 207** : photo de famille, départ en vacances, années 20 environ, collection privée. **P. 209** : Anne-Sophie Pic en cuisine, photo Philippe Schaff. **P. 210** : la Mère Fillioux à Lyon, carte postale années 20. **P. 211**, gauche : « Lyon à table », illustration de Jean Coulon parue dans *La Vie Lyonnaise, Autrefois et Aujourd'hui,* par Emmanuel Vingtrinier, 1898. **P. 211**, droite : La Mère Brazier au dessus de ses marmites, carte postale des années 30. **P. 212** : menu de chez Lasserre. **P. 213** : Paul Bocuse en Une de *l'Express* du 25 juillet 1966.

Remerciements

Je tiens à remercier :
Agnès Busière pour avoir soutenu mon projet pendant deux années,
Christine Clerc pour ses archives et ses encouragements,
Pierre, Denise et Marielle Gaudry pour leur lecture méticuleuse,
Christophe Marguin pour sa fabuleuse collection de menus.
Ainsi que Florence Casanova, Marie-Bénédicte Chevet (Guide Michelin), Jacques Borel (Club TVA),
Élodie Corjon (Accor-Services), Claude Guittard (Brasserie Lipp), Jean-Pascal Hesse (restaurant Maxim's),
Daniel Lemaire (Bouillon Chartier), Pascal Ory, Alexandra Ouzilleau, Sébastien Pieve, Sophie Quillet (Groupe Elior),
Pierre Rouillon (Groupe Kompass), Stéphane Solier, Georges Viaud et Séverine Bernard (Groupe Flo),
Anne-Sophie Pic et Marie-Béatrice Mignot (restaurant Pic),
Patrick Simiand (restaurant Ledoyen), Mme Terrail et Véronique Guyonnet (restaurant La Tour d'Argent)
Patricia Grunler et Anthony de Aufrasio (restaurant Drouant).

Conception graphique et réalisation : Christian Kirk-Jensen/Danish Pastry Design,
assisté par Lene Scharling et Émilie Dallot
Iconographie : Emmanuelle de Larminat

Achevé d'imprimer en septembre 2006
sur les presses de l'imprimerie Pollina à Luçon - L41083
Dépôt légal : septembre 2006
Imprimé en France